QMW Library

D1138052

Deutsche Texte
Herausgegeben von Gotthart W

0123037

4/5/77

Lyrik des Expressionismus

Herausgegeben

und eingeleitet von

SILVIO VIETTA

Deutscher Taschenbuch
Verlag

Max Niemeyer Verlag
Tübingen

WESTFIELD
UNIV.
LONDON
COLLEGE

CIP-Kurztitelaufnahme der Deutschen Bibliothek

Lyrik des Expressionismus / hrsg. u. eingel. von
Silvio Vietta. – 1. Aufl. – München : Deutscher Taschen-
buch-Verlag; Tübingen : Niemeyer, 1976.
  (Deutsche Texte ; 37)
  ISBN 3-423-04189-7 (Deutscher Taschenbuch-Verlag)
  ISBN 3-484-19036-1 (Niemeyer)

NE: Vietta , Silvio [Hrsg.]

© Max Niemeyer Verlag Tübingen 1976
Satz: Bücherdruck Wenzlaff, Kempten
Alle Rechte vorbehalten. Ohne ausdrückliche Genehmigung des Verlages ist es auch nicht gestattet, dieses Buch oder Teile daraus auf
photomechanischem Wege zu vervielfältigen. Printed in Germany.

ISBN Niemeyer 3-484-19036-1
ISBN dtv   3-423-04189-7

Inhaltsverzeichnis

XII

Vorbemerkung des Herausgebers

1919 gab Kurt Pinthus die erste große Lyrikanthologie des Expressionismus, die »Menschheitsdämmerung«, heraus. Gedichtauswahl und programmatische Zwischentitel dieser Pionierleistung der Expressionismusrezeption haben das Bild des Expressionismus im allgemeinen, der expressionistischen Lyrik im besonderen lange Zeit geprägt. Mit dem Begriff »Expressionismus« verband sich die Vorstellung einer ekstatisch-pathetischen Epoche der Literatur, in der das Gedicht um den Menschen, um die Erweckung seiner »Seele« rang.

Die neuere Expressionismusforschung hat die Akzente neu gesetzt. Zum einen hat sie deutlich gemacht, daß man die pathetischen Schlagworte der Epoche wie »der neue Mensch«, »Wandlung«, »Aufbruch« nicht einfach zur Grundlage einer wissenschaftlichen Begriffsbildung machen kann. Zum anderen hat die jüngere Expressionismusrezeption unterstrichen, daß die lyrischen Ausdrucksmöglichkeiten der Epoche nicht mit den weltanschaulichen und poetologischen Vorstellungen jener Autoren identifiziert werden dürfen, die in Pinthus' Anthologie den breitesten Raum einnehmen. Das ekstatisch-visionäre Aufbruchspathos ›messianischer Expressionisten‹ wie Franz Werfel, Johannes R. Becher u. a. scheint heute angesichts der Komplexität der politischen Wirklichkeit in den Jahren 1910–1920 eher problematisch.

In ihren interessantesten und entwickeltsten Formen und in der Gestalt so hervorragender Vertreter wie Georg Trakl, Jakob van Hoddis, Alfred Lichtenstein, Gottfried Benn, Georg Heym, Ernst Stadler, dem frühen Brecht, Else Lasker-Schüler gehört die Lyrik des Expressionismus zu den frühen und zugleich fundamentalen Auseinandersetzungen der Literatur mit dem Problemkomplex der modernen Zivilisation, der Großstadt, des Krieges, des Transzendenzverlustes und einer diesen Erfahrungen korrespondierenden Ichdissoziation. Gedichtauswahl und Gliederung dieser Anthologie gehen davon aus, daß in dieser Auseinandersetzung mit der Moderne die eigentliche Substanz dieser literarischen Epoche liegt. Daher wurden die Gedichte in entsprechenden Themenkreisen zusammengefaßt.

Die Anthologie ist für den Schulgebrauch, für Studenten und natürlich auch für den durch Studienzwänge nicht belasteten interessierten Leser – fall es diesen noch gibt –, gedacht. Die Einführungstexte zu den einzelnen Gedichtgruppen und den theoretischen Texten sind daraufhin abgestimmt. Sie sollen kurz und kompakt in Themenkomplexe und Forschungsprobleme der expressionistischen Lyrik einführen. Eine forschungsorientierte Gesamtdarstellung der Epochenstruktur können sie natürlich nicht bieten, vielmehr setzen Gedichtauswahl und Einleitungen die Ergebnisse einer solchen Gesamtdarstellung voraus. (Silvio Vietta / Hans Georg Kemper: Expressionismus. UTB München 1975.) – Zum Schluß dieser Vorbemerkung möchte ich dem Deutschen Literaturarchiv in Marbach für freundliche Hilfe meinen Dank sagen.

I. Theoretische Texte zum Verständnis der Epoche

1. Einleitung

Zweifellos gehört der Expressionismus auch heute noch zu den interessantesten literarischen Erscheinungen dieses Jahrhunderts. Ungefähr zwischen 1910 und 1920, dem sogenannten »expressionistischen Jahrzehnt« sich entfaltend, steht er im Spannungsfeld von Zeitströmungen, von denen einige, in vielfacher Brechung, bis in die Gegenwart fortwirken. Auch das bedingt ein Interesse an dieser literarischen Epoche.

Einige für das Verständnis expressionistischer Lyrik wichtige Aspekte werden in den wenigen, aber zentralen theoretischen Texten, die am Anfang dieses Bandes stehen, angesprochen. So haben die Texte von Kurt Pinthus, Georg Simmel, Friedrich Nietzsche und Gustav Landauer die Funktion, das geistige Klima der Epoche im Medium begrifflicher, nicht lyrischer Sprache, zu verdeutlichen, zugleich aber auch Autoren zu Worte kommen zu lassen, die der expressionistischen Generation selbst angehört oder nachhaltigsten Einfluß auf sie gehabt haben. Daß es sich in einer Lyrikanthologie nur um eine eng begrenzte Anzahl theoretischer Texte handeln kann, wird verständlich sein.

Für das Verständnis der Themenkomplexe und Darstellungsformen in der expressionistischen Lyrik wäre es hilfreich gewesen, auch deren literarische Vorläufer und Wegbereiter in diese Anthologie mit aufzunehmen. Aber die Zahl der Autoren, denen der Expressionismus unmittelbar verpflichtet ist, und auf die expressionistische Lyriker explizit sich berufen, wäre zu groß. Stilistisch wie gedanklich ist die expressionistische Lyrik, wie die ganze Literatur dieser Epoche, ein durchaus heterogenes Spannungsfeld, in dem Einflüsse der frühen Mystik eines Jakob Böhme, Angelus Silesius, des Sturm und Drang, Hölderlins, der Jungdeutschen, der großen französischen Lyriker des 19. Jahrhunderts: Baudelaire, Mallarmé, Rimbaud, Verlaine, der amerikanischen Großstadtlyrik eines Walt Whitman und jüngste Einflüsse des Jugendstils, der Neuromantik und des Futurismus aufgenommen und verarbeitet werden.

Trotz der Divergenz und Vielschichtigkeit dieser Einflüsse ist die Signatur der Epoche keineswegs chaotisch oder beliebig. Sie läßt sich, auf eine stark verkürzte Formel gebracht, beschreiben als ein Spannungsfeld kulturkritischer Tendenzen sowie einer mit diesen verknüpften grundlegenden Krise des modernen Subjekts einerseits, messianischen Erneuerungs- und Aufbruchsversuchen andererseits.[1] Die Kulturkritik und Erfahrung der Ichdissoziation ist vielfältig motiviert: die von Simmel (Text 3) beschriebene dissoziierende Erlebniswelt der Großstadt gehört ebenso dazu wie die von Pinthus angesprochene, durch »Schnellpresse, Kino, Radio, Grammophon, Funktelegraphie« bedingte Technisierung der Kommunikation. Für die gesamte expressionistische Generation gilt, was der von 1901 bis 1914 in Berlin lehrende Philosoph und Soziologe Georg Simmel klar erkannte und formulierte, daß die enorme Entwicklung der modernen Technologie, Industrie und Geldwirtschaft Ende des 19., Anfang des 20. Jahrhunderts dem vereinzelten Ich das Gefühl vermittelte, einem verselbständigten, ›verdinglichten‹ System gegenüberzustehen, in dem es selbst, ein »Staubkorn gegenüber einer ungeheuren Organisation von Dingen und Mächten« (Simmel), funktionslos geworden ist. Dies um so mehr, als das in Deutschland verspätete, dann aber um so rapidere Wachstum von Industrie und großstädtischen Ballungszentren eine langsame historische Anpassung an die veränderten Lebensbedingungen verwehrte.

Die Umschichtung der modernen Gesellschaft von einer traditionsgeleitet-agrarischen, durch Verwandtschaftsbande, dörfliche oder kleinstädtische Kommunen, gewachsene Zünfte und Verbände zusammengehaltenen »Gemeinschaft« zu einer nurmehr rational-organisatorisch vermittelten »Gesellschaft«, die sich nach der Reichsgründung sehr forciert vollzog, wird von einer Flut zeitkritischer Literatur angeprangert.[2]

[1] Ich habe dieses Spannungsfeld ausführlich in der erwähnten problemgeschichtlichen Darstellung des literarischen Expressionismus mit Hilfe der Begriffe »Ichdissoziation« und »messianischer Expressionismus« zu analysieren versucht, wobei unter die Kategorie »Ichdissoziation« psychologische, ökonomische, politische und erkenntnistheoretische Momente im Hinblick auf ihre Wirkung aufs Subjekt subsumiert werden.

[2] Eine grundlegende soziologische Arbeit der Zeit: Ferdinand Tönnies' »Gemeinschaft und Gesellschaft«, die 1912 in der zweiten Auflage erschien, gebraucht den Begriff der »Gemeinschaft« durchweg mit positivem, den der »Gesellschaft« mit negativem Akzent. Simmels Kritik an der Großstadt als Zentrum der modernen Geldwirtschaft ist zugleich eine Kritik am »modernen Geist«, der zunehmend ein rechnender geworden sei und alle qualitativen Wertbestimmungen auf quantitative reduziere. Simmel verarbeitet hier bereits Einsichten von Karl Marx. Auch Gustav Landauers »Aufruf zum Sozialismus« (Text 7) gehört zu den einflußreichen und viel gelesenen kulturkritischen Dokumenten der Zeit. Dabei ist an Landauers Text genau zu studieren, wie die Kritik am »Niedergang«, an der »Unkultur« und »Geistlosigkeit« der Zeit insgesamt, des wilhelminischen Staates insbesondere umschlägt in den Aufruf zur geistigen Erneuerung. Ähnlich wie

Zur Erfahrung der Orientierungslosigkeit und Dissoziation des Ich trug wesentlich auch Nietzsches Nihilismusbegriff bei. Er meint, wie der späte, aber kompakt zusammenfassende Aphorismus über den »Hinfall der kosmologischen Werte« (Text 4) deutlich macht, nicht nur, daß der Glaube an den christlichen Gott unglaubwürdig geworden sei auf Grund der Einsicht in die psychologischen Entstehungsbedingungen der Vorstellung eines transzendenten Wesens, sondern daß der ganze Bereich absoluter und metaphysischer Wertsetzungen einer grundsätzlichen Skepsis nicht Stand zu halten vermöge.[3] Alle Wertbegriffe des Abendlandes werden von Nietzsche begriffen als reine »Zweck-Hypothesen« zur »Aufrechterhaltung und Steigerung menschlicher Herrschafts-Gebilde«. Als einzig ›wirkliche‹ Kategorie bleibt die der Macht. »Wille zur Macht« – das und nichts anderes ist nach Nietzsche das Gesetz des Lebens. Alle ›idealistischen‹ Begriffe stünden, als Hilfsmittel zur Durchsetzung von Machtinteressen unter seinem Diktat.[4]

Geistesgeschichtlich wird durch Nietzsches Nihilismusanalyse ein ideologisches Vakuum geschaffen. Die traditionellen Leitbegriffe der abendländischen Kultur scheinen entmachtet. »Was bedeutet Nihilismus? – Daß die obersten Werte sich entwerten. Es fehlt das Ziel. Es fehlt die Antwort auf das ›Wozu?‹.«[5] Warum aber hatte

die »messianischen Expressionisten«, Autoren, die, z. T. von Landauer direkt beeinflußt, eine innere Erneuerung des Menschen unter Führung des Dichters propagierten, beschwört auch Landauers »Aufruf . .« das Bild des prophetischen Dichters, der »aus dem Geiste heraus zum Volke und vom kommenden Volke« redet (siehe dazu auch die Einleitung zu Gedichtgruppe 9).

[3] Eine detaillierte Interpretation des Aphorismus findet sich bei: Martin Heidegger, Der europäische Nihilismus. Pfullingen 1967. S. 32ff. und bei Vietta/Kemper, Expressionismus. S. 135ff.

[4] Nietzsches Destruktion auch des Idealismus als einer säkularisierten Form von Metaphysik wird in der Arbeit von Gerd-Günther Grau, Christlicher Glaube und intellektuelle Redlichkeit (Frankfurt 1958) umfassend und differenziert analysiert. Inwieweit Nietzsches Ansatz selbst noch in Fragestellung und Denkformen metaphysisch vermittelt ist, hat insbesondere Martin Heidegger deutlich gemacht (M. Heidegger, Nietzsche. 2 Bde. Pfullingen. 1961. Teilveröffentlichung: Der europäische Nihilismus. Pfullingen 1967.).

[5] Friedrich Nietzsche, Werke in drei Bänden. Hg. v. K. Schlechta. Bd. 3. München 1966. S. 577. Schlechta hat den 1906 posthum erstmalig herausgegebenen Nachlaß Nietzsches aufgelöst und chronologisch neu geordnet. An einer, in einer Reihe von Bänden bereits erschienenen historisch-kritischen Ausgabe der Werke Nietzsches arbeiten gegenwärtig G. Colli und M. Montinari. Die nachgelassenen Fragmente werden auch in dieser Ausgabe (Abt. VII und VIII) streng chronologisch geordnet.

Nietzsches Nihilismusanalyse eine so durchschlagende Wirkung auf die expressionistische Generation, daß Gottfried Benn rückblickend sagen konnte: »Eigentlich hat alles, was meine Generation diskutierte, innerlich sich auseinanderdachte, man kann sagen: erlitt, man kann auch sagen: breittrat – alles das hatte sich bereits bei Nietzsche ausgesprochen...«[6] Die Wirkung leitet sich aus der gedanklichen und sprachlichen Schärfe ab, mit der Nietzsche ideologiekritische Tendenzen der modernen Aufklärung radikal zu Ende zu denken und diese Gedanken zu formulieren imstande war. Zudem entsprach seine umfassend und zugespitzt formulierte Kulturkritik einer breiten Strömung im Zeitbewußtsein, das von der zunehmenden Diskrepanz zwischen äußerer Pomp- und Machtentfaltung und der unter surrogathaftem Nationalkult verborgenen ideellen Aushöhlung im wilhelminischen Deutschland abgestoßen war.[7]

Der Aphorismus aus der »Fröhlichen Wissenschaft« mit dem Titel »Der tolle Mensch« (Text 5) ist gerade für den Expressionismus besonders aufschlußreich, weil sich hier die Lehre vom Tod Gottes in einer Vielzahl von Metaphern ausspricht, die auch in der Lyrik des Expressionismus als Ausdruck eines Zustandes »transzendentaler Obdachlosigkeit«[8] begegnen: die Metapher der Orientierungs- und Weglosigkeit, des bodenlosen Absturzes, des Herumirrens im Raume, der Verwesung, des Todes, der Vernachtung, des Wahnsinns.

Für die Signatur der expressionistischen Epoche kennzeichnend ist jedoch auch ihr Aufbruchspathos, ja, man hat in der älteren Expressionismusforschung die Epoche selbst vornehmlich von Idee und Pathos der Erneuerung des Menschen her verstanden, sei es zustimmend, sei es, wie in der sogenannten Expressionismusdebatte,[9] kri-

---

[6] Gottfried Benn, Gesammelte Werke in vier Bänden. Hg. v. D. Wellershoff. Bd. 1. Wiesbaden 1959. S. 482.

[7] Zur ideellen Aushöhlung gehörte auch die Tendenz, die kulturelle Tradition auf jene Momente zu reduzieren, die ins deutsch-nationale Konzept paßten. Schon im naturalistischen Drama »Die Familie Selicke« von Arno Holz und Johannes Schlaf, das im abgesunkenen Kleinbürgermilieu spielt, stehen so die ›großen Klassiker‹ Goethe und Schiller als »vergilbte Gipsstatuetten« neben Kaiser und Bismarck. Nietzsche, Holz, Wedekind, Sternheim, Heinrich Mann und Karl Kraus gehören zu den schärfsten Kritikern der entsubstantialisierten Kultursphäre und des Bildungsphilistertums im wilhelminischen Deutschland.

[8] Dieser Begriff stammt aus der 1914/15 entstandenen Theorie des Romans von Georg Lukács.

[9] Diese Expressionismusdebatte wurde in den Jahren 1937/38 von linken Emigranten in der in Moskau herausgegebenen Zeitschrift »Das Wort« geführt. Eine neue Ausgabe dieser Debatte von H.-G. Schmitt, Die Expressionismusdebatte,

tisch. Auch diese Erneuerungsbestrebungen hatten eine breite Grundlage in der Bewußtseinsstruktur der Zeit.

Und auch hier war Nietzsche wegweisend. Seinen eigenen Skeptizismus gewaltsam überwindend, läßt er seinen Zarathustra die Lehre vom »Übermenschen« vortragen, Konglomerat einer von Zivilisationsfeindschaft eingegebenen, durch Darwin und Emerson beeinflußten Gedankenwelt, die sicher nicht so primitiv war, wie die Faschisten sie verstanden, aber mißverständlich und irreführend genug (Text 6).[10] Allerdings wird schon aus dem abgedruckten Text 6 deutlich, daß die Kategorie des »Übermenschen« nicht ein bestimmtes Stadium der Menschheitsentwicklung idealtypisch fixieren will – schon gar nicht die Stufe des germanischen »Herrenmenschen«! –, sondern eine dynamische, in der Dialektik von Unter- und *Über*gang sich fortzeugende Entwicklung des Menschen über sein jetzigvorläufiges Entwicklungsstadium hinaus meint.

Zu den Autoren, die, von anderer weltanschaulicher Grundlage aus, großen Einfluß auf die expressionistische Erneuerungsbewegung hatten, gehört, wie erwähnt, Gustav Landauer. Während Nietzsches »Übermenschen«-Bild stark solipsistische Züge trägt, beschwört Landauer den Geist der Gemeinschaft und Brüderlichkeit als eigentliche Substanz des Sozialismus, also jene Inhalte, die auch messianische Expressionisten wie Hasenclever, Becher, Rubiner, Toller, Werfel auf ihre Fahnen schrieben (siehe die Gedichtgruppe 9, »Der neue Mensch«).

Sicher waren Ideologie und Hoffnung dieser Erneuerungsbewegung angesichts der realen Machtverhältnisse im wilhelminischen

---

Frankfurt 1973, enthält allerdings nicht den grundlegenden, schon 1934 im Heft I der »Internationalen Literatur« erschienenen Aufsatz von Georg Lukács mit dem Titel »›Größe und Verfall‹ des Expressionismus«. Dieser Aufsatz sowie die wichtigsten Beiträge der Debatte finden sich in F. Raddatz (Hg.), Marxismus und Literatur. Bd. 2. Hamburg 1969.

[10] In der Expressionismusdebatte vertrat vor allem A. Kurella unter dem Pseudonym B. Ziegler die Ansicht, auch der Expressionismus leite ideologisch direkt über in den Faschismus, eine These, die sich im Verlauf der Debatte als gänzlich unhaltbar erwies und die Kurella am Ende der Debatte auch zurücknahm. (Siehe: H.-G. Schmitt, Die Expressionismusdebatte. S. 50ff. und S. 231.) In der neueren Expressionismusforschung hat unabhängig von der Expressionismusdebatte Geoffrey Perkins die kulturkonservativen deutschnationalen Tendenzen bei einigen »minor figures in the field of expressionist art theory« herausgearbeitet, kommt dabei allerdings selbst zu dem Schluß, daß sie mit der eigentlichen Kunstpraxis des Expressionismus wenig zu tun haben (G. Perkins, Contemporary Theory of Expressionism. Bern und Frankfurt 1974. S. 11 und 113ff.).

Deutschland naiv. Ihre politische Bedeutungslosigkeit während des Krieges und ihr Scheitern in der Münchener Revolution legen diese Naivität bloß. Von hellsichtigen Vertretern der expressionistischen Epoche wurde dies durchaus selbst und schon lange zuvor erkannt. Auch die ersatzreligiöse Funktion der Lehre vom neuen Menschen durchschaute ein Autor wie Benn, wenn er sie »das letzte Lügenfieber aus dem vom Abgang schon geschwollnen Maul« nennt.[11] Expressionistische Lyriker wie van Hoddis, Lichtenstein, Benn, Trakl, Stadler haben sich ihr nie verschrieben. Der Expressionismus, das ist gegen viele seiner Kritiker und gegenüber einem großen Teil der älteren Expressionismusforschung zu betonen, stellt in seinen avanciertesten Vertretern – dazu wären von den Dramatikern Carl Sternheim und Georg Kaiser, von den Prosaisten Franz Kafka und Carl Einstein zu zählen –, selbst einen Bewußtseinsstand bereit, der es erlaubt, seine eigene Erneuerungsideologie kritisch zu beurteilen.

Dennoch sollte der von Landauer und vielen Expressionisten vorgebrachte Appell an *den* Geist, an *den* Menschen, sein Herz, Seele, an Brüderlichkeit und Gemeinschaft aller Menschen nicht vorschnell abgeurteilt werden. Meldet sich doch noch in der politischen Hilflosigkeit dieser Appelle Unterdrücktes, zeigt sich im Scheitern der Erneuerung eines verinnerlichten, autonomen Subjekts die Wahrheit über dessen geschichtsphilosophischen Ort.

Außerdem hatten, angesichts der Greuel des Krieges und der Nachkriegszeit, die Appelle an die Brüderlichkeit des Menschen, auch wenn ihnen wenig Erfolg beschieden war, eine unzweifelbar positive Funktion: die Erinnerung an eine Menschlichkeit wachzuhalten, die in den politischen Machtkämpfen verschüttet zu werden drohte. Das tragische Ende Landauers ist ein Zeugnis dieser auch gegen Bestialität behaupteten Menschlichkeit.[12]

---

[11] Gottfried Benn, Gesammelte Werke in vier Bänden. Bd. 2. Wiesbaden 1965[3]. S. 101.

[12] »Gustav Landauer war eine der bedeutendsten geistigen Persönlichkeiten, denen ich in meinem Leben begegnet bin. Ihm war der Gedanke der Humanität mehr als ein Lippenbekenntnis. Nach dem Zusammenbruch der Räterepublik lebte er in der Wohnung der Witwe Eisner. Dort stöberten ihn einmarschierende Freikorpsmänner auf. Sie setzten ihn auf einen Lastwagen, um ihn nach Stadelheim zu transportieren. Als er dort eingeliefert worden war, drangen aufgehetzte uniformierte Studenten auf ihn ein und mißhandelten ihn. In seiner ruhig überlegenen und gemessenen Art sagte er ihnen mit tapferer Offenheit, wie irregeführt sie seien und wie sie sich zu Werkzeugen einer sehr schlechten Sache machten. Ein Major von Gagern, der zuhörte, wurde erbost. Er trieb die Stu-

Die idealistischen Tendenzen der Epoche wurden im Scheitern der revolutionären Bewegung am Ende des 1. Weltkrieges und am Anfang der Weimarer Republik abgewürgt. Auch das Schicksal Ernst Tollers, der ja ebenfalls zu den Revolutionären in München gehörte und deshalb zu fünf Jahren Festungshaft verurteilt wurde, ist hier kennzeichnend.

Geht so eine literarische Epoche zu Ende, so sind damit noch nicht ihre Impulse, ist damit nicht schon ihr kulturkritisches Erbe erledigt. Grundprobleme auch unserer Gesellschaft: die Verstädterung, die moderne Zivilisation als ganze, die ideelle Orientierungslosigkeit und damit die Funktion von Ersatzreligionen, die Schwächung des Ich angesichts einer übermächtigen Objektwelt, all diese in der expressionistischen Literatur – insbesondere auch im Drama und in der Prosa – angesprochenen Themenkomplexe sind auch heute nicht bewältigt. Sicher entsprechen Perspektive und Ausdrucksmittel der Epoche vielfach nicht mehr unseren Denk- und Sprachformen. Aber es bleibt anzuerkennen, daß hier, gerade auch in der Gattung Lyrik, überhaupt eine Auseinandersetzung mit dem Themenkomplex ›Die Moderne‹ stattfindet. Hinweise auf Form und Inhalte dieser Auseinandersetzung finden sich in den Einleitungen zu den einzelnen Gedichtgruppen, deren Titel bereits zentrale Themen exponieren.

---

denten dazu an, den Mann, der sich bereits im Schutz der Gefängnismauern befand, zu ermorden. Die Horde fiel über Landauer her, schlug ihn zu Boden, ein Sergeant setzte das Gewehr auf seine Brust und erschoß ihn. Dann plünderten die Freikorpsleute den Toten bis auf die Haut aus und warfen den nackten Leichnam in die Waschküche. Es war eine Tat, die zeigte, welches Maß an Bestialität in der deutschen Seele ruht, und die bereits die späteren Greuel des Dritten Reiches ankündigte.« (Ernst Niekisch in seiner Autobiographie »Gewagtes Leben«, zit. in Landauer, Aufruf zum Sozialismus. Hg. v. H. Heydorn. Frankfurt 1967. S. 22f.).

Die Überfülle des Erlebens

(Aus: Berliner Illustrirte v. 28.2.1925. Abgedruckt in: Facsimile-Querschnitt durch die Berliner Illustrierte. Hg. v. F. Luft, München u. a. 1965. S. 130f.)

Welch ein Trommelfeuer von bisher ungeahnten Ungeheuerlichkeiten prasselt seit einem Jahrzehnt auf unsere Nerven nieder! Trotz sicherlich erhöhter Reizbarkeit sind durch diese täglichen Sensationen unsere Nerven trainiert und abgehärtet wie die Muskulatur eines Boxers gegen die schärfsten Schläge. Wie erregte früher ein Mordprozeß, etwa der relativ harmlose der Gräfin Tarnowska, die Welt, wie wurde das Schicksal jedes Raubmörders oder Räuberhauptmanns mit fiebernder Spannung von ganzen Nationen verfolgt – während wir heute in einer ganz kurzen Zeitspanne gleich eine Serie von Massenmördern erleben, deren jeder in aller Ruhe mitten in der Oeffentlichkeit ein paar Dutzend Menschen abgeschlachtet hat. Man male sich zum Vergleich nur aus, wie ein Zeitgenosse Goethes oder ein Mensch des Biedermeier seinen Tag in Stille verbrachte, und durch welche Mengen von Lärm, Erregungen, Anregungen heute jeder Durchschnittsmensch täglich sich durchzukämpfen hat, mit der Hin- und Rückfahrt zur Arbeitsstätte, mit dem gefährlichen Tumult der von Verkehrsmitteln wimmelnden Straßen, mit Telephon, Lichtreklame, tausendfachen Geräuschen und Aufmerksamkeitsablenkungen. Wer heute zwischen dreißig und vierzig Jahre alt ist, hat noch gesehen, wie die ersten elektrischen Bahnen zu fahren begannen, hat die ersten Autos erblickt, hat die jahrtausendelang für unmöglich gehaltene Eroberung der Luft in rascher Folge mitgemacht, hat die sich rapid übersteigernden Schnelligkeitsrekorde all dieser Entfernungsüberwinder, Eisenbahnen, Riesendampfer, Luftschiffe, Aeroplane miterlebt. ... Wie ungeheuer hat sich der Bewußtseinskreis jedes einzelnen erweitert durch die Erschließung der Erdoberfläche und die neuen Mitteilungsmöglichkeiten: Schnellpresse, Kino, Radio, Grammophon, Funktelegraphie. Stimmen längst Verstorbener erklingen; Länder, die wir kaum dem Namen nach kennen, rauschen an uns vorbei, als ob wir selbst sie durchschweiften. Der jahrzehntelang vergeblich umkämpfte Südpol ward, innerhalb 34 Tagen, gleich zweimal entdeckt, und der sagenhafte Nordpol wird bald von jedermann auf der Luftreise von

Japan nach Deutschland überflogen werden können. Vor kurzem noch ungeahnte Möglichkeiten der Elektrizitätsausnutzung, unheilbare Krankheiten, Diphtherie, Syphilis, Zuckerkrankheit durch neuentdeckte Mittel heilbar geworden, das unsichtbare Innere unseres Körpers durch die Röntgenstrahlen klar vor Augen gelegt, all diese »Wunder« sind Alltäglichkeiten geworden. Im Jahre 1913 noch erließ eine Zeitschrift ein Preisausschreiben: »Welche Nachricht würde Sie am meisten verblüffen?« Wie harmlos erschienen die Antworten gegen die Ereignisse, die kurz darauf einsetzten. Der Krieg begann sich über Erde, Luft und Wasser zu verbreiten, mit Vernichtungsmöglichkeiten, die die Phantasie auch der exzentrischsten Dichter zu ersinnen nicht imstande gewesen war. Unsere Heere überfluteten Europa; Dutzende von Millionen Menschen hungerten jahrelang; aus Siegesbewußtsein stürzten wir in Niederlage und Revolution; Kaiser, Könige und Fürsten wurden dutzendweise entthront. Wer soll noch durch Menschenunglück erschüttert werden, der erlebte, daß vier Millionen Menschen durch Menschenhand im Krieg umgebracht wurden? Die Länder erbebten von Attentaten und Revolten; politische und soziale Ideen, von denen unsere Großeltern noch nichts ahnten, wuchsen über die Menschheit und veränderten das Antlitz der Völker und der Erde. Das Geld, einziger Maßstab realen Besitzes, verlor seinen Wert und eroberte ihn wieder. Staatengebilde brachen zusammen; Konferenzen versuchten vergeblich der Welt eine Neuordnung zu geben. Die uralteste Monarchie der Erde, China, ward Republik ... und Maschinen, Maschinen erobern unsere Planetenkruste. Zusammengeballt in zwei Jahrzehnte erlebten wir mehr als zwei Jahrtausende vor uns. Was haben wir noch zu erwarten, zu erleben? Vermögen wir uns noch zu wundern?

3. GEORG SIMMEL

Die Großstadt und das Geistesleben

(Aus: Die Großstadt. Jahrbuch der Gehe-Stiftung. Dresden 1903. S. 187ff. Textausschnitte.)

Die tiefsten Probleme des modernen Lebens quellen aus dem Anspruch des Individuums, die Selbständigkeit und Eigenart seines Daseins gegen die Übermächte der Gesellschaft, des geschichtlich Erbten, der äußerlichen Kultur und Technik des Lebens zu bewahren – die letzterreichte Umgestaltung des Kampfes mit der Natur, den der primitive Mensch um seine *leibliche* Existenz zu führen hat. Mag das 18. Jahrhundert zur Befreiung von allen historisch erwachsenen Bindungen in Staat und Religion, in Moral und Wirtschaft aufrufen, damit die ursprünglich gute Natur, die in allen Menschen die gleiche ist, sich ungehemmt entwickele; mag das 19. Jahrhundert neben der bloßen Freiheit die arbeitsteilige Besonderheit des Menschen und seiner Leistung fordern, die den Einzelnen unvergleichlich und möglichst unentbehrlich macht, ihn dadurch aber um so enger auf die Ergänzung durch alle anderen anweist; mag Nietzsche in dem rücksichtslosesten Kampf der Einzelnen oder der Sozialismus gerade in dem Niederhalten aller Konkurrenz die Bedingung für die volle Entwicklung der Individuen sehen – in alledem wirkt das gleiche Grundmotiv: der Widerstand des Subjekts, in einem gesellschaftlich-technischen Mechanismus nivelliert und verbraucht zu werden. Wo die Produkte des spezifisch modernen Lebens nach ihrer Innerlichkeit gefragt werden, sozusagen der Körper der Kultur nach seiner Seele – wie mir dies heut gegenüber unseren Großstädten obliegt – wird die Antwort die Gleichung nachforschen müssen, die solche Gebilde zwischen den individuellen und den überindividuellen Inhalten des Lebens stiften, den Anpassungen der Persönlichkeit, durch die sie sich mit den ihr äußeren Mächten abfindet.

Die psychologische Grundlage, auf der der Typus großstädtischer Individualitäten sich erhebt, ist die *Steigerung des Nervenlebens,* die aus dem raschen und ununterbrochenen Wechsel äußerer und innerer Eindrücke hervorgeht. Der Mensch ist ein Unterschiedswesen, d. h. sein Bewußtsein wird durch den Unterschied des augenblicklichen Eindrucks gegen den vorhergehenden angeregt; beharrende Eindrücke, Geringfügigkeit ihrer Differenzen, gewohnte Regelmäßigkeit ihres Ablaufs und ihrer Gegensätze verbrauchen sozusagen weniger Bewußtsein, als die rasche Zusammendrängung wechselnder Bilder, der schroffe Abstand innerhalb dessen, was man mit einem Blick umfaßt, die Unerwartetheit sich aufdrängender Impressionen. Indem die Großstadt gerade diese psychologischen Bedingungen schafft – mit jedem Gang über die Straße, mit dem Tempo und den Mannigfaltigkeiten des wirtschaftlichen, beruflichen, gesellschaftlichen Lebens – stiftet sie schon in den sinnlichen Fundamenten des Seelenlebens, in dem Bewußtseinsquantum, das sie uns wegen unserer Organisation als Unterschiedswesen abfordert, einen tiefen Gegensatz gegen die Kleinstadt und das Landleben, mit dem

langsameren, gewohnteren, gleichmäßiger fließenden Rhythmus ihres sinnlich-geistigen Lebensbildes. Daraus wird vor allem der
→ intellektualistische Charakter des großstädtischen Seelenlebens begreiflich, gegenüber dem kleinstädtischen, das vielmehr auf das Gemüt und gefühlsmäßige Beziehungen gestellt ist. Denn diese wurzeln in den unbewußteren Schichten der Seele und wachsen am ehesten an dem ruhigen Gleichmaß ununterbrochener Gewöhnungen. Der Ort des Verstandes dagegen sind die durchsichtigen, bewußten, obersten Schichten unserer Seele, er ist die anpassungsfähigste unserer inneren Kräfte; er bedarf, um sich mit dem Wechsel und Gegensatz der Erscheinungen abzufinden, nicht der Erschütterungen und des inneren Umgrabens, wodurch allein das konservativere Gemüt sich in den gleichen Rhythmus der Erscheinungen zu schicken wüßte. So schafft der Typus des Großstädters, – der natürlich von tausend individuellen Modifikationen umspielt ist – sich ein Schutzorgan gegen die Entwurzelung, mit der die Strömungen und Diskrepanzen seines äußeren Milieus ihn bedrohen: statt mit dem Gemüte reagiert er auf diese im wesentlichen mit dem Verstande, dem die Steigerung des Bewußtseins, wie dieselbe Ursache sie erzeugte, die seelische Prärogative verschafft; damit ist die Reaktion auf jene Erscheinungen in das am wenigsten empfindliche, von den Tiefen der Persönlichkeit am weitesten abstehende psychische Organ verlegt. Diese Verstandesmäßigkeit, so als ein Präservativ des subjektiven Lebens gegen die Vergewaltigungen der Großstadt erkannt, verzweigt sich in und mit vielfachen Einzelerscheinungen. Die Großstädte sind von jeher die Sitze der Geldwirtschaft gewesen, weil die Mannigfaltigkeit und Zusammendrängung des wirtschaftlichen Austausches dem Tauschmittel eine Wichtigkeit verschafft, zu der es bei der Spärlichkeit des ländlichen Tauschverkehrs nicht gekommen wäre. Geldwirtschaft aber und Verstandesherrschaft stehen im tiefsten Zusammenhange. Ihnen ist gemeinsam die reine Sachlichkeit in der Behandlung von Menschen und Dingen, in der sich eine formale Gerechtigkeit oft mit rücksichtsloser Härte paart. Der rein verstandesmäßige Mensch ist gegen alles eigentlich Individuelle gleichgültig, weil aus diesem sich Beziehungen und Reaktionen ergeben, die mit dem logischen Verstande nicht auszuschöpfen sind – gerade wie in das Geldprinzip die Individualität der Erscheinungen nicht eintritt. Denn das Geld fragt nur nach dem, was ihnen allen gemeinsam ist, nach dem Tauschwert, der alle Qualität und Eigenart auf die Frage nach dem bloßen Wieviel nivelliert. [...]

Der moderne Geist ist mehr und mehr ein rechnender geworden. Dem Ideale der Naturwissenschaft, die Welt in ein Rechenexempel zu verwandeln, jeden Teil ihrer in mathematischen Formeln festzulegen, entspricht die rechnerische Exaktheit des praktischen Lebens, die ihm die Geldwirtschaft gebracht hat; sie erst hat den Tag so vieler Menschen mit Abwägen, Rechnen, zahlenmäßigem Bestimmen, Reduzieren qualitativer Werte auf quantitative ausgefüllt. Durch das rechnerische Wesen des Geldes ist in das Verhältnis der Lebenselemente eine Präzision, eine Sicherheit in der Bestimmung von Gleichheiten und Ungleichheiten, eine Unzweideutigkeit in Verabredungen und Ausmachungen gekommen – wie sie äußerlich durch die allgemeine Verbreiterung der Taschenuhren bewirkt wird. [...] Dieselben Faktoren, die so in der Exaktheit und minutenhaften Präzision der Lebensform zu einem Gebilde von höchster Unpersönlichkeit zusammengeronnen sind, wirken andrerseits auf ein höchst persönliches hin. Es giebt vielleicht keine seelische Erscheinung, die so unbedingt der Großstadt vorbehalten wäre, wie die Blasiertheit. Sie ist zunächst die Folge jener rasch wechselnden und in ihren Gegensätzen eng zusammengedrängten Nervenreize, aus denen uns auch die Steigerung der großstädtischen Intellektualität hervorzugehen schien; weshalb denn auch dumme und von vornherein geistig unlebendige Menschen nicht gerade blasiert zu sein pflegen. Wie ein maßloses Genußleben blasiert macht, weil es die Nerven so lange zu ihren stärksten Reaktionen aufregt, bis sie schließlich überhaupt keine Reaktion mehr hergeben – so zwingen ihnen auch harmlosere Eindrücke durch die Raschheit und Gegensätzlichkeit ihres Wechsels so gewaltsame Antworten ab, reißen sie so brutal hin und her, daß sie ihre letzte Kraftreserve hergeben und, in dem gleichen Milieu verbleibend, keine Zeit haben, eine neue zu sammeln. Die so entstehende Unfähigkeit, auf neue Reize mit der ihnen angemessenen Energie zu reagieren, ist eben jene Blasiertheit, die eigentlich schon jedes Kind der Großstadt im Vergleich mit Kindern ruhigerer und abwechslungsloserer Milieus zeigt. [...] Die Sphäre der Gleichgültigkeit ist dabei nicht so groß, wie es oberflächlich scheint; die Aktivität unserer Seele antwortet doch fast auf jeden Eindruck seitens eines anderen Menschen mit einer irgendwie bestimmten Empfindung, deren Unbewußtheit, Flüchtigkeit und Wechsel sie nur in eine Indifferenz aufzuheben scheint. Thatsächlich wäre diese letztere uns ebenso unnatürlich, wie die Verschwommenheit wahlloser gegenseitiger Suggestion unerträglich, und von diesen beiden typischen Gefahren der Großstadt bewahrt uns die Antipathie, das latente und Vorstadium des praktischen Antagonismus, sie bewirkt die Distanzen und Abwendungen, ohne die diese Art Leben überhaupt nicht geführt werden könnte: ihre Maße und ihre Mischungen, der Rhythmus ihres Auftauchens und Verschwindens, die Formen, in denen ihr genügt wird – dies bildet mit den im engeren Sinne vereinheitlichenden Motiven ein untrennbares Ganzes der großstädtischen Lebensgestaltung: was in dieser unmittelbar als Dissoziierung erscheint, ist so in Wirklichkeit nur eine ihrer elementaren Sozialisierungsformen.

Diese Reserviertheit mit dem Oberton versteckter Aversion erscheint aber nun wieder als Form oder Gewand eines viel allgemeineren Geisteswesens der Großstadt. Sie gewährt nämlich dem Individuum eine Art und ein Maß persönlicher Freiheit, zu denen es in anderen Verhältnissen gar keine Analogie giebt: sie geht damit auf eine der großen Entwicklungstendenzen des gesellschaftlichen Lebens überhaupt zurück, auf eine der wenigen, für die eine annähernd durchgängige Formel auffindbar ist. Das früheste Stadium sozialer Bildungen, das sich an den historischen, wie an gegenwärtig sich gestaltenden findet, ist dieses: ein relativ kleiner Kreis, mit starkem Abschluß gegen benachbarte, fremde, oder irgendwie antagonistische Kreise, dafür aber mit einem um so engeren Zusammenschluß in sich selbst, der dem einzelnen Mitglied nur einen geringen Spielraum für die Entfaltung eigenartiger Qualitäten und freier, für sich selbst verantwortlicher Bewegungen gestattet. So beginnen politische und familiäre Gruppen, so Parteibildungen, so Religionsgenossenschaften; die Selbsterhaltung sehr junger Vereinigungen fordert strenge Grenzsetzung und zentripetale Einheit und kann deshalb dem Individuum keine Freiheit und Besonderheit innerer und äußerer Entwicklung einräumen. Von diesem Stadium aus geht die soziale Evolution gleichzeitig nach zwei verschiedenen und dennoch sich entsprechenden Seiten. In dem Maß, in dem die Gruppe wächst – numerisch, räumlich, an Bedeutung und Lebensinhalten – in eben dem lockert sich ihre unmittelbare innere Einheit, die Schärfe der ursprünglichen Abgrenzung gegen andere wird durch Wechselbeziehungen und Konnexe gemildert; und zugleich gewinnt das Individuum Bewegungsfreiheit, weit über die erste, eifersüchtige Eingrenzung hinaus, und eine Eigenart und Besonderheit, zu der die Arbeitsteilung in der größer gewordenen Gruppe Gelegenheit und Nötigung giebt. Nach dieser Formel hat sich der Staat und das

Christentum, Zünfte und politische Parteien und unzählige andere Gruppen entwickelt, so sehr natürlich die besonderen Bedingungen und Kräfte der einzelnen das allgemeine Schema modifizieren. Es scheint mir aber auch deutlich an der Entwicklung der Individualität innerhalb des städtischen Lebens erkennbar. Das Kleinstadtleben in der Antike wie im Mittelalter legte dem Einzelnen Schranken der Bewegung und Beziehungen nach außen, der Selbständigkeit und Differenzierung nach innen hin auf, unter denen der moderne Mensch nicht atmen könnte. [...] Es ist offenbar nur der Revers dieser Freiheit, wenn man sich unter Umständen nirgends so einsam und verlassen fühlt, als eben in dem großstädtischen Gewühl; denn hier wie sonst ist es keineswegs notwendig, daß die Freiheit des Menschen sich in seinem Gefühlsleben als Wohlbefinden spiegele. [...]

Der tiefste Grund indes, aus dem grade die Großstadt den Trieb zum individuellsten persönlichen Dasein nahelegt – gleichviel ob immer mit Recht und immer mit Erfolg – scheint mir dieser. Die Entwicklung der modernen Kultur charakterisiert sich durch das Übergewicht dessen, was man den objektiven Geist nennen kann, über den subjektiven, d. h., in der Sprache wie im Recht, in der Produktionstechnik wie in der Kunst, in der Wissenschaft wie in den Gegenständen der häuslichen Umgebung ist eine Summe von Geist verkörpert, deren täglichem Wachsen die geistige Entwicklung der Subjekte nur sehr unvollständig und in immer weiterem Abstand folgt. Übersehen wir etwa die ungeheure Kultur, die sich seit 100 Jahren in Dingen und Erkenntnissen, in Institutionen und Komforts verkörpert hat, und vergleichen wir damit den Kulturfortschritt der Individuen in derselben Zeit – wenigstens in den höheren Ständen – so zeigt sich eine erschreckende Wachstumsdifferenz zwischen beiden, ja in manchen Punkten eher ein Rückgang der Kultur der Individuen in Bezug auf Geistigkeit, Zartheit, Idealismus. Diese Diskrepanz ist im wesentlichen der Erfolg wachsender Arbeitsteilung; denn eine solche verlangt vom Einzelnen eine immer einseitigere Leistung, deren höchste Steigerung seine Persönlichkeit als ganze oft genug verkümmern läßt. Jedenfalls, dem Überwuchern der objektiven Kultur ist das Individuum weniger und weniger gewachsen. Vielleicht weniger bewußt, als in der Praxis und in den dunkeln Gesamtgefühlen, die ihr entstammen, ist es zu einer quantité négligeable herabgedrückt, zu einem Staubkorn gegenüber einer ungeheuren Organisation von Dingen und Mächten, die ihm alle Fortschritte, Geistigkeiten, Werte allmählich aus der

Hand spielen und sie aus der Form des subjektiven in die eines rein objektiven Lebens überführen. Es bedarf nur des Hinweises, daß die Großstädte die eigentlichen Schauplätze dieser, über alles Persönliche hinauswachsenden Kultur sind. Hier bietet sich in Bauten und Lehranstalten, in den Wundern und Komforts der raumüberwindenden Technik, in den Formungen des Gemeinschaftslebens und in den sichtbaren Institutionen des Staates eine so überwältigende Fülle kriystallisierten, unpersönlich gewordenen Geistes, daß die Persönlichkeit sich sozusagen dagegen nicht halten kann. Das Leben wird ihr einerseits unendlich leicht gemacht, indem Anregungen, Interessen, Ausfüllungen von Zeit und Bewußtsein sich ihr von allen Seiten anbieten und sie wie in einem Strome tragen, in dem es kaum noch eigener Schwimmbewegungen bedarf. Andererseits aber setzt sich das Leben doch mehr und mehr aus diesen unpersönlichen Inhalten und Darbietungen zusammen, die die eigentlich persönlichen Färbungen und Unvergleichlichkeiten verdrängen wollen; so daß nun gerade, damit dieses Persönlichste sich rette, es ein Äußerstes an Eigenart und Besonderung aufbieten muß; es muß dieses übertreiben, um nur überhaupt noch hörbar, auch für sich selbst, zu werden. Die Atrophie der individuellen durch die Hypertrophie der objektiven Kultur ist ein Grund des grimmigen Hasses, den die Prediger des äußersten Individualismus, Nietzsche voran, gegen die Großstädte hegen, aber auch ein Grund, weshalb sie gerade in den Großstädten so leidenschaftlich geliebt sind, grade dem Großstädter als die Verkünder und Erlöser seiner unbefriedigsten Sehnsucht erscheinen.

4. FRIEDRICH NIETZSCHE

Hinfall der kosmologischen Werte

(Aus: Werke in drei Bänden. Hg. v. K. Schlechta. Bd. 3. München 1966. S. 676ff. Der Text stammt aus dem sog. »Nachlaß der Achtzigerjahre«.)

Hinfall der kosmologischen Werte

A.

Der *Nihilismus* als *psychologischer Zustand* wird eintreten müssen, *erstens*, wenn wir einen »Sinn« in allem Geschehen gesucht haben, der nicht darin ist: so daß der Sucher endlich den Mut verliert.

Nihilismus ist dann das Bewußtwerden der langen *Vergeudung* von Kraft, die Qual des »Umsonst«, die Unsicherheit, der Mangel an Gelegenheit, sich irgendwie zu erholen, irgendworüber noch zu beruhigen – die Scham vor sich selbst, als habe man sich allzulange *betrogen*... Jener Sinn könnte gewesen sein: die »Erfüllung« eines sittlichen höchsten Kanons in allem Geschehen, die sittliche Weltordnung; oder die Zunahme der Liebe und Harmonie im Verkehr der Wesen; oder die Annäherung an einen allgemeinen Glücks-Zustand; oder selbst das Losgehen auf einen allgemeinen Nichts-Zustand – ein Ziel ist immer noch ein Sinn. Das Gemeinsame aller dieser Vorstellungsarten ist, daß ein Etwas durch den Prozeß selbst *erreicht* werden soll: – und nun begreift man, daß mit dem Werden *nichts* erzielt, *nichts* erreicht wird... Also die Enttäuschung über einen angeblichen *Zweck des Werdens* als Ursache des Nihilismus: sei es in Hinsicht auf einen ganz bestimmten Zweck, sei es, verallgemeinert, die Einsicht in das Unzureichende aller bisherigen Zweck-Hypothesen, die die ganze »Entwicklung« betreffen (– der Mensch *nicht mehr* Mitarbeiter, geschweige der Mittelpunkt des Werdens).

Der Nihilismus als psychologischer Zustand tritt *zweitens* ein, wenn man eine *Ganzheit*, eine *Systematisierung*, selbst eine *Organisierung* in allem Geschehen und unter allem Geschehen angesetzt hat: so daß in der Gesamtvorstellung einer höchsten Herrschafts- und Verwaltungsform die nach Bewunderung und Verehrung durstige Seele schwelgt (– ist es die Seele eines Logikers, so genügt schon die absolute Folgerichtigkeit und Realdialektik, um mit allem zu versöhnen...). Eine Art Einheit, irgendeine Form des »Monismus«: und infolge dieses Glaubens der Mensch in tiefem Zusammenhangs- und Abhängigkeitsgefühl von einem ihm unendlich überlegenen Ganzen, ein *modus* der Gottheit... »Das Wohl des Allgemeinen fordert die Hingabe des einzelnen«... aber siehe da, es *gibt* kein solches Allgemeines! Im Grunde hat der Mensch den Glauben an seinen Wert verloren, wenn durch ihn nicht ein unendlich wertvolles Ganzes wirkt: d. h. er hat ein solches Ganzes konzipiert, *um an seinen Wert glauben zu können.*

Der Nihilismus als psychologischer Zustand hat noch eine *dritte* und *letzte* Form. Diese zwei *Einsichten* gegeben, daß mit dem Werden nichts erzielt werden soll und daß unter allem Werden keine große Einheit waltet, in der der einzelne völlig untertauchen darf wie in einem Element höchsten Wertes: so bleibt als *Ausflucht* übrig, diese ganze Welt des Werdens als Täuschung zu verurteilen und eine Welt zu erfinden, welche jenseits derselben liegt, als *wahre* Welt. Sobald aber der Mensch dahinterkommt, wie nur aus psychologischen Bedürfnissen diese Welt gezimmert ist und wie er dazu ganz und gar kein Recht hat, so entsteht die letzte Form des Nihilismus, welche den *Unglauben an eine metaphysische Welt* in sich schließt, – welche sich dem Glauben an eine *wahre* Welt verbietet. Auf diesem Standpunkt gibt man die Realität des Werdens als *einzige* Realität zu, verbietet sich jede Art Schleichweg zu Hinterwelten und falschen Göttlichkeiten – aber *erträgt diese Welt nicht, die man schon nicht leugnen will* . . .

– Was ist im Grunde geschehen? Das Gefühl der *Wertlosigkeit* wurde erzielt, als man begriff, daß weder mit dem Begriff »*Zweck*«, noch mit dem Begriff »*Einheit*«, noch mit dem Begriff »*Wahrheit*« der Gesamtcharakter des Daseins interpretiert werden darf. Es wird nichts damit erzielt und erreicht; es fehlt die übergreifende Einheit in der Vielheit des Geschehens: der Charakter des Daseins ist nicht »wahr«, ist *falsch* . . ., man hat schlechterdings keinen Grund mehr, eine *wahre* Welt sich einzureden . . . Kurz: die Kategorien »Zweck«, »Einheit«, »Sein«, mit denen wir der Welt einen Wert eingelegt haben, werden wieder von uns *herausgezogen* – und nun sieht die Welt *wertlos aus* . . .

B.

Gesetzt, wir haben erkannt, inwiefern mit diesen *drei* Kategorien die Welt nicht mehr *ausgelegt* werden darf und daß nach dieser Einsicht die Welt für uns wertlos zu werden anfängt: so müssen wir fragen, *woher* unser Glaube an diese drei Kategorien stammt, – versuchen wir, ob es nicht möglich ist, *ihnen* den Glauben zu kündigen! Haben wir diese drei Kategorien *entwertet*, so ist der Nachweis ihrer Unanwendbarkeit auf das All kein Grund mehr, *das All zu entwerten.*

– Resultat: Der *Glaube an die Vernunft-Kategorien* ist die Ursache des Nihilismus, – wir haben den Wert der Welt an Kategorien gemessen, *welche sich auf eine rein fingierte Welt beziehen.*

– Schluß-Resultat: Alle Werte, mit denen wir bis jetzt die Welt zuerst uns schätzbar zu machen gesucht haben und endlich ebendamit *entwertet* haben, als sie sich als unanlegbar erwiesen – alle diese Werte sind, psychologisch nachgerechnet, Resultate bestimmter Perspektiven der Nützlichkeit zur Aufrechterhaltung und Steigerung menschlicher Herrschafts-Gebilde: und nur fälschlich *projiziert* in das Wesen der Dinge. Es ist immer noch die *hyperbolische Naivität* des Menschen: sich selbst als Sinn und Wertmaß der Dinge anzusetzen.

5. FRIEDRICH NIETZSCHE

Der tolle Mensch

(Aus: Werke in drei Bänden. Hg. v. K. Schlechta, Bd. 2. München 1966. S. 126ff. Der Text ist das 125. Stück in »Die fröhliche Wissenschaft« von 1882.)

Der tolle Mensch. – Habt ihr nicht von jenem tollen Menschen gehört, der am hellen Vormittage eine Laterne anzündete, auf den Markt lief und unaufhörlich schrie: »Ich suche Gott! Ich suche Gott!« – Da dort gerade viele von denen zusammenstanden, welche nicht an Gott glaubten, so erregte er ein großes Gelächter. Ist er denn verlorengegangen? sagte der eine. Hat er sich verlaufen wie ein Kind? sagte der andere. Oder hält er sich versteckt? Fürchtet er sich vor uns? Ist er zu Schiff gegangen? ausgewandert? – so schrien und lachten sie durcheinander. Der tolle Mensch sprang mitten unter sie und durchbohrte sie mit seinen Blicken. »Wohin ist Gott?« rief er, »ich will es euch sagen! *Wir haben ihn getötet* – ihr und ich! Wir alle sind seine Mörder! Aber wie haben wir dies gemacht? Wie vermochten wir das Meer auszutrinken? Wer gab uns den Schwamm, um den ganzen Horizont wegzuwischen? Was taten wir, als wir diese Erde von ihrer Sonne losketteten? Wohin bewegt sie sich nun? Wohin bewegen wir uns? Fort von allen Sonnen? Stürzen wir nicht fortwährend? Und rückwärts, seitwärts, vorwärts, nach allen Seiten? Gibt es noch ein Oben und ein Unten? Irren wir nicht wie durch ein unendliches Nichts? Haucht uns nicht der leere Raum an? Ist es nicht kälter geworden? Kommt nicht immerfort die Nacht und mehr Nacht? Müssen nicht Laternen am Vormittage angezündet werden? Hören wir noch nichts von dem Lärm der Totengräber, welche Gott begraben? Riechen wir noch nichts von der göttlichen Verwesung? – auch Götter verwesen! Gott ist tot! Gott bleibt tot! Und wir haben ihn getötet! Wie trösten wir uns, die Mörder aller Mörder? Das Heiligste und Mächtigste, was die Welt bisher besaß, es ist unter unsern Messern verblutet – wer wischt dies Blut von uns ab? Mit welchem Wasser könnten wir uns reinigen? Welche Sühnefeiern, welche heiligen Spiele werden wir erfinden müssen? Ist nicht die

Größe dieser Tat zu groß für uns? Müssen wir nicht selber zu Göttern werden, um nur ihrer würdig zu erscheinen? Es gab nie eine größere Tat – und wer nur immer nach uns geboren wird, gehört um dieser Tat willen in eine höhere Geschichte, als alle Geschichte bisher war!« – Hier schwieg der tolle Mensch und sah wieder seine Zuhörer an: auch sie schwiegen und blickten befremdet auf ihn. Endlich warf er seine Laterne auf den Boden, daß sie in Stücke sprang und erlosch. »Ich komme zu früh«, sagte er dann, »ich bin noch nicht an der Zeit. Dies ungeheure Ereignis ist noch unterwegs und wandert – es ist noch nicht bis zu den Ohren der Menschen gedrungen. Blitz und Donner brauchen Zeit, das Licht der Gestirne braucht Zeit, Taten brauchen Zeit, auch nachdem sie getan sind, um gesehn und gehört zu werden. Diese Tat ist ihnen immer noch ferner als die fernsten Gestirne – *und doch haben sie dieselbe getan!*« – Man erzählt noch, daß der tolle Mensch desselbigen Tages in verschiedene Kirchen eingedrungen sei und darin sein *Requiem aeternam deo* angestimmt habe. Hinausgeführt und zur Rede gesetzt, habe er immer nur dies entgegnet: »Was sind denn diese Kirchen noch, wenn sie nicht die Grüfte und Grabmäler Gottes sind?«

6. FRIEDRICH NIETZSCHE

Also sprach Zarathustra

(Aus: Werke in drei Bänden. Hg. v. K. Schlechta, Bd. 2. München 1966. S. 279ff. Der Text ist die dritte und vierte »Vorrede« Zarathustras.)

3

Als Zarathustra in die nächste Stadt kam, die an den Wäldern liegt, fand er daselbst viel Volk versammelt auf dem Markte: denn es war verheißen worden, daß man einen Seiltänzer sehen solle. Und Zarathustra sprach also zum Volke:

Ich lehre euch den Übermenschen. Der Mensch ist etwas, das überwunden werden soll. Was habt ihr getan, ihn zu überwinden?

Alle Wesen bisher schufen etwas über sich hinaus: und ihr wollt die Ebbe dieser großen Flut sein und lieber noch zum Tiere zurückgehn, als den Menschen überwinden?

Was ist der Affe für den Menschen? Ein Gelächter oder eine schmerzliche Scham. Und ebendas soll der Mensch für den Übermenschen sein: ein Gelächter oder eine schmerzliche Scham.

Ihr habt den Weg vom Wurme zum Menschen gemacht, und vieles ist in euch noch Wurm. Einst wart ihr Affen, und auch jetzt noch ist der Mensch mehr Affe, als irgendein Affe.

Wer aber der Weiseste von euch ist, der ist auch nur ein Zwiespalt und Zwitter von Pflanze und von Gespenst. Aber heiße ich euch zu Gespenstern oder Pflanzen werden?

Seht, ich lehre euch den Übermenschen!

Der Übermensch ist der Sinn der Erde. Euer Wille sage: der Übermensch *sei* der Sinn der Erde!

Ich beschwöre euch, meine Brüder, *bleibt der Erde treu* und glaubt denen nicht, welche euch von überirdischen Hoffnungen reden! Giftmischer sind es, ob sie es wissen oder nicht.

Verächter des Lebens sind es, Absterbende und selber Vergiftete, deren die Erde müde ist: so mögen sie dahinfahren!

Einst war der Frevel an Gott der größte Frevel, aber Gott starb, und damit starben auch diese Frevelhaften. An der Erde zu freveln ist jetzt das Furchtbarste und die Eingeweide des Unerforschlichen höher zu achten, als den Sinn der Erde!

Einst blickte die Seele verächtlich auf den Leib: und damals war diese Verachtung das Höchste – sie wollte ihn mager, gräßlich, verhungert. So dachte sie ihm und der Erde zu entschlüpfen.

Oh diese Seele war selber noch mager, gräßlich und verhungert: und Grausamkeit war die Wollust dieser Seele!

Aber auch ihr noch, meine Brüder, sprecht mir: was kündet euer Leib von eurer Seele? Ist eure Seele nicht Armut und Schmutz und ein erbärmliches Behagen?

Wahrlich, ein schmutziger Strom ist der Mensch. Man muß schon ein Meer sein, um einen schmutzigen Strom aufnehmen zu können, ohne unrein zu werden.

Seht, ich lehre euch den Übermenschen: der ist dies Meer, in ihm kann eure große Verachtung untergehn.

Was ist das Größte, das ihr erleben könnt? Das ist die Stunde der großen Verachtung. Die Stunde, in der euch auch euer Glück zum Ekel wird und ebenso eure Vernunft und eure Tugend.

Die Stunde, wo ihr sagt: »Was liegt an meinem Glücke! Es ist Armut und Schmutz und ein erbärmliches Behagen. Aber mein Glück sollte das Dasein selber rechtfertigen!«

Die Stunde, wo ihr sagt: »Was liegt an meiner Vernunft! Begehrt sie nach Wissen wie der Löwe nach seiner Nahrung? Sie ist Armut und Schmutz und ein erbärmliches Behagen!«

Die Stunde, wo ihr sagt: »Was liegt an meiner Tugend! Noch hat sie mich nicht rasen gemacht. Wie müde bin ich meines Guten und meines Bösen! Alles das ist Armut und Schmutz und ein erbärmliches Behagen!«

Die Stunde, wo ihr sagt: »Was liegt an meiner Gerechtigkeit! Ich sehe nicht, daß ich Glut und Kohle wäre. Aber der Gerechte ist Glut und Kohle!«

Die Stunde, wo ihr sagt: »Was liegt an meinem Mitleiden! Ist nicht Mitleid das Kreuz, an das der genagelt wird, der die Menschen liebt? Aber mein Mitleiden ist keine Kreuzigung.«

Spracht ihr schon so? Schriet ihr schon so? Ach, daß ich euch schon so schreien gehört hätte!

Nicht eure Sünde – eure Genügsamkeit schreit gen Himmel, euer Geiz selbst in eurer Sünde schreit gen Himmel!

Wo ist doch der Blitz, der euch mit seiner Zunge leckt? Wo ist der Wahnsinn, mit dem ihr geimpft werden müßtet?

Seht, ich lehre euch den Übermenschen: der ist dieser Blitz, der ist dieser Wahnsinn! –

Als Zarathustra so gesprochen hatte, schrie einer aus dem Volke: »Wir hörten nun genug von dem Seiltänzer; nun laßt uns ihn auch sehen!« Und alles Volk lachte über Zarathustra. Der Seiltänzer aber, welcher glaubte, daß das Wort ihm gälte, machte sich an sein Werk.

4

Zarathustra aber sahe das Volk an und wunderte sich. Dann sprach er also:

Der Mensch ist ein Seil, geknüpft zwischen Tier und Übermensch – ein Seil über einem Abgrunde.

Ein gefährliches Hinüber, ein gefährliches Auf-dem-Wege, ein gefährliches Zurückblicken, ein gefährliches Schaudern und Stehenbleiben.

Was groß ist am Menschen, das ist, daß er eine Brücke und kein Zweck ist: was geliebt werden kann am Menschen, das ist, daß er ein *Übergang* und ein *Untergang* ist.

Ich liebe die, welche nicht zu leben wissen, es sei denn als Untergehende, denn es sind die Hinübergehenden.

Ich liebe die großen Verachtenden, weil sie die großen Verehrenden sind und Pfeile der Sehnsucht nach dem andern Ufer.

Ich liebe die, welche nicht erst hinter den Sternen einen Grund suchen, unterzugehen und Opfer zu sein: sondern die sich der Erde opfern, daß die Erde einst des Übermenschen werde.

Ich liebe den, welcher lebt, damit er erkenne, und welcher erkennen will, damit einst der Übermensch lebe. Und so will er seinen Untergang.

Ich liebe den, welcher arbeitet und erfindet, daß er dem Übermenschen das Haus baue und zu ihm Erde, Tier und Pflanze vorbereite: denn so will er seinen Untergang.

Ich liebe den, welcher seine Tugend liebt: denn Tugend ist Wille zum Untergang und ein Pfeil der Sehnsucht.

Ich liebe den, welcher nicht einen Tropfen Geist für sich zurückbehält, sondern ganz der Geist seiner Tugend sein will: so schreitet er als Geist über die Brücke.

Ich liebe den, welcher aus seiner Tugend seinen Hang und sein Verhängnis macht: so will er um seiner Tugend willen noch leben und nicht mehr leben.

Ich liebe den, welcher nicht zu viele Tugenden haben will. Eine Tugend ist mehr Tugend als zwei, weil sie mehr Knoten ist, an den sich das Verhängnis hängt.

Ich liebe den, dessen Seele sich verschwendet, der nicht Dank haben will und nicht zurückgibt: denn er schenkt immer und will sich nicht bewahren.

Ich liebe den, welcher sich schämt, wenn der Würfel zu seinem Glücke fällt und der dann fragt: bin ich denn ein falscher Spieler? – denn er will zugrunde gehen.

Ich liebe den, welcher goldne Worte seinen Taten vorauswirft und immer noch mehr hält, als er verspricht: denn er will seinen Untergang.

Ich liebe den, welcher die Zukünftigen rechtfertigt und die Vergangenen erlöst: denn er will an den Gegenwärtigen zugrunde gehen.

Ich liebe den, welcher seinen Gott züchtigt, weil er seinen Gott liebt: denn er muß am Zorne seines Gottes zugrunde gehen.

Ich liebe den, dessen Seele tief ist auch in der Verwundung, und der an einem kleinen Erlebnisse zugrunde gehen kann: so geht er gerne über die Brücke.

Ich liebe den, dessen Seele übervoll ist, so daß er sich selber vergißt, und alle Dinge in ihm sind: so werden alle Dinge sein Untergang.

Ich liebe den, der freien Geistes und freien Herzens ist: so ist sein Kopf nur das Eingeweide seines Herzens, sein Herz aber treibt ihn zum Untergang.

Ich liebe alle die, welche wie schwere Tropfen sind, einzeln fallend aus der dunklen Wolke, die über den Menschen hängt: sie verkündigen, daß der Blitz kommt, und gehn als Verkündiger zugrunde.

Seht, ich bin ein Verkündiger des Blitzes, und ein schwerer Tropfen aus der Wolke: dieser Blitz aber heißt Übermensch –

7. GUSTAV LANDAUER

Aufruf zum Sozialismus

(Hg. und eingel. von H.-J. Heydorn. Frankfurt 1967. Textausschnitte aus der Vorbemerkung des Autors zur ersten Auflage.)

Wer zum Sozialismus aufruft, muß der Meinung sein, Sozialismus sei eine Sache, die nicht oder so gut wie nicht, noch nicht oder nicht mehr in der Welt sei. Man könnte einwenden: »Natürlich ist kein Sozialismus, ist die sozialistische Gesellschaft nicht in der Welt. Sie ist noch nicht da, aber es sind Bestrebungen da, sie zu erreichen; Einsichten, Erkenntnisse, Lehren, wie sie kommen wird.« Nein, nicht so ist der Sozialismus gemeint, zu dem hier aufgerufen wird. Vielmehr verstehe ich unter Sozialismus eine Tendenz des Menschenwillens und eine Einsicht in Bedingungen und Wege, die zur Erfüllung führen. Und allerdings sage ich: so gut wie gar nicht, so schlecht wie nur je ist dieser Sozialismus da. Darum rede ich zu jedem, der mich hören will, und hoffe, daß meine Stimme schließlich auch zu manchen, zu vielen dringt, die mich nicht hören wollen, rufe ich auf zum Sozialismus.

Was ist er? was wollen die Menschen, die Sozialismus sagen? und was ist das, was sich heute so nennt? Unter welchen Bedingungen, in welchem Moment der Gesellschaft – wie man gewöhnlich sagt, der Entwicklung kann er Wirklichkeit werden?

Der Sozialismus ist ein Bestreben, mit Hilfe eines Ideals eine neue Wirklichkeit zu schaffen. Das muß zunächst gesagt werden; wenn auch das Wort Ideal durch traurige Heuchler und gemeine Schwächlinge, die sich gern Idealisten nennen, und sodann durch Philister und Wissenschaftskrämer, die sich gern Realisten nennen, in Verruf gekommen ist. In Zeiten des Niedergangs, der Unkultur, der Geistlosigkeit und des Elends müssen die Menschen, die nicht bloß äußerlich, sondern vor allem innerlich unter diesem Zustand, der sie umgibt und bis in ihren Kern, in ihr Leben, in ihr Denken, Fühlen und Wollen sie selber erfassen will, leiden, müssen die Menschen, die sich dagegen wehren, ein Ideal haben. Sie haben eine Einsicht in das Unwürdige, Gepreßte, Erniedrigende ihrer Lage; sie haben unsäglichen Ekel vor der Erbärmlichkeit, die sie wie ein Sumpf umgürtet, sie haben Energie, die vorwärts drängt, und also Sehnsucht nach dem Besseren, und daraus ersteigt ihnen in hoher Schönheit, in Vollendung ein Bild einer guten, einer reinen und gedeihlichen, einer freudebringenden Art des Zusammenlebens der Menschen. Sie sehen in großen, allgemeinen Zügen vor sich, wie es sein kann, wenn ein kleinerer, ein größerer, ein ganz großer Teil der Menschen es so will und tut, wenn ein ganzes Volk, ganze Völker dieses Neue innerlich glühend erfassen und ins Äußere, in die Vollbringung wirken; und nun sagen sie nicht mehr: es kann so sein; sagen vielmehr: es soll, es muß so kommen. Sie sagen nicht – wenn sie erst Einsicht in die uns bekannte bisherige Geschichte der Menschengeschlechter haben, dann sagen sie nicht: dieses Ideal muß so nackt, so ausgedacht, so errechnet, wie es auf dem Papier steht, Wirklichkeit werden. Sie wissen wohl: das Ideal ist das Letzte, Äußerste an Schönheit und Freudeleben, was vor ihrem Gemüte, ihrem Geiste steht. Es ist ein Stück Geist, es ist Vernunft, ist Gedanke. Nie aber sieht die Wirklichkeit dem Gedanken einzelner Menschen völlig gleich; es wäre auch langweilig, wenn es so wäre, wenn wir also die Welt doppelt hätten: einmal im vorwegnehmenden Gedanken, das andere Mal in der äußeren Welt genauso noch einmal. So ist es nie gewesen und wird nie so sein. Nicht das Ideal wird zur Wirklichkeit; aber durch das Ideal, nur durch das Ideal wird in diesen unseren Zeiten unsere Wirklichkeit. Wir sehen etwas vor uns, hinter dem wir nichts Mögliches mehr, nichts Besseres erblicken; wir gewahren das Äußerste und sagen: Dieses will ich –! Und nun wird alles getan, es zu schaffen; aber – alles! Der einzelne, über den es wie eine Erleuchtung kam, sucht sich Gefährten; er findet, da sind andere, über die es im Geiste, im Herzen schon wie eine Erschütterung und ein Gewitter gekommen ist; es liegt in der Luft für seinesgleichen; er findet wiederum andere, die nur leicht schlummerten, über deren Verstehen nur etwas wie ein dünnes Häutchen, über deren Energie nur eine leichte Betäubung lag; sie sind nun beisammen, die Gefährten suchen sich Wege, sie reden zu mehreren, zu den Massen in den Großstädten, in den kleineren Städten, auf dem Lande; die äußere Not hilft die innere erwecken; die heilige Unzufriedenheit regt und rüttelt sich; etwas wie ein Geist – Geist ist Gemeingeist, Geist ist Verbindung und Freiheit, Geist ist Menschenbund, wir sehen es bald noch deutlicher – ein Geist kommt über die Menschen; und wo Geist ist, ist Volk, wo Volk ist, ist ein Keil, der vorwärts drängt, ist ein Wille; wo ein Wille ist, ist ein Weg; das Wort gilt; aber auch nur da ist ein Weg. Und immer lichter wird es; immer tiefer dringt es; immer höher wird der Schleier, das Netz, das Sumpfgewebe der Dumpfheit gehoben; ein Volk schließt sich zusammen, das Volk erwacht: es geschehen Taten, es geschieht ein Tun; vermeintliche Hindernisse werden als ein Nichts erkannt, über das man hinwegspringt, andere Hindernisse werden mit vereinter Kraft gehoben; denn Geist ist Heiterkeit, ist Macht, ist Bewegung, die sich nicht, die sich durch nichts in der Welt aufhalten läßt. Dahin will ich –! Aus den Herzen der einzelnen bricht diese Stimme und dieses unbändige Verlangen in gleicher, in geeinter Weise heraus; und so wird die Wirklichkeit des Neuen geschaffen. Sie wird anders sein, schließlich, als das Ideal war, ihm ähnlich, aber nicht gleich. Sie wird besser sein, denn sie ist kein Traum mehr der Ahnungsvollen, Sehnsucht- und Schmerzenreichen, sondern ein Leben, ein Mitleben, ein Gesellschaftsleben der Lebendigen. Es wird ein Volk sein; es wird Kultur sein, es wird Freude sein. Wer weiß heute, was Freude ist? [...]

Heute niemand; schon seit langem niemand; zu manchen Zeiten waren ganze Völker vom Geist der Freude gepackt und getrieben. Sie waren es in den Zeiten der Revolution; aber es war nicht genug Helligkeit in ihrem Brausen; war zu viel Dunkel und Schwelen in ihrer Glut; sie wollten, aber sie wußten nicht, was; und die Ehrsüchtigen, die Politikanten, die Advokaten, die Interessierten haben wieder alles verdorben, und die Geistlosigkeit der Habgier und der Herrschsucht hat weggeschwemmt, was den Geist bereiten, was zum Volke wachsen wollte. Wir haben auch heute solche Advokaten, auch wenn sie keine Advokaten heißen; wir haben sie und sie haben und halten uns. Hüten wir uns; wir sind gewarnt, von der Geschichte gewarnt. [...]

Da geht es mit dem Geist in den Völkern, über den Völkern, mit der Selbstverständlichkeit, die aus den einzelnen strömt und sie zum Bunde führt, schnell oder langsam, hinab. Der Geist zieht sich in die einzelnen zurück. Einzelne, innerlich Mächtige waren es, Repräsentanten des Volks, die ihn dem Volke geboren hatten; jetzt lebt er in einzelnen, Genialen, die sich in all ihrer Mächtigkeit verzehren, die ohne Volk sind: vereinsamte Denker, Dichter und Künstler, die haltlos, wie entwurzelt, fast wie in der Luft stehen. Wie aus einem Traum aus urlang vergangener Zeit heraus ergreift es sie manchmal: und dann werfen sie mit königlicher Gebärde des Unwillens die Leier hinter sich und greifen zur Posaune, reden aus dem Geiste heraus zum Volke und vom kommenden Volke. All ihre Konzentration, all ihre Form, die in ihnen mit gewaltiger Schmerzlichkeit lebendig ist und oft viel stärker und umfänglicher ist, als ihr Körper und ihre Seele ertragen kann, die unzähligen Gestalten, und die Farbigkeit und das Gewimmel und Gedränge des Rhythmus und der Harmonie: all das – hört es, ihr Künstler! – ist ertötetes Volk, ist lebendiges Volk, das in ihnen sich gesammelt hat, das in ihnen begraben ist und aus ihnen wieder auferstehen wird. [...]

Die Staaten mit ihren Grenzen, die Nationen mit ihren Gegensätzen sind Ersatzmittel für Volks- und Gemeinschaftsgeist, der nicht da ist. Die Staatsidee ist ein nachgemachter künstlicher Geist, ein falscher Wahn, Zwecke, die nichts miteinander zu tun haben, die nicht am Boden kleben, wie die schönen Interessen der gemeinsamen Sprache und Sitte, die Interessen des Wirtschaftslebens (und was für eines Wirtschaftslebens heutzutage, wir haben es gesehen!) verkuppelt er mit einander und mit einem bestimmten Landgebiet. Der Staat mit seiner Polizei und all seinen Gesetzen und Eigentumsrechtseinrichtungen ist um der Menschen willen da, als miserabler Ersatz für den Geist und die Zweckverbände; und überdies sollen nun die Menschen um des Staates willen dasein, der so etwas wie ein ideales Gebilde und ein Selbstzweck, wiederum also ein Geist zu sein vorspiegelt. Geist ist etwas, was in den Herzen und Seelenleibern der einzelnen in gleicher Weise wohnt; was mit natürlicher Nötigung, als verbindende Eigenschaft aus allen herausbricht und alle zum Bunde führt. Der Staat sitzt nie im Innern der einzelnen, er ist nie zur Individualeigenschaft geworden, nie Freiwilligkeit gewesen. Er setzt den Zentralismus der Botmäßigkeit und Disziplin an die Stelle des Zentrums, das die Welt des Geistes regiert: das ist der Schlag des Herzens und das freie, eigene Denken im lebendigen Leibe der Person. Früher einmal gab es Gemeinden, Stammesbünde, Gilden, Brüderschaften, Korporationen, Gesellschaften, und sie alle schichteten sich zur Gesellschaft. Heute gibt es Zwang, Buchstaben, Staat.

Und dieser Staat, der überdies ein Nichts ist und sich, um das Nichts zu verhüllen, lügnerisch mit dem Mantel der Nationalität bekleidet und diese Nationalität, die ein Feines, Geistiges zwischen den Menschen ist, lügnerisch verbindet mit einer Land- und Bodengemeinschaft, die nichts damit zu tun hat und die nicht da ist: Dieser Staat will also ein Geist und ein Ideal, ein Jenseitiges und wie Unbegreifliches sein, für das Millionen enthusiastisch und todestrunken einander hinschlachten. Das ist die äußerste, die höchste Form des Ungeistes, der sich eingestellt hat, weil der wahre Geist der Verbindung dahin und zugrunde gegangen ist; und wiederum sei es gesagt: hätten die Menschen diesen schauerlichen Aberglauben nicht an Stelle der lebendigen Wahrheit natürlicher Geistverbundenheit, sie vermöchten nicht zu leben, denn sie erstickten in der Scham und Schmach dieses Unlebens und dieser Verbindungslosigkeit, sie zerfielen zu Staub wie vertrockneter Kot.

So also sieht unsere Zeit aus. So steht sie da – zwischen den Zeiten. [...]

Hier ist nun der Ort, wo gesagt werden muß (weil es jetzt eben schon gesagt worden ist): die sich heutigentages Sozialisten nennen, sind allesamt keine Sozialisten; was bei uns eben Sozialismus geheißen wird, ist ganz und gar kein Sozialismus. Auch hier, in dieser sogenannten sozialistischen Bewegung, wie in allen Organisationen und Einrichtungen dieser Zeiten, ist an die Stelle des Geistes ein elendes und gemeines Surrogat getreten. Hier aber ist die gefälschte Ersatzware noch besonders schlimm, durch etwas besonderes ausgezeichnet, besonders lächerlich für den, der dahinter gekommen ist, besonders gefährlich für die Getäuschten. Dieses Surrogat ist eine Karikatur, eine Imitation, eine Travestie des Geistes. Geist ist Erfassung des Ganzen in lebendig Allgemeinem, Geist ist Verbindung des Getrennten, der Sachen, der Begriffe wie der Menschen; Geist ist in den Zeiten des Hinübergangs Enthusiasmus, Glut, Tapferkeit, Kampf; Geist ist ein Tun und ein Bauen. Was heute den Sozialismus fingiert, will auch eine Ganzheit erfassen, möchte auch die Einzelheiten unter allgemeine Sammlungen bekommen. Aber da in ihm kein lebendiger Geist wohnt, da ihm, was er anschaut, nicht Leben gewinnt und da ihm das Allgemeine nicht zum Gestalten wird, da es keine Intuition und keinen Impuls hat, wird sein Allgemeines kein wahres Wissen sein und kein echtes Wollen. An die Stelle des Geistes ist ein überaus absonderlicher und komischer Wissenschaftsaberglauben getreten.

II. Lyrik des Expressionismus

1. Großstadterfahrung

Die Gruppe Großstadtlyrik ist die umfangreichste dieser Sammlung expressionistischer Lyrik und steht aus mehreren Gründen an ihrem Anfang. Der Themenkomplex Großstadt gehört, von naturalistischen Vorläufern wie Arno Holz, Julius Hart, Karl Henckell und einigen impressionistischen und symbolistischen Großstadtgedichten abgesehen, zu den die Epoche kennzeichnenden neuen literarischen Sujets.[1] Im Expressionismus tritt die Großstadtthematik beherrschend an Stelle einer vorher dominierenden Naturlyrik, die noch bis weit ins 19. Jahrhundert hinein von Motiven und Ausdrucksformen der Goethezeit und der Romantik gezehrt hatte.

Die wachsende Bedeutung der Großstadtthematik ist natürlich bedingt durch Wachstum und zunehmende Bedeutung der Großstädte selbst. Seit der Reichsgründung von 1871 durchlaufen die deutschen Städte, verbunden mit der in Deutschland verspäteten, dann aber um so rapideren Industrialisierung, eine Phase dynamischen Wachstums. Berlin, politisches und kulturelles Zentrum des Kaiserreichs, avanciert Ende des 19. Jahrhunderts zu der am schnellsten wachsenden Stadt Europas. Von 826 341 Einwohnern im Jahre 1870 überschritt Berlin schon bis 1880 die 1 Millionen-, bis 1910 die 2 Millionen-Grenze. 1920 zählt Großberlin, trotz der hemmenden Zäsur des Krieges, über 4 Millionen Einwohner.

Berlin ist zweifellos auch das Zentrum der expressionistischen Bewegung. Viele Autoren, die nicht schon hier aufgewachsen sind wie Georg Heym (seit dem 13. Lebensjahr), Jakob van Hoddis, Alfred Lichtenstein, Ernst Blass, werden angezogen durch die Metropole und, wie Gottfried

---

[1] Das Thema Großstadt trägt bei dem wohl begabtesten Lyriker des Naturalismus, Arno Holz, noch eine Aura der Idylle. Das gilt auch für seine Beschreibungen des großstädtischen Elendsmilieus. So beginnt eine frühe Fassung des vielfach umgearbeiteten »Phantasus«-Gedichtes mit den Zeilen: »Ihr Dach stieß fast bis an die Sterne, / Vom Hof her stampfte die Fabrik, / Es war die richtge Miethskaserne / Mit Flur- und Leiermannsmusik! / Im Keller nistete die Ratte, / Parterre gab's Branntwein, Grogk und Bier, / Und bis ins fünfte Stockwerk hatte / Das Vorstadtelend sein Quartier.« (Zit. in: W. Rothe, Deutsche Großstadtlyrik vom Naturalismus bis zur Gegenwart. Stuttgart 1973. S. 41.) Das »Berlin«-Gedicht von Julius Hart, zugleich das Eröffnungsgedicht einer der frühesten Großstadtlyrikanthologien (»Im steinernen Meer«, 1910) verdeckt in seinem Homer imitierenden, preisenden Tonfall und seiner Naturmetaphorik eher das thematisierte Sujet: »Berlin / Endlos ausbreitest du, dem grauen Ozean gleich / den Riesenleib ... und wie ein Sperber kreist / mein Lied wirr über dich hin, berauscht vom Rauch / und Atem deines Mundes: Sei gegrüßt du, sei gegrüßt.« (Zit. ebd., S. 61.) »Die Reaktionsbewegungen auf den Naturalismus – Neuromantik, Symbolismus, Décadence, Jugendstil, Neuklassik oder wie immer sie heißen – kannten keine Großstadtlyrik, verstanden als ein bewußt und in erheblicher Breite geübtes literarisches Genre.« (W. Rothe, ebd., S. 10f.)

Benn, Johannes R. Becher, Oskar Loerke, Else Lasker-Schüler, August Stramm, Alfred Wolfenstein, zumindest zeitweilig in Berlin ansässig. Die Berlin-Gedichte von Heym, van Hoddis, Lichtenstein, Benn, Loerke, Becher, Boldt, Blass, Wolfenstein, Goll, Zech u. a. belegen die – neben den anderen expressionistischen Zentren: Leipzig, München, Prag, Wien, Heidelberg, Innsbruck – überragende Bedeutung Berlins für die Bewegung. Auch die wichtigsten expressionistischen Zeitschriften: »Der Sturm«, hg. v. Herwarth Walden und die von Franz Pfemfert redigierte »Aktion« erscheinen in Berlin.

Welche Erfahrungsinhalte und Ausdrucksformen finden sich nun in der expressionistischen Großstadtlyrik? Schon nach einem kurzen Überblick auffällig ist ihre Vielfalt. Bei Georg Heym, in den meisten Gedichten Armin Wegners, in Bechers »Die Stadt der Qual« herrschen dämonisierende Gesamtmetaphern vor. Die Stadt wird hier unter dem Blickwinkel dämonisierender Allegorese gesehen. Auch bei anderen Autoren, insbesondere bei van Hoddis und Wolfenstein, finden sich Elemente einer solchen, die befremdliche Übergewalt und das Drohende der Großstadt darstellenden Form. Die Objektwelt wird dämonisch belebt: »... daß die Straßen / Grau geschwollen wie Gewürgte sehn« (Alfred Wolfenstein, »Städter«), »Der dunkelnden Städte holprige Straßen / Im Abend geduckt, eine Hundeschar / Im Hohlen bellend« (Georg Heym, »Die Städte«). Dagegen wird das Subjekt entsubstantialisiert und verdinglicht zu zitternden »Stimmen, vorübergewehte« (Georg Heym, »Die Städte«), zur Maske (Armin Wegner, »Die Maske«), zum anonymen Registrator einer rasch wechselnden Szenerie. Wenn Georg Simmel das »Überwuchern« der »Organisation von Dingen und Mächten« in der Moderne beispielhaft an der Großstadt aufweist, so sind personalisierende Metapher und die ihr korrespondierende Verdinglichung des Subjekts in Form diese, das Subjekt erdrückende Eigendynamik der Objektwelt literarisch äquivalent zu gestalten.[2]

Neben diesen literarischen Ausdrucksmitteln haben insbesondere van Hoddis und Lichtenstein einen neuen Typus von Großstadtlyrik entwickelt: das im Reihungsstil geschriebene Simultangedicht. Es versucht durch Reihung heterogener Wahrnehmungs- und Reflexionselemente der verwirrenden und dissoziierenden Vielfalt der Eindrücke in der Großstadt einen formal äquivalenten Ausdruck zu verleihen. Georg Simmel hatte die psychologische Grundlage der modernen Großstadtwahrnehmung in der »Steigerung des Nervenlebens« gefunden, »die aus dem raschen und ununterbrochenen Wechsel äußerer und innerer Eindrücke hervorgeht«. Die »rasche Zusammendrängung wechselnder Bilder« (Simmel) als Kennzei-

---

[2] Kurt Mautz hat an der Lyrik Georg Heyms prägnant herausgearbeitet, wie die dämonische Metaphorik des Expressionismus sich aus Jugendstilmotiven heraus entwickelt und umfunktionalisiert wird zum Darstellungsmittel einer aggressiven und übergewaltigen Dingwelt. (Kurt Mautz, Mythologie und Gesellschaft im Expressionismus. Die Dichtung Georg Heyms. Bonn 1961.)

chen einer modernen, ›überbelasteten‹ Wahrnehmung charakterisiert auch
den von der neuen Form der Wahrnehmung diktierten nervösen expressionistischen Reihungsstil; die einzelnen Bilder selbst signalisieren die in
gereizter Überwachheit aufgenommene explosivartige Dynamik der
Großstadtszene (Ernst Wilhelm Lotz: »Die Nächte explodieren in den
Städten, / Wir sind zerfetzt vom wilden, heißen Licht / Und unsere Nerven flattern, irre Fäden, / Im Pflasterwind, der aus den Rädern bricht.«).

Das explosive semantische Feld dieses an impressionistische Stiltendenzen
anknüpfenden expressionistischen Gedichttypus geht bei Autoren wie
Lichtenstein, van Hoddis, Lotz, Blass, Boldt, Benn, Herrmann-Neisse zuweilen über in resignative Melancholie oder eine sarkastische Form der
Selbstironie: »Viel Himmel liegt zertrümmert auf den herben Dingen... /
Wehleidige Kater schreien schmerzhaft helle Lieder.« (Lichtenstein, »Die
Nacht«). Lichtensteins »Punkt«, auch Lotz und Wolfenstein artikulieren
jene komplexe, mit dem Anwachsen der »ungeheuren Organisation von
Dingen und Mächten« (Simmel) gegebene Subjekt-Objekt-Problematik,
der gemäß das Subjekt der Wahrnehmung zum passiven Objekt, die Objektwelt aber zum Handlungssubjekt zu werden droht.[3]

Thematisch greifen Gedichte von Lichtenstein, Blass, Bechers »Frauen im
Café«, Stramms Gedicht »Freudenhaus«, Benns »Nachtcafé«, Wegners
»Montmartre« und Stadlers »Heimkehr« auf ein bestimmtes, erst seit dem
Naturalismus literaturfähiges Milieu zurück: die großstädtische Nachtwelt
der Kneipen, Cafés, Dirnen und Zuhälter. Während diese Motive aber
dort aus einer etwas naiven Mitleidsperspektive beschrieben werden, prägt
hier eine vielfach an Sarkasmus grenzende Form der Ironie den Ton, auch
geht die Darstellung der Dissoziation von Ich und Umwelt viel weiter.
Auffällig dabei sind u. a. sprachexperimentelle Tendenzen bei einem Autor
wie August Stramm, der, vom Futurismus beeinflußt, und dem Berliner
»Sturm«-Kreis um Herwarth Walden angehörend, bewußt die geläufigen
Schemata der Gramatik aufzubrechen unternahm.[4]

---

[3] Ich habe diese Umkehrung analysiert in dem Aufsatz: Großstadtwahrnehmung
und ihre literarische Darstellung. Expressionistischer Reihungsstil und Collage.
In: DVjS. 48. 1974. S. 354ff.

[4] Die Bedeutung des von der Berliner »Sturm«-Gruppe in Berlin lancierten
Futurismus für moderne sprachexperimentelle Techniken in der Literatur ist
hervorzuheben. Der wichtigste Vertreter des Futurismus, F. T. Marinetti, fordert
im »Technischen Manifest der futuristischen Literatur« von 1912 geradezu die
Zerstörung der traditionellen Syntax, um »in der Literatur das Leben des Mo-
tors«, der modernen Technologie also, adäquat wiedergeben zu können. (Zit. in:
Christa Baumgarth, Geschichte des Futurismus. Hamburg 1966. S. 166ff.) Im
Gegensatz allerdings zur Zivilisationskritik der meisten Expressionisten stei-
gerte sich der Futurismus angesichts der modernen Technologie, ihres Tempos
und ihres Zerstörungspotentials, in eine gänzlich unkritische, rauschhafte Begeisterung.

Thematisch neu und ebenfalls dem Komplex Großstadt zugehörig sind
✳Kinogedichte wie die von van Hoddis, Lichtenstein und Hardekopf. Der
Film war ja erst kurz von der Jahrhundertwende erfunden worden und
fristete zunächst ein unstetes Dasein auf jahrmarktähnlichen Veranstal-
tungen, in Hinterhofmilieu und Vorstadtkneipen. Van Hoddis' Gedicht
»Kinematograph« schließt einen Zyklus mit dem Titel »Varieté« ab.
Titel des Zyklus und Kontext des Gedichts sind aufschlußreich für den
soziologischen Ort des frühen Stummfilms.[5]

Zum Problemkomplex Großstadt gehören auch Gedichte, die Erfahrungen mit den neuen Transportmitteln schildern wie Engelkes »Auf der
Straßenbahn«, Blass' »Autofahrt«, Heyms »Vorortbahnhof«, Stadlers
»Bahnhöfe« und »Fahrt über die Kölner Rheinbrücke bei Nacht«. Dieses
letzte Gedicht Stadlers, auch Benns »Untergrundbahn«, zeigen, wie eng
das durch die neuen Transportmedien gesteigerte Erlebnis von Raum und
Zeit sich verband mit einer rauschhaften, sinnlich-religiösen Lebenserfah-
rung. Die unmittelbare Erlebnisebene wird hier in einer für den Expressionismus typischen Aufbruchsehnsucht auf archaische, vorrationale Erfahrungsschichten hin transzendiert.

Diese Gedichte und insbesondere auch die Schlußgedichte dieser Gruppe
Großstadtlyrik machen deutlich, wie ambivalent die Erfahrung der Groß-
stadt im Expressionismus war. Zweifellos überwiegt eine skeptische Einstellung gegenüber der modernen Großstadtwelt und Zivilisation – ihre
Schattenseiten werden ans Licht geholt, dämonische Metaphern beschwören
ihr Grauen, Elend und ihr Vernichtungspotential –, aber ihrer Faszination
konnte doch kaum ein Autor sich entziehen. Lichtensteins »Gesänge an
Berlin«, Bechers »De profundis« holen sogar, bei aller Negativität der
Erfahrung, aus zu einem »Loblied auf euch ihr großen, ihr rauschenden
Städte«. Bei Sack, van Hoddis, Trakl herrscht dagegen eine von Angst
und Verzweiflung geprägte Befindlichkeit vor. Trakls »Vorstadt im Föhn«
und »An die Verstummten« sind, wie alle Gedichte dieses Autors, geprägt
von einer ganz eigenen Bildlichkeit und Metaphorik.[6] Sie entsprechen
dennoch einem allgemeinen Zeitgefühl der expressionistischen Ära, das,
weit über den Problemkomplex Großstadt hinaus, von der Erfahrung der
leeren Transzendenz, der Ichschwäche und des Zusammenbruchs, wie er
im 1. Weltkrieg real sich vollzog, geprägt war.

---

[5] Zu diesem Thema: Silvio Vietta, Expressionismus und Film. Einige Thesen zum
wechselseitigen Einfluß ihrer Darstellungsformen und ihrer Wirkung. In: Mann-
heimer Berichte 10, 1975.

[6] Zur Trakl-Forschung siehe: Hans Georg Kemper, Trakl-Forschung der sechziger
Jahre. In: DVjS. 45. 1971. Sonderheft. S. 496–571.

Morgens

Ein starker Wind sprang empor.
Öffnet des eisernen Himmels blutende Tore.
Schlägt an die Türme.
Hellklingend laut geschmeidig über die eherne Ebene der Stadt.
Die Morgensonne rußig. Auf Dämmen donnern Züge.
Durch Wolken pflügen goldne Engelflüge.
Starker Wind über der bleichen Stadt.
Dampfer und Kräne erwachen am schmutzig fließenden Strom.
Verdrossen klopfen die Glocken am verwitterten Dom.
Viele Weiber siehst du und Mädchen zur Arbeit gehn.
Im bleichen Licht. Wild von der Nacht. Ihre Röcke wehn.
Glieder zur Liebe geschaffen.
Hin zur Maschine und mürrischem Mühn.
Sieh in das zärtliche Licht.
In der Bäume zärtliches Grün.
Horch! Die Spatzen schrein.
Und draußen auf wilderen Feldern
Singen Lerchen.

Jakob van Hoddis

Mittag

Ein Teufelslachen bleckt am blauen Himmel
Und in den Straßen quält der trockene Staub
Der breiten und verworrnen Stadt Gewimmel.
An allen Bäumen sitzt erstarrtes Laub.

Als hing die Sonne jetzt am Leiterwagen,
Der langsam fährt mit schallendem Gebimmel
Es dröhnt die Stadt wie trunken und in Klagen

Du gehst bestürzt, so einsam wie in Wüsten,
Zu wild und stolz nach Mensch und Lust zu jagen.
Und selbst nach Träumen, die als Kind dich grüßten,
Wagst du jetzt diese Häuser nicht zu fragen.

Tollkirschen trägt dir dieser Monde Baum.
Nur Ängste steigen auf. Die Winde schlagen
Dir schwarze Fratzen in den tiefsten Traum.

So Tag und Nacht und niemals zu verjagen.

ALFRED LICHTENSTEIN

Punkt

Die wüsten Straßen fließen lichterloh
Durch den erloschnen Kopf. Und tun mir weh.
Ich fühle deutlich, daß ich bald vergeh –
Dornrosen meines Fleisches, stecht nicht so.

Die Nacht verschimmelt. Giftlaternenschein
Hat, kriechend, sie mit grünem Dreck beschmiert.
Das Herz ist wie ein Sack. Das Blut erfriert.
Die Welt fällt um. Die Augen stürzen ein.

ALFRED LICHTENSTEIN

Die Nacht

Verträumte Polizisten watscheln bei Laternen.
Zerbrochne Bettler meckern, wenn sie Leute ahnen.
An manchen Ecken stottern starke Straßenbahnen,
Und sanfte Autordroschken fallen zu den Sternen.

Um harte Häuser humpeln Huren hin und wieder,
Die melancholisch ihren reifen Hintern schwingen.
Viel Himmel liegt zertrümmert auf den herben Dingen ...
Wehleidige Kater schreien schmerzhaft helle Lieder.

Ernst Wilhelm Lotz

Die Nächte explodieren in den Städten ...

Die Nächte explodieren in den Städten,
Wir sind zerfetzt vom wilden, heißen Licht,
Und unsre Nerven flattern, irre Fäden,
Im Pflasterwind, der aus den Rädern bricht.

In Kaffeehäusern brannten jähe Stimmen
Auf unsre Stirn und heizten jung das Blut,
Wir flammten schon. Und suchen leise zu verglimmen,
Weil wir noch furchtsam sind vor eigner Glut.

Wir schweben müßig durch die Tageszeiten,
An hellen Ecken sprechen wir die Mädchen an.
Wir fühlen noch zu viel die greisen Köstlichkeiten
Der Liebe, die man leicht bezahlen kann.

Wir haben uns dem Tage übergeben
Und treiben arglos spielend vor dem Wind,
Wir sind sehr sicher, dorthin zu entschweben,
Wo man uns braucht, wenn wir geworden sind.

Alfred Lichtenstein

Trüber Abend

Der Himmel ist verheult und melancholisch.
Nur fern, wo seine faulen Dünste platzen,
Gießt grüner Schein herab. Ganz diabolisch
Gedunsen sind die Häuser, graue Fratzen.

Vergilbte Lichter fangen an zu glänzen.
Mit Frau und Kindern döst ein feister Vater.
Bemalte Weiber üben sich in Tänzen.
Verzerrte Mimen schreiten zum Theater.

Spaßmacher kreischen, böse Menschenkenner:
Der Tag ist tot ... Und übrig bleibt ein Name!
In Mädchenaugen schimmern kräftge Männer.
Zu der Geliebten sehnt sich eine Dame.

GEORG HEYM

Die Städte

Der dunkelnden Städte holprige Straßen
Im Abend geduckt, eine Hundeschar
Im Hohlen bellend. Und über den Brücken
Wurden wir große Wagen gewahr,

Zitterten Stimmen, vorübergewehte.
Und runde Augen sahen uns traurig an
Und große Gesichter, darüber das späte
Gelächter von hämischen Stirnen rann.

Zwei kamen vorbei in gelben Mänteln,
Unsre Köpfe trugen sie vor sich fort
Mit Blute besät, und die tiefen Backen
Darüber ein letztes Rot noch verdorrt.

Wir flohen vor Angst. Doch ein Fluß weißer Wellen
Der uns mit bleckenden Zähnen gewehrt.
Und hinter uns feurige Abendsonne
Tote Straßen jagte mit grausamem Schwert.

ARMIN WEGNER

Die tote Stadt

Durch die Straßen, die stumm in die Nächte laufen,
Geht der Laternen endloser Zug.
Schwarz kauern die Häuser, steinerne Haufen.
Über Brücken und kahle Alleen trug

Dich der Wind wie ein Schatten. Die Tore mit blassen
Lippen schließen den gähnenden Mund,
Und deiner Schritte Schall in den Gassen
Geht hinter dir her, ein winselnder Hund.

In ihren Kammern, zu Leichen geschichtet,
Ruhen die Menschen, die jäh der Schlaf,
Der schweigende Henker, im Finstern gerichtet
Und mit dem Beil in den Nacken traf.

Die Liebenden in den flackernden Betten,
Von Gier und Wollust ganz leer gebrannt.
Die Gequälten in Fesseln, die Satten mit fetten
Leibern, ein ruhig schlafendes Land.

Gesichter, auf denen Lächeln und Lüge
Wie fallendes Wasser im Frost erstarrt,
Und zerrissene Stirnen, eiserne Pflüge,
Die die Erde durchwühlten, grausam und hart.

Aus ihren Häuptern wachsen die Träume
Durch Diele, durch Mauern und Schieferstein
Mit schwarzen Zweigen, rauschende Bäume,
Und greifen hoch in die Sterne hinein.

An ihren Asten hohlklirrend schwanken
Gestalten, bleich, mit befiedertem Haupt,
Die in den Wind ihre Arme ranken,
Mit Häuptern sind ihre Wipfel belaubt.

Und zitternd durch Tore und Häuserlücken
Stiehlst du dich scheu in das Dunkel fort.
Mit Lärm, mit Unrast und dröhnenden Brücken
Erstarb die Stadt der Menschen im Mord.

Stumm in den steinernen Särgen geborgen,
In ihren Häusern bahrte die Nacht sie auf.
Ist dieses die Stadt der Toten? Wacht niemals ein Morgen
Über der Masse der Schlafenden auf?

GEORG HEYM

Der Gott der Stadt

Auf einem Häuserblocke sitzt er breit.
Die Winde lagern schwarz um seine Stirn.
Er schaut voll Wut, wo fern in Einsamkeit
Die letzten Häuser in das Land verirrn.

Vom Abend glänzt der rote Bauch dem Baal,
Die großen Städte knien um ihn her.
Der Kirchenglocken ungeheure Zahl
Wogt auf zu ihm aus schwarzer Türme Meer.

Wie Korybanten-Tanz dröhnt die Musik
Der Millionen durch die Straßen laut.
Der Schlote Rauch, die Wolken der Fabrik
Ziehn auf zu ihm, wie Duft von Weihrauch blaut.

Das Wetter schwelt in seinen Augenbrauen.
Der dunkle Abend wird in Nacht betäubt.
Die Stürme flattern, die wie Geier schauen
Von seinem Haupthaar, das im Zorne sträubt.

Er streckt ins Dunkel seine Fleischerfaust.
Er schüttelt sie. Ein Meer von Feuer jagt
Durch eine Straße. Und der Glutqualm braust
Und frißt sie auf, bis spät der Morgen tagt.

GEORG HEYM

Die Dämonen der Städte

Sie wandern durch die Nacht der Städte hin,
Die schwarz sich ducken unter ihrem Fuß.
Wie Schifferbärte stehen um ihr Kinn
Die Wolken schwarz vom Rauch und Kohlenruß.

Ihr langer Schatten schwankt im Häusermeer
Und löscht der Straßen Lichterreihen aus.
Er kriecht wie Nebel auf dem Pflaster schwer
Und tastet langsam vorwärts Haus für Haus.

Den einen Fuß auf einen Platz gestellt,
den anderen gekniet auf einen Turm,
Ragen sie auf, wo schwarz der Regen fällt,
Panspfeifen blasend in den Wolkensturm.

Um ihre Füße kreist das Ritornell
Des Städtemeers mit trauriger Musik,
Ein großes Sterbelied. Bald dumpf, bald grell
Wechselt der Ton, der in das Dunkel stieg.

Sie wandern an dem Strom, der schwarz und breit
Wie ein Reptil, den Rücken gelb gefleckt
Von den Laternen, in die Dunkelheit
Sich traurig wälzt, die schwarz den Himmel deckt.

Sie lehnen schwer auf einer Brückenwand
Und stecken ihre Hände in den Schwarm
Der Menschen aus, wie Faune, die am Rand
Der Sümpfe bohren in den Schlamm den Arm.

Einer steht auf. Dem weißen Monde hängt
Er eine schwarze Larve vor. Die Nacht,
Die sich wie Blei vom finstern Himmel senkt,
Drückt tief die Häuser in des Dunkels Schacht.

Der Städte Schultern knacken. Und es birst
Ein Dach, daraus ein rotes Feuer schwemmt.
Breitbeinig sitzen sie auf seinem First
Und schrein wie Katzen auf zum Firmament.

In einer Stube voll von Finsternissen
Schreit eine Wöchnerin in ihren Wehn.
Ihr starker Leib ragt riesig aus den Kissen,
Um den herum die großen Teufel stehn.

Sie hält sich zitternd an der Wehebank.
Das Zimmer schwankt um sie von ihrem Schrei,
Da kommt die Frucht. Ihr Schoß klafft rot und lang
Und blutend reißt er von der Frucht entzwei.

Der Teufel Hälse wachsen wie Giraffen.
Das Kind hat keinen Kopf. Die Mutter hält
Es vor sich hin. In ihrem Rücken klaffen
Des Schrecks Froschfinger, wenn sie rückwärts fällt.

Doch die Dämonen wachsen riesengroß.
Ihr Schläfenhorn zerreißt den Himmel rot.
Erdbeben donnert durch der Städte Schoß
Um ihren Huf, den Feuer überloht.

JOHANNES R. BECHER

Die Stadt der Qual I

Stadt du der Qual: – in Höllenschlunde eingeschlossen
Von eherner Gebirge Ring und Festungswalle ...
Dein Dulder-Körper blüht, rinnenden Lichts begossen,
Azurene Meere sprengen deiner Grüfte Halle!

Stadt der Qual: – die Toten atmen in den Gängen,
Ein Marsch beginnt mit Trommelkrach und buntem Spiel.
An schmalen Schultern lehnen Hyazinthenstengel.
Aus silbernen Kesseln wirbeln Düfte Weihrauch schwül.

Stadt du der Qual: – erbaut an des Verfalles Ende
Raget dein Dom, die dürre Knospe des Jahrhunderts.
Wir mit den Tüchern schwenkend uns zum Morgen wenden.
Wir gehn, verfaulte Wracks, in Abends Schatten unter. –

Sie speiet aus ihr schwarzes Blut und im Geschirre
Der hageren Flüsse brüllet auf sie wie ein Stier.
Die Sonnenheilige durch Dächerwildnis irret
Und hauchet aus in Todes rosigem Geschwür.

Sie winket mit den Türmen nach der goldenen Schwester,
Die sterbend träufelt Öl auf ihre eisernen Locken.
Ein zorniger Sturm beruft das himmlische Orchester,
Das stöhnet auf mit Flammenschrei und Donners Glocken.

Ein Kind zuckt knallend hin, das spielet Ball im Hofe.
Des Dämmers Schwall würgt keuchend Giebel und Balkone.
Es prasseln Scheiter aus der Stube kleinem Ofen.
Der nackte König wandelt mit der Dornenkrone.

Es prallen Salven ihm vom Marktplatz gell entgegen.
Kasernen, die in Reihenmassen aufgebrochen,
Sie überkreuzen ihn mit wirren Säbelschlägen.
Geschütze heiser von dem Stachelhügel pochen.

Es flammen weit im Rund der Räume Baldachine.
Man hetzet Minen auf die Blöden, die wie Hasen
Aufflüchten, stürzend in die dampfenden Latrinen,
In Grubenteich, wo träge Schlangenkröten grasen.

Die Schimmelwände der Gefängnisse zerbröckeln.
Als Seliger Brücke glänzt der Purpurwunde Streifen.
Wie Fackeln starren hoch der Lanzen rostige Nägel.
Zertrümmerte Gerüste schleiert Winters Reife.

Der König ward als Fraß den Hunden vorgeworfen,
Die kotzten ihn verreckend an den Ecken wieder.
Des Königs welker Leib stinkt wie von Pest verdorben,
Doch gelber Strahlen Bündel sprüht sein Haargefieder.

Der König ist versoffen in der Huren Gosse.
Der König schwemmet langsam durch die Kotkanäle.
Sein Bauch erdröhnt im Tunnel. In der Hände Flossen
Hält er das Schilfrohr-Zepter, ewiger Nacht vermählet.

Der König sickerte in gieriger Poren Schächte,
Die stoßen dumpfen Dunst, der Marterängste Schweiß.
Der Mond blitzt krumm. Ihn schwingt als Beil der Schlächter,
Ein Engel schwarz in blendender Orifeuer Kreis.

Die weißen Betten schweben durch der Zimmer Decken
Und gondeln, Schiffe, durch die Lüfte mit Gebraus.
Zementene Uferdämme Wogenstrom belecket
Und Straßen steigen finster in die Welt hinaus.

Wie Ziegen meckernd hopsern schief die Invaliden.
Die braunen Kuttenmönche schwirren mit Geflüster,
Es wallen aus den Toren Fahnenzüge düster.
Es stehen Sieche auf. Es kommen Jungfraun nieder.

Die Nonnen winzelnd an den Kreuzaltären hangen
Mit Lila-Augen brennend unter Spitzenhauben.
Kalk spritzet über die verrannzten Butterwangen.
Wild scheuchen Fledermäuse auf, die Schar belaubend.

Der süße Wein, der in der Priester Kelche quoll,
Zerschliß die Magendärme ruckweis an den Hüften.
Geheul Vergifteter an Wasserbrunnen scholl.
Signale trillern auf. Ein Brand ward angestiftet.

Sprungkünstler hüpfen über Dach der Irren Horten.
Mit Peitschen produzieren sich die Flagellanten.
Es züngeln grüne Gase pfauchend aus Aborten.
Es platzen rauschend vor den Häusern die Hydranten.

Da reißet auf des Wolkenschlammes zähes Siegel.
Es fahren Schwäne auf dem See ruhig-glatt.
Hoch wölbet sich der zarten Bläue flacher Spiegel,
Der Armen Klagetöne klopfen traurig-matt.

»... Ich bin die Stadt der Qual ... Die Schmerzen anderer Städte
Sind in den Zellen meines Kerkers eingezogen.
In meinem tiefsten Bau ringt alles Leid verkettet.
Aus meinen Kuppeln widerstrahlt der Gnade Bogen.

Ich bin die Stadt der Qual ... Die irdische Kreatur
Zerstäubt in mir, wie Fliegenschwarm in Schwefel.
Ich bin zerfetzet ganz von der Verdammung Schwur.
Ohnmachten mich in kurzer Lieder Träume schläfern.

Ich bin die Stadt der Qual ... Fluch klebt an meiner Stirne,
Doch werde ich einst auf Flammenteller hochgereichet
Zu Gottes Speise ... der gefallenem Gestirne
Mit Lilienhand die Furche aus dem Antlitz streichet.«

Stadt

Wie schön ist diese stolze Stadt der Gierde!
Ihr Elend und geschmähter Überfluß
Und schwerer Straßen sehr verzerrte Zierde.

Schamloser Tag entdeckte dir die Konturen.
Die Häuser stehn befleckt mit Staub und Ruß,
Es flirrt um Eilende und Wagenhaufen
Furchtsame Weiber, Männer, blasse Huren ...

Ich starre lange in die schnelle Pracht
Ein Dumpfes ahnend drunten im Gedränge –
Ich weiß wie sie des blöden Tages Strenge
Gewaltig preisen: daß er herrschen macht.

Es zieht sie nur zur wohlumbauten Enge.

Komm! laß uns warten auf die kranke Nacht
Der schweren dröhnenden Gedankenpränge.

ERNST STADLER

Judenviertel in London

Dicht an den Glanz der Plätze fressen sich und wühlen
Die Winkelgassen, wüst in sich verbissen,
Wie Narben klaffend in das nackte Fleisch der Häuser eingerissen
Und angefüllt mit Kehricht, den die schmutzigen Gossen
                                        überspülen.

Die vollgestopften Läden drängen sich ins Freie.
Auf langen Tischen staut sich Plunder wirr zusammen:
Kattun und Kleider, Fische, Früchte, Fleisch, in ekler Reihe
Verstapelt und bespritzt mit gelben Naphtaflammen.

Gestank von faulem Fleisch und Fischen klebt an Wänden.
Süßlicher Brodem tränkt die Luft, die leise nachtet.

Ein altes Weib scharrt Abfall ein mit gierigen Händen,
Ein blinder Bettler plärrt ein Lied, das keiner achtet.

Man sitzt vor Türen, drückt sich um die Karren.
Zerlumpte Kinder kreischen über dürftigem Spiele.
Ein Grammaphon quäkt auf, zerbrochne Weiberstimmen
                                                    knarren,
Und fern erdröhnt die Stadt im Donner der Automobile.

OSKAR LOERKE

Blauer Abend in Berlin

Der Himmel fließt in steinernen Kanälen;
Denn zu Kanälen steilrecht ausgehauen
Sind alle Straßen, voll vom Himmelblauen;
Und Kuppeln gleichen Bojen, Schlote Pfählen

Im Wasser. Schwarze Essendämpfe schwelen
Und sind wie Wasserpflanzen anzuschauen.
Die Leben, die sich ganz am Grunde stauen,
Beginnen sacht vom Himmel zu erzählen,

Gemengt, entwirrt nach blauen Melodien.
Wie eines Wassers Bodensatz und Tand
Regt sie des Wassers Wille und Verstand

Im Dünen, Kommen, Gehen, Gleiten, Ziehen.
Die Menschen sind wie grober bunter Sand
Im linden Spiel der großen Wellenhand.

GEORG HEYM

Berlin II

Beteerte Fässer rollten von den Schwellen
Der dunklen Speicher auf die hohen Kähne.
Die Schlepper zogen an. Des Rauches Mähne
Hing rußig nieder auf die öligen Wellen.

Zwei Dampfer kamen mit Musikkapellen.
Den Schornstein kappten sie am Brückenbogen.
Rauch, Ruß, Gestank lag auf den schmutzigen Wogen
Der Gerbereien mit den braunen Fellen.

In allen Brücken, drunter uns die Zille
Hindurchgebracht, ertönten die Signale
Gleichwie in Trommeln wachsend in der Stille.

Wir ließen los und trieben im Kanale
An Gärten langsam hin. In dem Idylle
Sahn wir der Riesenschlote Nachtfanale.

ALFRED WOLFENSTEIN

Städter

Dicht wie Löcher eines Siebes stehn
Fenster beieinander, drängend fassen
Häuser sich so dicht an, daß die Straßen
Grau geschwollen wie Gewürgte sehn.

Ineinander dicht hineingehakt
Sitzen in den Trams die zwei Fassaden
Leute, ihre nahen Blicken baden
Ineinander, ohne Scheu befragt.

Unsre Wände sind so dünn wie Haut,
Daß ein jeder teilnimmt, wenn ich weine.
Unser Flüstern, Denken . . wird Gegröhle . .

– Und wie still in dick verschlossner Höhle
Ganz unangerührt und ungeschaut
Steht ein jeder fern und fühlt: alleine.

ARMIN WEGNER

Häuser

Der Abend füllt die Gasse mit Erbarmen,
Die fernen Wege werden ungenau,
Und Straßen fassen mich mit weichen Armen
Wie eine müde und verliebte Frau.

Nun funkeln alle Häuser wie die Huren,
Fiebernd vor Lust, und ihre nackte Scham
Glüht purpurn aus dem Zifferblatt der Uhren.
Des Tanzes heißer Atem überkam

Die Häuser, taumelnd mit gelösten Strähnen,
So schwanken Frauen in gedrängtem Zug,
Um die der Abend seinen Schatten schlug.
Ein gelbes Lachen schleppt aus ihren Zähnen.

Mich aber lockt ihr Mund im Dämmerschein,
Ihr Schläfer bin ich, den sie liebend küßten,
Gekreuzigt hänge ich an ihren Brüsten
Und trinke stumm ihr Blut in mich hinein:

Haß, Krankheit, Eifersucht, der Sorgen Gifte,
Der Kindheit erstes Leid – o süßes Mahl,
Ich presse liebend ihre magre Hüfte,
Geruch von Tod und abgestandner Qual;

Dem Gier und Wollust alle Stachel nahmen,
Ich schmecke fremden Schmerz wie Milch und Wein,
Und ich begatte sie mit meinem Samen,
Mein Herz schlägt warm an ihren kühlen Stein.

Sie aber schrein in Schmerzen auf. Mit Wehen
Gebären sie der Träume finstre Zahl
Und schwanken wie Verführte blaß und stehen
In Schwangerschaft und unbegriffner Qual.

Die Maske

Ihr Menschen, die ich liebte, warum kommt ihr
Mir immer wieder, wenn es Abend wird,
Mit diesen Augen, welche Trauer tragen?
Weshalb ist euer Antlitz kummervoll,
Das ich durch eure schattenhaften Züge
Leicht wie durch einen Schleier schauen kann?
Habt ihr die Schwere dieser Erde denn
So ganz verloren, daß ihr immer wandelt?
Ich fühle euch in mein Gewand verwebt,
Ein Mantel, der zu tragen kostbar ist.
Aus euren Schatten formt ich eine Maske,
Die ich am Tage mir vors Antlitz lege,
Von eurer Lust und eurem Leid gefügt.
Sie ist mir so verwachsen, daß die Welt
Sie ganz mein eigen nennt, mir angeboren.
Ich aber trage vielerlei Gesichte,
Mir selber fremd, durch ihre Tage hin.

ERNST BLASS

Der Nervenschwache

Mit einer Stirn, die Traum und Angst zerfraßen,
Mit einem Körper, der verzweifelt hängt
An einem Seile, das ein Teufel schwenkt,
– So läuft er durch die langen Großstadtstraßen.

Verschweinte Kerle, die die Straße kehren,
Verkohlen ihn; schon gröhlt er arienhaft:
»Ja, ja – ja, ja! Die Leute haben Kraft!
Mir wird ja nie, ja nie ein Weib gebären

Mir je ein Kind!« Der Mond liegt wie ein Schleim
Auf ungeheuer nachtendem Velours.
Die Sterne zucken zart wie Embryos
An einer unsichtbaren Nabelschnur.

Die Dirnen züngeln im geschlossnen Munde,
Die Dirnen, die ihn welkend weich umwerben.
Ihn ängsten Darmverschlingung, Schmerzen, Sterben,
Zuhältermesser und die großen Hunde.

ERNST BLASS

Abendstimmung

Stumm wurden längst die Polizeifanfaren,
Die hier am Tage den Verkehr geregelt.
In süßen Nebel liegen hingeflegelt
Die Lichter, die am Tag geschäftlich waren.

An Häusern sind sehr kitschige Figuren.
Wir treffen manche Herren von der Presse
Und viele von den aufgebauschten Huren,
Sadistenzüge um die feine Fresse.

Auf Hüten plauschen zärtlich die Pleureusen:
O daß so selig uns das Leben bliebe!
Und daß sich dir auch nicht die Locken lösen,
Die angesteckten Locken meiner Liebe!

Hier kommen Frauen wie aus Operetten
Und Männer, die dies Leben sind gewohnt
Und satt schon kosten an den Zigaretten.
In manchen Blicken liegt der halbe Mond.

O komm! o komm, Geliebte! In der Bar
Verrät der Mixer den geheimsten Tip.
Und überirdisch, himmlisch steht dein Haar
Zur Rötlichkeit des Cherry-Brandy-Flip.

Regennacht

Der Tag ist futsch. Der Himmel ist ersoffen.
Wie falsche Perlen liegen kleine Stumpen
Zerhackten Lichts umher und machen offen
Ein wenig Straße, ein paar Häuserklumpen.

Verfault ist alles sonst und aufgefressen
Von schwarzem Nebel, der wie eine Mauer
Herunterfällt und morsch ist. Und im Pressen
Bröckelt wie Schutt der Regen – dichter – grauer –

Als wollte jeden Augenblick die ganze
Verseuchte Finsternis zusammensinken.
Wie eine seltsame, ertrunkne Pflanze
Unten im Sumpf siehst du ein Auto blinken.

Die ältsten Huren kommen angekrochen
Aus nassen Schatten – schwindsüchtige Kröten.
Dort schleicht eins. Dorten wird ein Schein erstochen.
Der Regensturz will alles übertöten ...

Du aber wanderst durch die Wüsteneien.
Dein Kleid hängt schwer. Durchnäßt sind deine Schuhe.
Dein Auge ist verrückt von Gier und Schreien.
Und dieses treibt dich – und du hast nicht Ruhe:

Vielleicht erscheint inmitten düstrer Feuer
Der Teufel selbst in der Gestalt des Schweines.
Vielleicht geschieht etwas ganz ungeheuer
Blödsinniges, Brutales, Hundsgemeines.

Kreuzberg II

Wir schleifen auf den müdgewordnen Beinen
Die Trägheit und die Last verschlafner Gierden.
Uns welkten (ach so schnell!) die bunten Zierden.
Durch Dunkliges kriecht geil Laternenscheinen.

Im Trüben hat ein träger Hund gebollen.
Auf Bänken übertastet man die Leiber
Zum Teil gar nicht unsympathscher Weiber.
Die schaukeln noch – wir wissen, was wir wollen.

Du gähnst mich an – in deinem Gähnen sielt
Sich halbverfaulte Geilheit. Hundgebelle.
Und durch das überlaubte Dings da schielt,
In Stein gemetzt, der Bürgermeister Zelle.

MAX HERRMANN-NEISSE

Nacht im Stadtpark

Ein schmales Mädchen ist sehr liebevoll
Zu einem Leutnant, der verloren stöhnt,
Ein Korpsstudent mokiert sich, frech, verwöhnt,
Und eine schiefe Schneppe kreischt wie toll.

Ein Refrendar bemüht sich ohne Glück
Um eine Kellnerin, die Geld begehrt,
Ein Abgeblitzter macht im Dunkel kehrt,
Und eine Nutte schwebt zerzaust zurück.

Zwei Unbestimmte prügeln einen Herrn,
Mit Uniformen zankt ein Zivilist,
Ein Jüngling merkt, daß er betrogen ist,
Und zwei Verschmolzne haben schnell sich gern.

Ein starker Bolzen und ein Musketier
Sind ganz in eine graue Bank verwebt,
Ein Gent an einem Ladenfräulein klebt,
Ein greiser Onkel schnuppert geil und stier.

Ein Weib mit bloßem Kopf wird sehr gemein,
Ein Louis lauert steif und rührt sich nicht,
Ein Frechdachs leuchtet jeder ins Gesicht,
Und ein Kommis umfaßt ein weiches Bein.

Es raschelt in den Sträuchern ungewiß
Und tappt gesträubt auf einen steifen Hut,
Die Bäche liegen still wie schwarzes Blut,
Und Bäume fallen aus der Finsternis.

Ein Johlen rollt die Straße hin und stirbt,
Ein Wurf ins Wasser, irgendwo, ganz dumpf,
Ein Mauerwerk wächst wie ein Riesenrumpf,
Ein unbekanntes Tier erwacht und zirpt.

Zwei Männer flüstern einen finstern Plan,
Ein welkes Wesen wehrt sich hoffnungslos,
Ein Schüler hat ein Bahnerweib im Schoß,
Im Teich zieht schwer ein ruheloser Schwan.

Und Sterne stolpern in die tiefe Nacht,
Und Obdachlose liegen wie erstarrt,
Und bleiern hängt der Mond, und hohl und hart
Glotzt breit ein Turm, verstockt und ungeschlacht.

MAX HERRMANN-NEISSE

Das Wunder

Der rote Schein von einer Pufflaterne
Fließt wie ein Teppichstreifen übers Pflaster,
Aus einer Bibelstunde tapst ein Paster
Und spuckt ins Rinnsteinwasser Pfirsichkerne.

Ein Trunkner steht ganz hell und zählt den Zaster,
Gestalten drücken sich um die Kaserne,
Ein Auto schwirrt verpuffend in die Ferne,
Und in der Luft liegt lockend Rausch und Laster.

Umschlungne lehnen dunkel in den Toren,
Ein Droschkenkutscher fährt zum letzten Zug,
Und in die Pfützen fallen Fahrradlichter –

Und irgendwo wird jetzt ein Kind geboren,
Das eine Jungfrau sieben Monat trug,
Das wird ein Held, Mönch, Narr, Lump, Krämer oder Dichter.

PAUL BOLDT

Berliner Abend

Spukhaftes Wandeln ohne Existenz!
Der Asphalt dunkelt und das Gas schmeißt sein
Licht auf ihn. Aus Asphalt und Licht wird Elfenbein.
Die Straßen horchen so. Riechen nach Lenz.

Autos, eine Herde von Blitzen, schrein
Und suchen einander in den Straßen.
Lichter wie Fahnen, helle Menschenmassen:
Die Stadtbahnzüge ziehen ein.

Und sehr weit blitzt Berlin. Schon hat der Ost,
Der weiße Wind, in den Zähnen den Frost,
Sein funkelnd Maul über die Stadt gedreht,
Darauf die Nacht, ein stummer Vogel, steht.

PAUL BOLDT

Auf der Terrasse des Café Josty

Der Potsdamer Platz in ewigem Gebrüll
Vergletschert alle hallenden Lawinen
Der Straßentrakte: Trams auf Eisenschienen,
Automobile und den Menschenmüll.

Die Menschen rinnen über den Asphalt,
Ameisenemsig, wie Eidechsen flink.
Stirne und Hände, von Gedanken blink,
Schwimmen wie Sonnenlicht durch dunklen Wald.

Nachtregen hüllt den Platz in eine Höhle,
Wo Fledermäuse, weiß, mit Flügeln schlagen
Und lila Quallen liegen – bunte Öle;

Die mehren sich, zerschnitten von den Wagen. –
Aufspritzt Berlin, des Tages glitzernd Nest,
Vom Rauch der Nacht wie Eiter einer Pest.

Frauen im Café

In den Cafés von Stürzen Rauchs getränkt
In Nebel-Schleiern stets den runden Tischchen nah
Viel seltene Frauen kleben. Chinas Fächer schwenkend.
Ströme von Purpur-Mänteln rascheln in den Gängen da.

Die alten Huren. Fässer. Seidene Katzen
Die Jüngeren. Und uns die heiligen Damen.
Umglort von Pelzen. Gekrönt mit seltenen fremden Namen.
Mit spitzen Fingern längs der Hündchen kratzend.

Die schwarze Dichterin, die Jüdin, um den roten
Chlamys. Um deren Stirn Palmwedel streifen.
Ein eckiges Modell. Der Nase Klecks ein Knoten.
So dem durch Raum brüchige Maler pfeifen.

Dort aber im Versteck düsterer Laube,
Die ihre Küsse schützt, ein Flüstern zirpt
Der Lesbierinnen, deren Haar zu Trauben
Verflochten träuft ums gelbe Antlitz mürb.

Und während Pauken dumpf im Podium huppen,
Aus Klappertrommeln hüpfen Flötentriller.
Es dreht ein Karussell von steifen Puppen,
Wächserne Scheiben. Lilanen Monds beschillert.

Fein zwischen Dominofiguren rieseln,
Mäandrisch nach den Tönen aufgelegt.
Aus Rüschen, Duft von Haut, safranen Füßen
Sich ein Gestrüpp im unteren Dämmer regt.

So hausen sie im glatten Bauch der Qualle,
Dem Höllenvakuum (. . . illuminierten Sarg . . .): –
Bis sie zerquetschet um die blanken Böden fallen!

*

(– Nur manchmal daß mit Prusten und Geheul es speit
Das Ungetüm zu zackichten Brockenschmaus

Durch violettes Chlor und Gas der Küchen aus.
Das platscht Fels-Burg herein ins Meer aus blauen Himmeln
weit. –

Dort unten döst es innenmitt der Straßen.
Den Rüssel voll von Schleim den Häusern hochgestreckt.
Aus den verhangenen Fensterlöchern Walzer rasen.
Des Skorpiones eines Aug sich bleckt

Gequollen auf. Vom Tag- und Nächtefraß gemästet
Der Leib. Die Menge staut vor der Plakate Köder.
Ein Elefant blickt tief und schön, ein Schwerenöter.
In längsten Doppelreihen fahren ein die Gäste. –)

ALFRED LICHTENSTEIN

Nächtliches Abenteuer

Ging da neulich über den Potsdamer Platz
Um 1 Uhr nachts ein allerliebster Fratz.
Ich sprach die Kleine an mit frecher Stirne:
»3 Mark mein Schatz?«

Sagte, sie sei empört
Und finde so etwas unerhört,
Und sagte, sie sei keine Dirne
Und es sei ihr etwas wert, ihr Name,
Und sie sei eine anständge Dame
Und sie gäbe sich nicht für 3 Mark her

Und sie nähme mehr.

AUGUST STRAMM

Freudenhaus

Lichte dirnen aus den Fenstern
die Seuche
spreitet an der Tür
und bietet Weiberstöhnen aus!

Frauenseelen schämen grelle Lache!
Mutterschöße gähnen Kindestod!
Ungeborenes
geistet
dünstelnd
durch die Räume!
Scheu
im Winkel
schamzerpört
verkriecht sich
das Geschlecht!

GOTTFRIED BENN

Nachtcafé

824: Der Frauen Liebe und Leben.
Das Cello trinkt rasch mal. Die Flöte
rülpst tief drei Takte lang: das schöne Abendbrot.
Die Trommel liest den Kriminalroman zu Ende.

Grüne Zähne, Pickel im Gesicht
winkt einer Lidrandentzündung.

Fett im Haar
spricht zu offenem Mund mit Rachenmandel
Glaube Liebe Hoffnung um den Hals.

Junger Kropf ist Sattelnase gut.
Er bezahlt für sie drei Biere.

Bartflechte kauft Nelken,
Doppelkinn zu erweichen.

B-moll: die 35. Sonate
Zwei Augen brüllen auf:
Spritzt nicht das Blut von Chopin in den Saal,
damit das Pack drauf rumlascht!
Schluß! He, Gigi! –

Die Tür fließt hin: Ein Weib.
Wüste ausgedörrt. Kanaanitisch braun.
Keusch. Höhlenreich. Ein Duft kommt mit.
                          Kaum Duft.
Es ist nur eine süße Vorwölbung der Luft
gegen mein Gehirn.

Eine Fettleibigkeit trippelt hinterher.

ERNST STADLER

Heimkehr
(Brüssel, Gare du Nord)

Die Letzten, die am Weg die Lust verschmäht; entleert aus allen
Gassen der Stadt. In Not und Frost gepaart. Da die Laternen
    schon in schmutzigem Licht verdämmern,
Geht stumm ihr Zug zum Norden, wo aus lichtdurchsungnen
    Hallen
Die Schienenstränge Welt und Schicksal über Winkelqueren
    hämmern.
Tag läßt die scharfen Morgenwinde los. Auffröstelnd raffen
Sie ihre Röcke enger. Regen fällt in Fäden. Kaltes graues Licht
Entblößt den Trug der Nacht. Geschminkte Wangen klaffen
Wie giftige Wunden über eingesunkenem Gesicht.
Kein Wort. Die Masken brechen. Lust und Gier sind tot. Nun
    schleppen
Sie ihren Leib wie eine ekle Last in arme Schenken
Und kauern regungslos im Kaffeedunst, der über Kellertreppen
Aufsteigt – wie Geister, die das Taglicht angefallen – auf den
    Bänken.

ARMIN WEGNER

Montmartre

Nebel füllt, eine Wolke von Staub,
Den Platz. Schlaftrunken hängt das Laub.
Aus den Kaffeehäusern dringt Lärm herüber,
Und ein Lachen klingt roh.

Dirnen streifen wie Schatten vorüber,
Und im Dunkel flüstert es irgendwo.
Der Himmel, eine helle Hand,
Reckt weit sich über den Häuserrand.

In den steinernen Städten gegen Morgen,
Wenn die Menschen müde geworden
Von der Nacht,
Werden sie wie die Kinder wieder,
Hilflos und ohne Halt,
Legen den Arm um ein Dirnenmieder,
Glauben, es sei ein Mutterherz,
Das sie heimträgt mit sanfter Gewalt.
Aber in ihrer Seele der Schmerz,
Uralt,
Wacht auf; und mit Lippen voll Qual
In das verschlossene Frauenohr
Stammeln sie Liebesworte empor,
Sinnlos und ohne Zahl.
Grau die Nacht aus den Gassen steigt,
Aber die Dirne schweigt.
Ihr Auge nur küßt heimlich das Geld,
Das sie wie eine goldene Blume
In ihren welken Händen hält.

JAKOB VAN HODDIS

Kinematograph

Der Saal wird dunkel. Und wir sehn die Schnellen
Der Ganga, Palmen, Tempel auch des Brahma,
Ein lautlos tobendes Familiendrama
Mit Lebemännern dann und Maskenbällen.

Man zückt Revolver. Eifersucht wird rege,
Herr Piefke duelliert sich ohne Kopf.
Dann zeigt man uns mit Kiepe und mit Kropf
Die Älplerin auf mächtig steilem Wege.

Es zieht ihr Pfad sich bald durch Lärchenwälder,
Bald krümmt er sich und dräuend steigt die schiefe
Felswand empor. Die Aussicht in der Tiefe
Beleben Kühe und Kartoffelfelder.

Und in den dunklen Raum – mir ins Gesicht –
Flirrt das hinein, entsetzlich! nach der Reihe!
Die Bogenlampe zischt zum Schluß nach Licht –
Wir schieben geil und gähnend uns ins Freie.

ALFRED LICHTENSTEIN

Kientoppbildchen

Ein Städtchen liegt da wo im Land,
Wie üblich: altertümlich.
Und Bäume stehn am Straßenrand,
Die wackeln manchmal ziemlich.

Und Kinder laufen ungekämmt.
Sie haben nackte Beine.
Zufrieden schaut ein schmutzges Hemd
Von einer Wäscheleine.

Der Abend bringt den Zeitvertreib,
Laternen, Mond, Gespenster.
Recht häufig hängt ein altes Weib
In einem kleinen Fenster.

FERDINAND HARDEKOPF

Wir Gespenster
(Leichtes Extravagantenlied)

Wir haben all unsere Lüste vergessen,
In Cinémas suchen wir Grauen zu fressen;
Erleuchtete Tore locken uns sehr,
Doch die Angst ist gering – wir brauchen viel mehr.

Als Knaben sind wir ins Theater gegangen,
Nach gelben Actricen ging unser Verlangen;
Nur Herr Kerr geht noch hin, gegen Wunder geimpft,
Der Bürger, der Nietzsche und Strindberg beschimpft.

Für Haeckel-Vergnügungen dankten wir bestens,
Da flohen wir zitternd ins Café des Westens
Zu heiligen Frauen. Es gibt auch Hyänen,
Die scharren nach goldenen Löwenmähnen.

Aus der Welt Dostojewskis sind wir hinterblieben:
Gespenster, die Lautrec und Verzweiflung lieben.
Wir haben nichts mehr, was einst wir besessen,
In Cinémas suchen wir Grauen zu fressen.

GERRIT ENGELKE

Auf der Straßenbahn

Wie der Wagen durch die Kurve biegt,
Wie die blanke Schienenstrecke vor ihm liegt:
Walzt er stärker, schneller.

Die Motore unterm Boden rattern,
Von den Leitungsdrähten knattern
Funken.

Scharf vorüber an Laternen, Frauenmoden,
Bild an Bild, Ladenschild, Pferdetritt, Menschenschritt –
Schütternd walzt und wiegt der Wagenboden,
Meine Sinne walzen, wiegen mit!:
Voller Strom! Voller Strom!

Der ganze Wagen, mit den Menschen drinnen,
Saust und summt und singt mit meinen Sinnen.
Das Wagensingen sausebraust, es schwillt!
   Plötzlich schrillt
   Die Klingel! –
Der Stromgesang ist aus –
Ich steige aus –
   Weiter walzt der Wagen.

ERNST BLASS

Autofahrt

... rast weiter über menschenlosen Platz,
Geld, keuchend, zwischen Träumen und Erwachen,
Rings Nebel, die Gebüsche blinder machen,
Das Auto dreht ... in einem Satz.

Ich liege nur, mein Herz ward ausgerenkt,
Bin ich hier nicht am Brandenburger Tor?
Rechts steigt der Himmel dunstig schief empor,
Wo klein der Mond, ein weißer Tropfen, hängt.

GEORG HEYM

Vorortbahnhof
(Berlin VI)

Auf grüner Böschung glüht des Abends Schein.
Die Streckenlichter glänzen an den Strängen,
Die fern in einen Streifen sich verengen
– Da braust von rückwärts schon der Zug herein.

Die Türen gehen auf. Die Gleise schrein
Vom Bremsendruck. Die Menschenmassen drängen
Noch weiß vom Kalk und gelb vom Lehm. Sie zwängen
Zu zwanzig in die Wagen sich herein.

Der Zug fährt aus, im Bauch die Legionen.
Er scheint in tausend Gleisen zu verirren,
Der Abend schluckt ihn ein, der Strang ist leer.

Die roten Lampen schimmern von Balkonen.
Man hört das leise Klappern von Geschirren
Und sieht die Esser halb im Blättermeer.

Bahnhöfe

Wenn in den Gewölben abendlich die blauen Kugelschalen
Aufdämmern, glänzt ihr Licht in die Nacht hinüber gleich dem
  Feuer von Signalen.
Wie Lichtoasen ruhen in der stählernen Hut die geschwungenen
  Hallen
Und warten. Und dann sind sie mit einem Mal von Abenteuer
  überfallen,
Und alle erzne Kraft ist in ihren riesigen Leib verstaut,
Und der wilde Atem der Maschine, die wie ein Tier auf der
  Flucht stille steht und um sich schaut,
Und es ist, als ob sich das Schicksal vieler hundert Menschen in
  ihr erzitterndes Bett ergossen hätte,
Und die Luft ist kriegerisch erfüllt von den Balladen südlicher
  Meere und grüner Küsten und der großen Städte.
Und dann zieht das Wunder weiter. Und schon ist wieder Stille
  und Licht wie ein Sternhimmel aufgegangen,
Aber noch lange halten die aufgeschreckten Wände, wie Mu-
  scheln Meergetön, die verklingende Musik eines wilden
  Abenteuers gefangen.

Untergrundbahn

Die weichen Schauer. Blütenfrühe. Wie
aus warmen Fellen kommt es aus den Wäldern.
Ein Rot schwärmt auf. Das große Blut steigt an.

Durch all den Frühling kommt die fremde Frau.
Der Strumpf am Spann ist da. Doch, wo er endet,
ist weit von mir. Ich schluchze auf der Schwelle:
laues Geblühe, fremde Feuchtigkeiten.

Oh, wie ihr Mund die laue Luft verpraßt!
Du Rosenhirn, Meer-Blut, du Götter-Zwielicht,

du Erdenbeet, wie strömen deine Hüften
so kühl den Gang hervor, in dem du gehst!

Dunkel: nun lebt es unter ihren Kleidern:
nur weißes Tier, gelöst und stummer Duft.

Ein armer Hirnhund, schwer mit Gott behangen.
Ich bin der Stirn so satt. Oh, ein Gerüste
von Blütenkolben löste sanft sie ab
und schwölle mit und schauerte und triefte.

So losgelöst. So müde. Ich will wandern.
Blutlos die Wege. Lieder aus den Gärten.
Schatten und Sintflut. Fernes Glück: ein Sterben
hin in des Meeres erlösend tiefes Blau.

ERNST STADLER

Fahrt über die Kölner Rheinbrücke bei Nacht

Der Schnellzug tastet sich und stößt die Dunkelheit entlang.
Kein Stern will vor. Die ganze Welt ist nur ein enger, nacht-
    umschienter Minengang,
Darein zuweilen Förderstellen blauen Lichtes jähe Horizonte
    reißen: Feuerkreis
Von Kugellampen, Dächern, Schloten, dampfend, strömend ..
    nur sekundenweis ..
Und wieder alles schwarz. Als führen wir ins Eingeweid der
    Nacht zur Schicht.
Nun taumeln Lichter her .. verirrt, trostlos vereinsamt .. mehr ..
    und sammeln sich .. und werden dicht.
Gerippe grauer Häuserfronten liegen bloß, im Zwielicht blei-
    chend, tot – etwas muß kommen .. o, ich fühl es schwer
Im Hirn. Eine Beklemmung singt im Blut. Dann dröhnt der Bo-
    den plötzlich wie ein Meer:
Wir fliegen, aufgehoben, königlich durch nachtentrissne Luft,
    hoch übern Strom. O Biegung der Millionen Lichter, stumme
    Wacht,
Vor deren blitzender Parade schwer die Wasser abwärts rollen.
    Endloses Spalier, zum Gruß gestellt bei Nacht!

Wie Fackeln stürmend! Freudiges! Salut von Schiffen über blauer
    See! Bestirntes Fest!
Wimmelnd, mit hellen Augen hingedrängt! Bis wo die Stadt mit
    letzten Häusern ihren Gast entläßt.
Und dann die langen Einsamkeiten. Nackte Ufer. Stille. Nacht.
    Besinnung. Einkehr. Kommunion. Und Glut und Drang
Zum Letzten, Segnenden. Zum Zeugungsfest. Zur Wollust. Zum
    Gebet. Zum Meer. Zum Untergang.

ALFRED LICHTENSTEIN

Gesänge an Berlin

1

O du Berlin, du bunter Stein, du Biest.
Du wirfst mich mit Laternen wie mit Kletten.
Ach, wenn man nachts durch deine Lichter fließt
Den Weibern nach, den seidenen, den fetten.

So taumelnd wird man von den Augenspielen.
Den Himmel süßt der kleine Mondbonbon.
Wenn schon die Tage auf die Türme fielen
Glüht noch der Kopf, ein roter Lampion.

2

Bald muß ich dich verlassen, mein Berlin.
Muß wieder in die öden Städte ziehn.
Bald werde ich auf fernen Hügeln sitzen.
In dicke Wälder deinen Namen ritzen.

Leb wohl, Berlin, mit deinen frechen Feuern.
Lebt wohl, ihr Straßen voll von Abenteuern.
Wer hat wie ich von eurem Schmerz gewußt.
Kaschemmen, ihr, ich drück euch an die Brust.

3

In Wiesen und in frommen Winden mögen
Friedliche heitere Menschen selig gleiten.
Wir aber, morsch und längst vergiftet, lögen
Uns selbst was vor beim In-die-Himmel-Schreiten.

In fremden Städten treib ich ohne Ruder.
Hohl sind die fremden Tage und wie Kreide.
Du, mein Berlin, du Opiumrausch, du Luder.
Nur wer die Sehnsucht kennt, weiß, was ich leide.

JOHANNES R. BECHER

De profundis III

Singe mein trunkenstes Loblied auf euch ihr großen, ihr rau-
    schenden Städte.
Trägt euer schmerzhaft verworren, unruhig Mal doch mein eigen
    Gesicht!
Zerrüttet wie ihr, rüttelnd an rasselnder Kette.
Glänzende Glorie, seltsamst verwoben aus Licht und Nacht du,
    die meine zerrissene Stirn umflicht!

Schwer schallt aus ewig dröhnendem Dunkel euerer ziehenden
    Kolonnen und Scharen
Marschtritt, gedämpfter Waffen- und Trommelklang.
Feuerschein. Rasende Automobile an schimmernden Palästen
    vorfahren.
Auf glänzenden Treppen der Damen und Kavaliere flimmern-
    der Gang.

Liebende. Einsam und weinend am düsteren Gestade
Schmutzigen Stroms, der träg durch die Vorstadt hinzieht.
Höret die alte, die ewige Bitte um die lichte, die himmlische
    Gnade
Verhallen im Strudel der Wasser als Schlummer- und Todeslied!

Rote Laternen blinken und winken aus finsteren Gassen.
Schwarze Schatten gebückt hinschleichen, die Böses tun.
Fabriken, Lagerräume, Baracken, die öd, die verlassen
Im falben Scheine des Mondes gleich großen schlafenden Heer-
    lagern ruhn.

Aus verfeuchteten Kellern gebärender Weiber schallende Schreie.
Schwarzer Zug. Geheul. Begräbnis. Glockenton.
Horchet begeistert, wie sich erleuchteten Saals eine neue
Meinung durchsetzt in stürmischer Diskussion!

Volk. Fahnen. Ernst. Eiserne Fäuste.
Rußig. Ruhig. Mann, Weib und Kind.
Geruch der Fäulnis steigt auf aus den blutverschweißten
Hemden, doch die, wie ich glaube, *einst leuchtend gleich purpure-*
nen Rosen sind! –

Blühen dann wieder des Sonntags die himmlischen Feste,
Flattern Bänder weit, wehen Wimpel bunt über dem ländlichen
    Grün.
Man tanzt. Ist fröhlich. Unterhält sich so am besten.
Hoch am blauen Himmel wieder die weißen Wolken ziehn.

Aber schon brausen und sausen über Brücken und Viadukte
Die Züge. Durchs Abendgold
Heimführend die Fröhlichen, die Vergnügten.
Dumpf der Zug in der dämonischen Bahnhofshalle einrollt.

Niederströmt die Masse. Die Ketten
Klirren. Der irdische Dämon Hölle und Feuer schürt...
Und doch –: singe mein trunkenstes Loblied auf euch ihr großen,
    ihr rauschenden Städte!
Von euch verdorben. In euch verirrt. Von euch verführt.
Doch sterbend vom Schein himmlischen Lichtes berührt...

Denn plötzlich schrillen empor Sturmglocken und Pfeifen.
Ekstatisch schwillt ein unendlicher Brand.
Wasser stürzen. Rote Flammenfangarme in die schwarze Nacht
    hineingreifen.
Millionen versinken. Tief glüht das Land...

Singe mein trunkenstes Loblied auf euch, ihr großen, ihr rau-
    schenden Städte,
Trägt euer schmerzhaft verworren, unruhig Mal doch mein eigen
    Gesicht.
Zerrütet wie ihr, rüttelnd an rasselnder Kette.
Glänzende Glorie, seltsamst verwoben aus Licht und Nacht du,
    die meine zerrissene Stirn umflicht!

GEORG TRAKL

An die Verstummten

O, der Wahnsinn der großen Stadt, da am Abend
An schwarzer Mauer verkrüppelte Bäume starren,
Aus silberner Maske der Geist des Bösen schaut;
Licht mit magnetischer Geißel die steinerne Nacht verdrängt.
O, das versunkene Läuten der Abendglocken.

Hure, die in eisigen Schauern ein totes Kindlein gebärt.
Rasend peitscht Gottes Zorn die Stirne des Besessenen,
Purpurne Seuche, Hunger, der grüne Augen zerbricht.
O, das gräßliche Lachen des Golds.

Aber stille blutet in dunkler Höhle stummere Menschheit,
Fügt aus harten Metallen das erlösende Haupt.

GEORG TRAKL

Vorstadt im Föhn

Am Abend liegt die Stätte öd und braun,
Die Luft von gräulichem Gestank durchzogen.
Das Donnern eines Zugs vom Brückenbogen –
Und Spatzen flattern über Busch und Zaun.

Geduckte Hütten, Pfade wirr verstreut,
In Gärten Durcheinander und Bewegung,
Bisweilen schwillt Geheul aus dumpfer Regung,
In einer Kinderschar fliegt rot ein Kleid.

Am Kehricht pfeift verliebt ein Rattenchor.
In Körben tragen Frauen Eingeweide,
Ein ekelhafter Zug voll Schmutz und Räude,
Kommen sie aus der Dämmerung hervor.

Und ein Kanal speit plötzlich feistes Blut
Vom Schlachthaus in den stillen Fluß hinunter.
Die Föhne färben karge Stauden bunter
Und langsam kriecht die Röte durch die Flut.

Ein Flüstern, das in trübem Schlaf ertrinkt.
Gebilde gaukeln auf aus Wassergräben,
Vielleicht Erinnerung an ein früheres Leben,
Die mit den warmen Winden steigt und sinkt.

Aus Wolken tauchen schimmernde Alleen,
Erfüllt von schönen Wägen kühnen Reitern.
Dann sieht man auch ein Schiff auf Klippen scheitern
Und manchmal rosenfarbene Moscheen.

GUSTAV SACK

Der Schrei

Aus dieser steingewordenen Not,
aus dieser Wut nach Brunst und Brot,

aus dieser lauten Totenstadt,
die sich mir aufgelagert hat

härter als Erz, schwerer als Blei,
steigt meine Sehnsucht wie ein Schrei

quellend empor nach Meeren und Weiten
und ungeheuren Einsamkeiten,

aus all dem Staub und Schmutz und Gewimmel
nach einem grenzenlosen Himmel.

JAKOB VAN HODDIS

Aurora

Nach Hause stiefeln wir verstört und alt,
Die grelle, gelbe Nacht hat abgeblüht.
Wir sehn, wie über den Laternen, kalt
Und dunkelblau, der Himmel droht und glüht.

Nun winden sich die langen Straßen, schwer
Und fleckig, bald, im breiten Glanz der Tage.
Die kräftige Aurore bringt ihn her,
Mit dicken, rotgefrornen Fingern, zage.

2. Zerfall des Ich: Wahnsinn, Selbstmord, Tod, Verwesung

Der Problemkomplex »Ich-Zerfall« (Benn, »Kokain«) hängt mit dem vorigen und den nachfolgenden Problemkreisen eng zusammen. Der unter dem Aspekt auszehrender Kulturskepsis erlebten Großstadt und Zivilisation entspricht auf Seiten des Subjekts ein Gefühl der Ohnmacht, der Verlorenheit, der Ichauflösung. Dem – wie Georg Simmel es ausdrückte – »Überwuchern der objektiven Kultur ist das Individuum weniger und weniger gewachsen« (I, Text 3).[1]

Zerfall des Ich, das meint einmal die Dissoziation des Wahrnehmungssubjekts angesichts einer im modernen Lebensraum ihm begegnenden, nicht mehr integrierbaren Wahrnehmungsfülle. Lichtensteins »Punkt« im vorigen Abschnitt, das im folgenden abgedruckte »Nachmittag, Felder und Fabrik« sowie Paul Boldts »In der Welt« sprechen diese Schwäche unmittelbar an.

Im ›materialeren‹ Sinne meint Ichzerfall den körperlichen Verfallsprozeß. Insbesondere die Gedichte Gottfried Benns beschreiben diesen körperlichen Zerfall mit einer geradezu exzessiven und durch den Arztberuf geschulten Genauigkeit.[2] Aber auch Gedichte Lichtensteins, Heyms, Trakls kreisen um den Themenkomplex Tod, Verfall, Verwesung des Ich.

Warum werden diese Motive und in dieser Form gerade im Expressionismus so dominant? Warum dringt hier die Literatursprache so entschieden vor in einen neuen Bereich der Ästhetik des Häßlichen?[3] Entscheidend

---

[1] Wie stark die Selbsterfahrung des modernen Ich in der Wirklichkeit von weltanschaulichen Voraussetzungen her geprägt ist, macht ein Vergleich der Tradition europäischer Großstadtlyrik und ihres frühesten Vertreters, Charles Baudelaire, mit dem ersten amerikanischen Großstadtdichter, Walt Whitman, deutlich. Baudelaire so auch viele Expressionisten erfahren die Moderne von einem implizit vorausgesetzten, letztlich christlichen Sinnbegriff her als einen Zustand leerer Idealität. Baudelaire definiert Fortschritt dementsprechend als »progressive Abnahme der Seele, progressive Herrschaft der Materie«. (Zit. in: H. Friedrich, Die Struktur der modernen Lyrik. Hamburg 1962[6]. S. 31.) Unbelasteter von dieser Tradition feiert dagegen Walt Whitman das moderne Ich, die Großstadt und großstädtische Masse hymnisch als Ausdruck ursprünglicher und vitaler Lebensenergien. Im en-masse-Leben der Großstadt und dem damit gegebenen vielfältigen Begegnungsformen sieht Whitman erst die volle Entfaltungsmöglichkeit des Ich.

[2] Gottfried Benn stammt aus protestantischem Pfarrhaus und studierte zunächst, auf Wunsch des Vaters, Theologie in Marburg, dann auf eigenen Wunsch Medizin in Berlin, wo er später lange Jahre als Facharzt für Haut- und Geschlechtskrankheiten tätig war. (Siehe Autorenregister.)

[3] Hier ist zu erwähnen, daß bereits der Naturalismus nachdrücklich die häßlichen Aspekte der modernen Zivilisation und Großstadt thematisierte und daher sogar bei Unkundigen das Mißverständnis abwehren mußte, »daß der Naturalis-

dafür dürften neben individualpsychologischen, sozialpsychologischen, ökonomischen und politischen die geistesgeschichtlichen Voraussetzungen sein. »Die Krone der Schöpfung, das Schwein, der Mensch . . .«, heißt es bei Benn (»Der Arzt II«) und aus der Reduktion wird deutlich: in ihr steckt die christlich-metaphysische Schöpfungslehre als Folie, von der sie, noch in deren radikaler Negation, abhängig bleibt. Man könnte von einer selbst noch metaphysisch vermittelten Gegenmetaphysik sprechen, die so insistent Körperlichkeit und deren Hinfälligkeit beschreibt, weil sie einerseits Erbe des christlichen Leib-Seele-Dualismus und seiner Herabsetzung des Körperlichen ist, andererseits aber den positiven Glaubensinhalt christlicher Metaphysik nicht mehr zu vollziehen vermag. Die frühe Lyrik Benns reduziert das Subjekt synekdochisch auf Fleischlichkeit und deren Verfallssymptome und verweist so provokativ auf jenen, in Nietzsches Nihilismusanalyse (I, Text 4 und 5) registrierten Entzug an metaphysischer Sinngebung.[4]

Dabei bedeutet »Nihilismus« nicht nur Verlust fixer metaphysischer Vorstellungen, sondern radikale Erschütterung eines weltanschaulichen Orientierungsrahmens, bedeutet »Umwertung aller Werte« (Nietzsche) und somit auf Seiten des Subjekts ein Gefühl transzendentaler Obdachlosigkeit und erkenntnistheoretischer Bodenlosigkeit.[5]

Der Motivkomplex Ichdissoziation umfaßt Motive, die an sich nicht neu sind in der Literatur wie das Motiv des Selbstmordes, des Wahnsinns, der

---

mus gerade in dieser ausschließlichen Darstellung von Häßlichem und Banalem bestehe.« (Irma von Troll-Borostyani, Die Wahrheit im modernen Roman. In: E. Ruprecht (Hg.), Literarische Manifeste des Naturalismus. Stuttgart 1962. S. 74.) Naturalistische Darstellungen von Dirnen, Bettlern, Elendsmilieu zeigen jedoch – und darin bekundet sich die bei aller Zivilisationskritik letztlich optimistisch-fortschrittgläubige Grundeinstellung des Naturalismus –, noch keineswegs so exzessiv wie im Expressionismus Häßlichkeit und Zerfallssymptome des Körperlichen.

[4] Albrecht Schöne bezeichnet in seiner Arbeit über »Säkularisation als sprachbildende Kraft. Studien zur Dichtung deutscher Pfarrersöhne« (Göttingen 1958) den geschichtsphilosophischen Ort dieser Position. Schöne sieht in Benn die Radikalisierung eines modernen Transzendenzverlustes, dessen Anfänge schon im 17. Jahrhundert sich nachweisen lassen. »Beim jungen Benn ist der letzte Schritt getan: die Realität der Transzendenz ist verloren, in der Wirklichkeit selbst wird die Manifestation Gottes gesucht – mit der Entlarvung ihrer Verderbtheit und Hinfälligkeit wird auch er hinfällig und nichtig.« (A.a.O., S. 198.)

[5] Siehe Nietzsches Text »Der tolle Mensch« (I, Text 5) und das darin enthaltene Bild eines bodenlosen Absturzes. Ein erschütterndes Dokument einer an die Substanz des Ich gehenden inneren Bedrohung ist auch ein Brief Trakls aus dem Jahre 1913. Trakl schreibt an Ludwig von Ficker: »Es (ist) ein so namenloses Unglück, wenn einem die Welt entzweibricht. O, mein Gott, welch ein Gericht ist über mich hereingebrochen . . . Sagen Sie mir, daß ich nicht irre bin. Es ist steinernes Dunkel hereingebrochen.« (In: Erinnerung an Georg Trakl. Darmstadt 1966³. S. 186.)

›Wasserleichen‹, der Morgue.[6] Das spezifisch Expressionistische dieser Motive liegt jedoch in ihrer Verknüpfung mit Problemkomplexen wie dem der »leeren Transzendenz«[7] und einer spezifisch zeitbedingten kulturpessimistischen Grundeinstellung.[8] »Was fanden wir im Glanz der Himmelsenden? / Ein leeres Nichts...«.[9] Läßt doch erst diese Erfahrung körperlichen Verfall unaufhebbar erscheinen und so in seiner ganzen Brutalität hervortreten. Andererseits haben einige expressionistische Autoren, und hier vor allem Georg Trakl, das Todes- und Verwesungsmotiv mit der Aura einer verhaltenen Schönheit umgeben, die noch der Bildlichkeit des Symbolismus verpflichtet ist.

Die Erfahrung der leeren Transzendenz, das Gefühl in einer Endphase der Geschichte zu leben, bedingt eine Sehnsucht nach Erneuerung, die bei Autoren wie Johannes R. Becher, Walter Hasenclever, Ludwig Rubiner, Franz Werfel, Alfred Wolfenstein u. a. zur Propagierung einer Utopie der Erneuerung des Menschen führt (siehe die Gedichtgruppe 9, »Der neue Mensch«). Stellvertretend für diese Gruppe steht hier Bechers »Verfall«, das nach der Entfaltung einer geradezu apokalyptischen Untergangsbildlichkeit in die Frage ausmündet: »Wann erscheinest du, ewiger Tag?« Verfall und Erneuerung, Endzeit und Aufbruchstimmung sind so vor allem bei diesen in der Gruppe 9 vertretenen Autoren eines »messianischen Expressionismus« wesentlich aufeinander bezogen.

Auch Einsamkeit und Integrationsbedürfnis müssen in einem solchen Zusammenhang gesehen werden. Die Häufigkeit des Wahnsinn- und Selbstmordmotivs in der expressionistischen Lyrik, die Sympathie mit sozialen Randgruppen, die so wenig in die bürgerliche Gesellschaft integriert waren wie die expressionistischen Autoren selbst, ist Indiz einer Identitätskrise, die u. a. auch sozialpsychologisch aus dem Verlust einer gesellschaftlich abgesicherten Rolle resultiert.[10] Je verunsicherter aber die soziale Rolle, je einsamer das Ich, desto größer das Bedürfnis, in einen größeren Verband aufgehoben zu sein. Messianische Expressionisten wie

---

[6] Das Motiv der Morgue (Leichenschauhaus in Paris) wurde vor allem durch Rilkes 1910 erschienenen Paris-Roman »Malte Laurids Brigge« bekannt. Auch von Georg Heym gibt es zwei, im Jahre 1911 entstandene Fassungen eines Gedichtes mit dem Titel »Die Morgue«. (G. Heym, Dichtungen und Schriften. Hg. v. K. L. Schneider. Bd. 1. Hamburg 1964. S. 286ff. und 474ff.) Zu erwähnen in diesem Zusammenhang ist auch Georg Heyms Gedicht »Die Irren« (a.a.O., S. 253ff.).

[7] Dieser Begriff entstammt dem Buch von Hugo Friedrich, Die Struktur der modernen Lyrik. Hamburg 1956.

[8] Ein popularisiertes Dokument dieser kulturpessimistischen Grundeinstellung ist Oswald Spenglers 1918 erschienenes geschichtsphilosophisches Werk »Untergang des Abendlandes«.

[9] Georg Heym, Dichtungen und Schriften. Bd. 1. S. 477.

[10] Georg Simmel (I, Text 3) hatte in diesem Sinne die »Dissoziierung« eine der »elementaren Sozialisierungsformen« der Großstadt genannt.

Toller, Becher, Rubiner, Hasenclever, Werfel, Heynicke sehen sich als Führer zu einer in Brüderlichkeit harmonisch geeinten Menschheit.[11] Diese projizierte Rolle ist in der Einschätzung der politischen Lage sicher irreal, aber ist ein Zeugnis der realen Vereinsamung und sozialen Desintegration des Ich. Das Gefühl der Einsamkeit und der Ichschwäche sollte der wilhelminische Nationalismus und später der Faschismus mit seinem nationalistisch-rassistischen Begriff der »Volksgemeinschaft« ausbeuten.

Und auch die Manipulierbarkeit eines anderen Bedürfnisses hat der Faschismus vernichtend vor Augen gestellt. Der Problemkomplex ›Ichzerfall‹ enthält ja eine abgründige Ambivalenz. Einerseits impliziert er eine Negativerfahrung, auch wenn diese, gerade auf Grund ihres vernichtenden Ausmaßes, neue Dimensionen der Literatursprache erschließt. Andererseits wird Ichzerfall von einem Autor wie Benn aber auch lustvoll erlebt: »Den Ich-Zerfall, den süßen, tiefersehnten ...« (»Kokain«). Die Lust an der Regression des Ich, die sich hier unverblümt ausspricht, sucht eine Erfahrungsbereicherung: das Eintauchen in Erfahrungsschichten, die geschichtlich vor der Konstituierung des modernen rationalen Subjekts vermutet werden. Gerade in diesem, dem Anspruch moderner Rationalität sich entziehenden Regressionsbedürfnis liegt aber auch die Gefahr, deren Ausmaß, für Expressionisten sicher nicht in dieser Form voraussehbar, die Geschichte deutlich gemacht hat. Dem Anspruch von Rationalität kann sich das moderne Ich nur um den Preis einer Regression entziehen, die, politisch mißbraucht, tatsächlich in physische Vernichtung führt.

---

[11] Gustav Landauer (I, Text 7) hatte diese Wunschvorstellung expressionistischer Dichter antizipiert: »vereinsamte Denker, Dichter und Künstler .. haltlos, wie entwurzelt .. werfen .. mit königlicher Gebärde des Unwillens die Leier hinter sich und greifen zur Posaune, reden aus dem Geiste heraus zum Volke vom kommenden Volke.«

ALFRED LICHTENSTEIN

Nachmittag, Felder und Fabrik

Ich kann die Augen nicht mehr unterbringen.
Ich kann die Knochen nicht zusammenhalten.
Das Herz ist stier. Kopf muß zerspringen.
Rings weiche Masse. Nichts will sich gestalten.

Die Zunge bricht mir. Und das Maul verbiegt sich.
In meinem Schädel ist nicht Lust noch Ziele.
Die Sonne, eine Butterblume, wiegt sich
Auf einem Schornstein, ihrem schlanken Stiele.

GOTTFRIED BENN

Mann und Frau gehn durch die Krebsbaracke

Der Mann:
Hier diese Reihe sind zerfallene Schöße
und diese Reihe ist zerfallene Brust.
Bett stinkt bei Bett. Die Schwestern wechseln stündlich.

Komm, hebe ruhig diese Decke auf.
Sieh, dieser Klumpen Fett und faule Säfte,
das war einst irgendeinem Mann groß
und hieß auch Rausch und Heimat.

Komm, sieh auf diese Narbe an der Brust.
Fühlst du den Rosenkranz von weichen Knoten?
Fühl ruhig hin. Das Fleisch ist weich und schmerzt nicht.

Hier diese blutet wie aus dreißig Leibern.
Kein Mensch hat so viel Blut.
Hier dieser schnitt man
erst noch ein Kind aus dem verkrebsten Schoß.

Man läßt sie schlafen. Tag und Nacht. – Den Neuen
sagt man: hier schläft man sich gesund. – Nur sonntags
für den Besuch läßt man sie etwas wacher.

Nahrung wird wenig noch verzehrt. Die Rücken
sind wund. Du siehst die Fliegen. Manchmal
wäscht sie die Schwester. Wie man Bänke wäscht.

Hier schwillt der Acker schon um jedes Bett
Fleisch ebnet sich zu Land. Glut gibt sich fort.
Saft schickt sich an zu rinnen. Erde ruft.

GOTTFRIED BENN

Der Arzt

I

Mir klebt die süße Leiblichkeit
wie ein Belag am Gaumensaum.
Was je an Saft und mürbem Fleisch
um Kalkknochen schlotterte,
dünstet mit Milch und Schweiß in meine Nase.
Ich weiß, wie Huren und Madonnen riechen
nach einem Gang und morgens beim Erwachen
und zu Gezeiten ihres Bluts –
und Herren kommen in mein Sprechzimmer,
denen ist das Geschlecht zugewachsen:
die Frau denkt, sie wird befruchtet
und aufgeworfen zu einem Gotteshügel;
aber der Mann ist vernarbt,
sein Gehirn wildert über einer Nebelsteppe,
und lautlos fällt sein Samen ein.
Ich lebe vor dem Leib: und in der Mitte
klebt überall die Scham. Dahin wittert
der Schädel auch. Ich ahne: einst
werden die Spalte und der Stoß
zum Himmel klaffen von der Stirn.

II

Die Krone der Schöpfung, das Schwein, der Mensch –:
geht doch mit anderen Tieren um!
Mit siebzehn Jahren Filzläuse,
zwischen üblen Schnauzen hin und her,

Darmkrankheiten und Alimente,
Weiber und Infusorien,
mit vierzig fängt die Blase an zu laufen –:
meint ihr, um solch Geknolle wuchs die Erde
von Sonne bis zum Mond –? Was kläfft ihr denn?
Ihr sprecht von Seele – Was ist eure Seele?
Verkackt die Greisin Nacht für Nacht ihr Bett –
schmiert sich der Greis die mürben Schenkel zu,
und ihr reicht Fraß, es in den Darm zu lümmeln,
meint ihr, die Sterne samten ab vor Glück . . .?
Äh! – Aus erkaltendem Gedärm
spie Erde wie aus anderen Löchern Feuer,
eine Schnauze Blut empor –:
das torkelt
den Abwärtsbogen
selbstgefällig in den Schatten.

GOTTFRIED BENN

Requiem

Auf jedem Tisch zwei. Männer und Weiber
kreuzweis. Nah, nackt, und dennoch ohne Qual.
Den Schädel auf. Die Brust entzwei. Die Leiber
gebären nun ihr allerletztes Mal.

Jeder drei Näpfe voll: von Hirn bis Hoden.
Und Gottes Tempel und des Teufels Stall
nun Brust an Brust auf eines Kübels Boden
begrinsen Golgatha und Sündenfall.

Der Rest in Särge. Lauter Neugeburten:
Mannsbeine, Kinderbrust und Haar vom Weib.
Ich sah, von zweien, die dereinst sich hurten,
lag es da, wie aus einem Mutterleib.

ALFRED LICHTENSTEIN

Die Operation

Im Sonnenlicht zerreißen Ärzte eine Frau.
Hier klafft der offne rote Leib. Und schweres Blut
Fließt, dunkler Wein, in einen weißen Napf. Recht gut
Sieht man die rosarote Cyste. Bleiern grau

Hängt tief herab der schlaffe Kopf. Der hohle Mund
Wirft Röcheln aus. Hoch ragt das gelblich spitze Kinn.
Der Saal glänzt kühl und freundlich. Eine Pflegerin
Genießt sehr innig sehr viel Wurst im Hintergrund.

ALFRED LICHTENSTEIN

Die Siechenden

Verschüttet ist unser Sterbegesicht
Von Abend und Schmerzen und Lampenlicht.

Wir sitzen am Fenster und sinken hinaus,
Fern schielt noch Tag auf ein graues Haus.

Unser Leben spüren wir kaum . . .
Und die Welt ist ein Morphiumtraum . . .

Der Himmel senkt sich nebelblind.
Der Garten erlischt im dunklen Wind –

Kommen die Wächter herein,
Heben uns in die Betten hinein,

Stechen uns Gifte ein,
Töten den Lampenschein.

Hängen Gardinen vor die Nacht . . .
Sind verschwunden sanft und sacht – – –

Manche stöhnen, doch keiner spricht,
Schlaf versargt uns das Gesicht.

GOTTFRIED BENN

Schöne Jugend

Der Mund eines Mädchens, das lange im Schilf gelegen hatte,
sah so angeknabbert aus.
Als man die Brust aufbrach, war die Speiseröhre so löcherig.
Schließlich in einer Laube unter dem Zwerchfell
fand man ein Nest von jungen Ratten.
Ein kleines Schwesterchen lag tot.
Die andern lebten von Leber und Niere,
tranken das kalte Blut und hatten
hier eine schöne Jugend verlebt.
Und schön und schnell kam auch ihr Tod:
Man warf sie allesamt ins Wasser.
Ach, wie die kleinen Schnauzen quietschten!

GEORG HEYM

Ophelia

I

Im Haar ein Nest von jungen Wasserratten,
Und die beringten Hände auf der Flut
Wie Flossen, also treibt sie durch den Schatten
Des großen Urwalds, der im Wasser ruht.

Die letzte Sonne, die im Dunkel irrt,
Versenkt sich tief in ihres Hirnes Schrein.
Warum sie starb? Warum sie so allein
Im Wasser treibt, das Farn und Kraut verwirrt?

Im dichten Röhricht steht der Wind. Er scheucht
Wie eine Hand die Fledermäuse auf.
Mit dunklem Fittich, von dem Wasser feucht
Stehn sie wie Rauch im dunklen Wasserlauf,

Wie Nachtgewölk. Ein langer, weißer Aal
Schlüpft über ihre Brust. Ein Glühwurm scheint
Auf ihrer Stirn. Und eine Weide weint
Das Laub auf sie und ihre stumme Qual.

II

Korn. Saaten. Und des Mittags roter Schweiß.
Der Felder gelbe Winde schlafen still.
Sie kommt, ein Vogel, der entschlafen will.
Der Schwäne Fittich überdacht sie weiß.

Die blauen Lider schatten sanft herab.
Und bei der Sensen blanken Melodien
Träumt sie von eines Kusses Karmoisin
Den ewigen Traum in ihrem ewigen Grab.

Vorbei, vorbei. Wo an das Ufer dröhnt
Der Schall der Städte. Wo durch Dämme zwingt
Der weiße Strom. Der Widerhall erklingt
Mit weitem Echo. Wo herunter tönt

Hall voller Straßen. Glocken und Geläut.
Maschinenkreischen. Kampf. Wo westlich droht
In blinde Scheiben dumpfes Abendrot,
In dem ein Kran mit Riesenarmen dräut,

Mit schwarzer Stirn, ein mächtiger Tyrann,
Ein Moloch, drum die schwarzen Knechte knien.
Last schwerer Brücken, die darüber ziehn
Wie Ketten auf dem Strom, und harter Bann.

Unsichtbar schwimmt sie in der Flut Geleit.
Doch wo sie treibt, jagt weit den Menschenschwarm
Mit großem Fittich auf ein dunkler Harm,
Der schattet über beide Ufer breit.

Vorbei, vorbei. Da sich dem Dunkel weiht
Der westlich hohe Tag des Sommers spät,
Wo in dem Dunkelgrün der Wiesen steht
Des fernen Abends zarte Müdigkeit.

Der Strom trägt weit sie fort, die untertaucht,
Durch manchen Winters trauervollen Port.
Die Zeit hinab. Durch Ewigkeiten fort,
Davon der Horizont wie Feuer raucht.

GEORG HEYM

Robespierre

Er meckert vor sich hin. Die Augen starren
Ins Wagenstroh. Der Mund kaut weißen Schleim.
Er zieht ihn schluckend durch die Backen ein.
Sein Fuß hängt nackt heraus durch zwei der Sparren.

Bei jedem Wagenstoß fliegt er nach oben.
Der Arme Ketten rasseln dann wie Schellen.
Man hört der Kinder frohes Lachen gellen,
Die ihre Mütter aus der Menge hoben.

Man kitzelt ihn am Bein, er merkt es nicht.
Da hält der Wagen. Er sieht auf und schaut
Am Straßenende schwarz das Hochgericht.

Die aschengraue Stirn wird schweißbetaut.
Der Mund verzerrt sich furchtbar im Gesicht.
Man harrt des Schreis. Doch hört man keinen Laut.

JOHANNES R. BECHER

Verfall

Unsere Leiber zerfallen,
Graben uns singend ein:
Berauschte Abende wir,
Nachtsturm- und meerverscharrt.
Heißes Blut vertrocknet,
Eitergeschwür verrinnt.
Mund, Ohr, Auge verhüllet
Schlaf, Traum, Erde, der Wind.

Gelblich träger Würmer
Enggewundener Gang.
Pochen rollender Stürme.
Wimpern, blutrot lang.

... »*Bin ich zerbröckelnde Mauer,*
Säule am Wegrand, die schweigt?
Oder Baum der Trauer,
Über den Abgrund geneigt?« ...
Süßer Geruch der Verwesung,
Raum, Haus, Haupt erfüllend.
Blumen, flatternde Gräser.
Vögel, Lieder, quillend.

»*Ja –: verfaulter Stamm ...*«
Schimmel. Geächz. Gestöhn.
Unter wimmelnder Himmel Flucht
Furchtbarer Laut ertönt:
Pauke. Tubegedröhn.
Donner. Wildflammiges Licht.
Zymbel. Schlagender Ton.
Trommelgeschrill. Das zerbricht. –

Der ich mich dir, weite Welt,
hingab, leicht vertrauend,
Sieh, der arme Leib verfällt,
Doch mein Geist die Heimat schaut.
Nacht, dein Schlummer tröstet mich,
Mund ruht tief und Arm.
Heller Tag, du lösest mich
Auf in Unruh ganz und Harm.

Daß ich keinen Ausweg finde,
Ach, so weh zerteilt!
Blende bald, bald blind und Binde.
Daß kein Kuß mich heilt!
Daß ich keinen Ausweg finde,
Trag wohl ich nur Schuld:
Wildstrom, Blut und Feuerwind,
Schande, Ungeduld.

Tag, du herbe Bitternis!
Nacht, gib Traum und Rat!
Kot, Verzerrung, Schnitt und Riß –
Kühle Lagerstatt ...

Alles muß noch ferne sein,
Fern, o fern von mir –
Blüh empor im Sternenschein,
Heimat, über mir!

Einmal werde ich am Wege stehn,
Versonnen, im Anschaun einer großen Stadt.
Umronnen von goldener Winde Wehn.
Licht fällt durch der Wolken Flucht matt.
Verzückte Gestalten, in Weiß gehüllt...
Meine Hände rühren
An Himmel, die von Gold erfüllt,
Sich öffnen gleich Wundertüren.

Wiesen, Wälder ziehen herauf.
Gewässer sich wälzen. Brücken.
Gewölbe. Endloser Ströme Lauf.
Grauer Gebirge Rücken.
Rotes Gedonner entsetzlich schwillt.
Drachen, Erde speiend.
Aufgerissener Rachen, die Sonne brüllt.
Empörung. Lachen. Geschrei.

Verfinsterung. Erde- und Blutgeschmack.
Knäuel. Gemetzel weit...
...»Wann erscheinest du, ewiger Tag?
Oder hat es noch Zeit?
Wann ertönest du, schallendes Horn,
Schrei du der Meerflut schwer?
Aus Dickicht, Moorgrund, Grab und Dorn
Rufend die Schläfer her?«...

Oskar Loerke

Totenvogel
Von einem Berliner Friedhof

Ihn schließen Feuerwände ein,
Ganz leer und ohne Scharten:
Ein Nebel wankt von Stein zu Stein
Im schlimmen Totengarten.

Im Nebel sitzen dünn und matt
Die Toten in den Eschen
Und stieren nach der lieben Stadt
Durch Mauern ohne Breschen.

Ein Schlot schreibt wie ein Riesenstift
Im Nebel schwarze Reihen.
Die Toten plappern nach die Schrift,
So klug wie Papageien.

Irr schallt das wie des Windes Ritt,
Weil Kringel nichts bedeuten.
Ein Pianino klappert mit
Und fernes Trambahnläuten.

Der Nebel raucht bei Frau und Mann
Aus Ohren und aus Gaumen.
Sie fangen zu vergehen an
Und drehen mit den Daumen.

Sie schmelzen rauchend in den Rauch
Und fallen aus den Kronen.
In blaue Streifen löst sich auch
Die dickste der Matronen.

Sie sieht ihr Bild im Glasherzschrein –
– Photographierte Glorie! –
Und auf dem Grab Vergißnichtmein
Und um das Grab Zichorie.

Und ist nicht mehr. Und jeder schwand,
Der tot im Totengarten.
Rings Feuerwand an Feuerwand,
Ganz leer und ohne Scharten.

GUSTAV SACK

Der Tote

Da, hinten, in der Heide, wo der Westwind stößt,
hat seine Stunde geschlagen;
da hat sich der Narre die Adern gelöst
und sich zu Grabe getragen.

Bald kreisten die Raben rabenschwarz und dicht
über dem armen Kadaver,
auf seine hungernden Därme erpicht
hielten sie laut ihr krächzend Palaver.

Dann nagte der Fuchs in windiger Nacht
seine steifgefrorenen Glieder,
und als der p. p. Lenz erwacht,
tanzten die Schmeißen nieder.

Im Herbste aber glänzten blank
seine Knochen wie Kreide und Seide,
und klagend stieß seinen Regengesang
der Westwind über die Heide.

ALBERT EHRENSTEIN

Der Selbstmörder

Ich bin einer der Versunkenen,
Die durch tausend Wälder schweigen,
Ich bin einer der Ertrunkenen,
Die kein Leid je wieder zeugen.

Ihr aber freut euch des Schiffs,
Verekelt mit Segeln den See.
Ich will tiefer zur Tiefe.
Stürzen, schmelzen, erblinden zu Eis.

O Sirupsprache der Gletscher!
Was soll mir der Gipfel –
Die Sonne betrat ihn!
Am Berge lockt mich der Abgrund,
Der Entspanner, Erlöser, Empfänger.

Bahnen, wohltätige Bahnen!
Niederfährt eiserne Kraft
Unselige Menschen.

Ich grüße den Tod.
Denn Sein ist Gefängnis,
Im Hirn haust die Qual,
Das Auge verengt Welt,
Und schlecht ist Geschlecht,
Es vermehrt sich.

Schön ist es, ein Skelett zu sein oder Sand.

JOHANNES R. BECHER

Der Idiot

Er schwirrte nächtens durch der großen Städte Flucht. Das traf
Auf hohlen Plätzen tosten Glitzer-Feste.   [ihn schwer.
Staubwirbel bliesen ihn durch grüner Abendhimmel flaches Meer.
Er hockte heulend nachts auf Kuppeln brennender Paläste.

Und seine Straße warf sich steil empor und schraubte
Sich hoch hinaus bis an vergilbten Mondes Zackenrand,
Wo bog sie um und sprang zum Abendstern, der schnaubte,
Spie Feuer, riß rückwärts sie, daß stöhnend sie sich niederwand.

Er schlug, die Augen grün, Schaum dick ums Maul,
Auf heißes Pflaster. Säule ward sein Schrei!
Ganz leise sang ein Droschkengaul –
Und weiße Schleier wehten dicht vorbei.

Es stürzten Türme groß und Mauern drob zusammen.
Auf allen Dächern tosten Flammen laut.
Die Dome knieten nieder. Berge schwammen
Zur Stadt herein, von Regenbogen kreuzweis überbaut.

Da fuhr ein greller Strahl durch sein Gehirn.
Es gellte. Mövenschwärme schreckten auf.
Blütenwälder weiß begruben ihn.

PAUL ZECH

Der Idiot

Mit einem Blick, der tief nach innen horcht,
und in den Fäusten fest die Eisenhacke –:
durchwatet er den gelben Sumpf der Schlacke,
wie wenn ein Bauer pflügend über Stoppeln storcht.

Stumm lebt er die Legende vom verlorenen Sohn.
Sein Lachen wuchs nicht auf in Zierstrauch-Gärten.
Was er erfuhr, hieß –: Hunger, Hiebe, Härten
bis zu dem Tage vor der Kommunion.

An seiner Stirn zerschlug ein Lump den Fuselkrug,
sein Husten blutet, keucht Tuberkulose
und macht ihn für die Schicht im Schacht nicht Manns

Manchmal schwärt Tobsucht quer durch sein Gehirn und
wie Licht aus einer roten Fensterrose
nach außen und entmenschlicht ein verwandertes Gesicht.

PAUL BOLDT

In der Welt

Ich lasse mein Gesicht auf Sterne fallen,
Die wie getroffen auseinander hinken.
Die Wälder wandern mondwärts, schwarze Quallen,
Ins Blaumeer, daraus meine Blicke winken.

Mein Ich ist fort. Es macht die Sternenreise.
Das ist nicht Ich, wovon die Kleider scheinen.
Die Tage sterben weg, die weißen Greise.
Ichlose Nerven sind voll Furcht und weinen.

GEORG TRAKL

An einen Frühverstorbenen

O, der schwarze Engel, der leise aus dem Innern des Baums trat,
Da wir sanfte Gespielen am Abend waren,
Am Rand des bläulichen Brunnens.
Ruhig war unser Schritt, die runden Augen in der braunen Kühle
O, die purpurne Süße der Sterne.   [des Herbstes,

Jener aber ging die steinernen Stufen des Mönchsbergs hinab,
Ein blaues Lächeln im Antlitz und seltsam verpuppt
In seine stillere Kindheit und starb;
Und im Garten blieb das silberne Antlitz des Freundes zurück,
Lauschend im Laub oder im alten Gestein.

Seele sang den Tod, die grüne Verwesung des Fleisches
Und es war das Rauschen des Walds,
Die inbrünstige Klage des Wildes.
Immer klangen von dämmernden Türmen die blauen Glocken
                                        des Abends.

Stunde kam, da jener die Schatten in purpurner Sonne sah,
Die Schatten der Fäulnis in kahlem Geäst;
Abend, da an dämmernder Mauer die Amsel sang,
Der Geist des Frühverstorbenen stille im Zimmer erschien.

O, das Blut, das aus der Kehle des Tönenden rinnt,
Blaue Blume; o die feurige Träne
Geweint in die Nacht.

Goldene Wolke und Zeit. In einsamer Kammer
Lädst du öfter den Toten zu Gast,
Wandelst in trautem Gespräch unter Ulmen den grünen Fluß
                                        hinab.

86

GEORG TRAKL

Ruh und Schweigen

Hirten begruben die Sonne im kahlen Wald.
Ein Fischer zog
In härenem Netz den Mond aus frierendem Weiher.

In blauem Kristall
Wohnt der bleiche Mensch, die Wang' an seine Sterne gelehnt;
Oder er neigt das Haupt in purpurnem Schlaf.

Doch immer rührt der schwarze Flug der Vögel
Den Schauenden, das Heilige blauer Blumen,
Denkt die nahe Stille Vergessenes, erloschene Engel.

Wieder nachtet die Stirne in mondenem Gestein;
Ein strahlender Jüngling
Erscheint die Schwester in Herbst und schwarzer Verwesung.

FRANZ WERFEL

Die Morphinistin

Mitten im Orkan der Straßenbahnen
Durch ein goldenes Dröhnen wankt mein Gang.
Ich bin so zerlassen, kaum mehr krank,
Fühl' nicht Frühling, Himmel, Strom und Fahnen.
Und mich selbst nicht in dem Überschwang.

Manchmal bring' ich Blumen mit nach Hause,
Und sie atmen wohl ein kleines Stück.
Doch dann schwinden sie in sich zurück,
Angestarrt von meines Zimmers Pause . . .
Ach, was wißt ihr denn von meinem Glück!

Schicksal ist entrückt, und jede Stunde
Abgestreift und alles, was nur hält.
Nie entsinkt ein Name mehr dem Munde . . .
Ach, was fragt der Kutter auf dem Grunde
Nach dem Spiel des Leuchtturms in der Welt?

Wenn ich nachts vor meinem Spiegel stehe,
Und die Kerze auf- und niederbrennt,
Wenn die weiße Dame sich nicht kennt,
Dann erschaudr' ich tief vor meiner Nähe,
Und dann fürcht' ich dieses Monument.

Manchmal nur, wenn Equipagen fahren
Und das Blaue stürzt in meinen Hof ...
Dann vergnüg' ich mich an meinen Haaren ...
Und ich weine über das Gebaren
Rosa Dinger auf dem Sonntagsschwof.

GOTTFRIED BENN

Kokain

Den Ich-Zerfall, den süßen, tiefersehnten,
den gibst du mir: schon ist die Kehle rauh,
schon ist der fremde Klang an unerwähnten
Gebilden meines Ichs am Unterbau.

Nicht mehr am Schwerte, das der Mutter Scheide
entsprang, um da und dort ein Werk zu tun,
und stählern schlägt –: gesunken in die Heide,
wo Hügel kaum enthüllter Formen ruhn!

Ein laues Glatt, ein kleines Etwas, Eben –
und nun entsteigt für Hauche eines Wehns
das Ur, geballt, Nicht-seine beben
Hirnschauer mürbesten Vorübergehns.

Zersprengtes Ich – o aufgetrunkene Schwäre –
verwehte Fieber – süß zerborstene Wehr –:
verströme, o verströme du – gebäre
blutbäuchig das Entformte her.

3. Weltende – Ende der bürgerlichen Welt?

Die Themenkomplexe Großstadt und Ichzerfall verweisen, wie bereits erwähnt, über sich hinaus auf einen für die expressionistische Epoche typischen, die gesamte moderne Wirklichkeit umgreifenden Skeptizismus und die vielfach bedingte Erfahrung, am Ende einer Epoche zu stehen: »Weltende«. Nicht von ungefähr steht Jakob van Hoddis' Gedicht mit diesem Titel am Anfang des expressionistischen Jahrzehnts. Thematik und Reihungsstil dieser scheinbar unscheinbaren acht Verse haben auf eine Vielzahl expressionistischer Autoren sehr nachhaltig gewirkt. Johannes R. Becher preist in »Das poetische Prinzip« geradezu die epochale Wirkung dieses Gedichts: »Diese zwei Strophen, o diese acht Zeilen schienen uns in andere Menschen verwandelt zu haben, uns emporgehoben zu haben aus einer Welt stumpfer Bürgerlichkeit, die wir verachteten und von der wir nicht wußten, wie wir sie verlassen sollten.«[1]

Das deutsche Bürgertum war im Laufe des 19. Jahrhunderts zunehmend zu einer staatskonformen Klasse geworden, deren wirtschaftliche Expansionskräfte in Mißverhältnis standen zur Unterwürfigkeit, mit der sie sozial an Kaiser und Aristokratie sich orientierte. Kulturpolitisch wurden die deutschen Klassiker umgemünzt zu Statthaltern von deutscher Art und deutschem Wesen. Nietzsche rechnet schon in der ersten »Unzeitgemäßen Betrachtung« von 1873 mit dem deutschen »Bildungsphilister« ab, den er beispielhaft im deutschen Schulmeister verkörpert sieht und spricht geradezu von der »Niederlage, ja Exstirpation des deutschen Geistes zugunsten des ›deutschen Reiches‹«.[2]

---

[1] Zitiert in: Paul Raabe, Expressionismus. Aufzeichnungen und Erinnerungen der Zeitgenossen. Olten und Freiburg 1965. S. 52.

[2] Friedrich Nietzsche, Werke in drei Bänden. Hg. v. K. Schlechta. Bd. 1. München 1966. S. 137. Nietzsche hatte diese Tendenz sehr früh erkannt. Noch der Beginn der naturalistischen Bewegung war u. a. getragen von dem Gedanken, das neu gegründete Reich durch eine entsprechend vitale und eigenständig nationale Literatur zu repräsentieren. So schrieben die einflußreichen Brüder Heinrich und Julius Hart 1882 in einem »Offenen Brief an den Fürsten Bismarck«: »Auch die Literatur sollte einer neuen Blüthezeit entgegengehen, nationale Epen, nationale Dramen, nationale Theater erwartet man von einem Tage zum andern.« (In: E. Ruprecht (Hg.), Literarische Manifeste des Naturalismus. Stuttgart 1962. S. 24.) Die Synthese von »Preußentum und Poesie« kam nicht zustande, ja, die Bewegung des Naturalismus lag im ständigen Kampf mit dem preußischen Geist und, da es eine Zensur offiziell nicht gab, seinen repressiv gehandhabten Vorstellungen von »Unzucht, Gotteslästerung und Majestätsbeleidigung«. Anläßlich einer Aufführung von Hauptmanns »Die Weber« kam es zur spektakulären Aufkündigung der kaiserlichen Loge im Deutschen Theater durch den Kaiser selbst. Dennoch ist anzumerken, daß der avantgardistischen Literatur im Kaiserreich bis zum Kriege trotz der klaren Frontstellung und

Seit Nietzsche, seit dem Naturalismus reißt auch in der Literatur die Kette kritisch-parodistischer Darstellungen des deutschen Bürgertums und des bürgerlichen Schulbetriebes, der an Strenge zuschlug, was ihm an Spontaneität und Leben fehlte, nicht ab. Wedekinds »Frühlings Erwachen«, Heinrich Manns »Professor Unrat«, literarische Kabaretts und Klubs, zum Teil von Schülern selbst gegründet und unterhalten, allenthalben artikuliert sich das Unwohlsein an einem epigonal erstarrten, aber arroganten und strengen Klein- und Bildungsbürgertum. Die expressionistische Kritik am Bürgertum steht also keineswegs isoliert da, sondern knüpft gedanklich wie formal an zeitgeschichtliche Strömungen an.[3]

Van Hoddis' Gedicht »Weltende« vermittelt ein Überlegenheitsgefühl gegenüber der in ihrer Selbstgefälligkeit und Sterilität erdrückenden Welt des wilhelminischen Bürgertums: »Dem Bürger fliegt vom spitzen Kopf der Hut . . .«. Mit hintergründiger Ironie wird der Untergang der bürgerlichen Welt beschrieben. In direkter Nachfolge des Gedichts, aber auch unabhängig von ihm karikieren eine Reihe von expressionistischen Gedichten das wilhelminische Bürgertum. Wo nicht dessen Untergang ausdrücklich thematisiert wird, sprengt die Form: die Reihung disparater und dishomogener Elemente die borniste Geschlossenheit wilhelminischer Gedankenenge. Die Dissoziation dieser Welt wird, ihr selbst unbewußt, formal vorweggenommen.

Wie erwähnt, gehört zur Abkehr von der bürgerlichen Welt die Kritik an deren Kultur- und Kunstrezeption. Das geschieht bei Loerke (»Unsere Göttin«) in der Form pervertierter Allegorese. Van Hoddis' »Italien« parodiert das Goethebild Italiens und den durch Winckelmann und Goethe geprägten Typus der klassischen Bildungsreise; unter der Hand artikuliert sich die gegenklassische Ästhetik: »Entdecke dir die Häßlichkeit der Welt . . .«. Dabei ist anzumerken, daß diese Kritik an der deutschen Klassik eigentlich und in erster Linie deren pervertierte Rezeption meint. So sehr aber wurde die deutsche Klassik vom wilhelminischen Bürgertum vereinnamt, daß Original und Rezeption gar nicht mehr strikt zu trennen sind,

---

trotz aller Repression ein bemerkenswerter Entfaltungsspielraum blieb. (Siehe dazu: G. Schulz, Naturalismus und Zensur. In: H. Scheuer (Hg.), Naturalismus. Stuttgart 1974. S. 93ff.)

[3] So waren Jakob van Hoddis, Georg Heym, Kurt Hiller, Ernst Blass u. a. Mitglieder eines 1909 gegründeten Berliner Literatenclubs mit dem Namen »Neopathetisches Cabaret«, das nach dem Vorbild solcher literarischen Kabaretts wie dem Pariser »Chat Noir« und den Münchener »Elf Scharfrichtern« zugleich als Bürgerschreck und Treffpunkt der literarischen Avantgarde fungierte. Eine ähnliche Funktion hatten damals auch die berühmten Literatencafés wie das »Café des Westens« in Berlin, das »von Spießbürgern Café Größenwahn genannt wurde«. (E. Blass, Café des Westens. In: Die literarische Welt. Jg. 4. Nr. 35. Berlin 1928. Zur Bedeutung der Literatencafés und Kabaretts siehe: H. Kreuzer, Die Boheme. Stuttgart 1968. S. 202ff.)

auch nicht in der Parodie darauf.[4] Van Hoddis' Gedicht »Wunderlegende« ironisiert das jüngere Erbe der Neuromantik, dem der Autor trotzdem verpflichtet bleibt, das Gedicht »He!« die am Geniebegriff orientierte, verlogene Erziehungsattitüde eines bürgerlichen »Stadtherrn«.

Wenn Georg Heyms »Nachtgesang« in parodistischer Reimtechnik eine Katastrophenfolge noch ironisch auf Distanz hält, so prägt seine folgenden Gedichte und die Gedichte von Else Lasker-Schüler, Trakl, Klemm, Ehrenstein, Sack, Zech und Hardekopf ein ganz anderer Ton: nicht mehr ironische Distanz, sondern Erschrecken, ja »Verzweiflung«. Entscheidend für diese Stillage ist wohl, daß der expressionistische Themenkomplex »Weltende« nicht nur die bürgerliche Welt im engeren Sinne meint, sondern die moderne Wirklichkeit in ihrer Totalität als einen Verhängniszusammenhang. Kennzeichnend dafür sind die universalen Metaphern des Todes, der Starre, der Öde, der Weglosigkeit, der Krankheit und der Leere vor allem bei Georg Heym. Trakls eigentümlich schwebende Verfalls- und Untergangsmetaphorik kulminiert in der Vision: »Des Menschen goldenes Bildnis / Verschlänge die eisige Woge / der Ewigkeit.« (»Klage«). Angesichts einer »zerrissenen« Zeit, einer Welt der »Riesenstädte« (Wilhelm Klemm, »Meine Zeit«), der Überbevölkerung (Albert Ehrenstein, »Ausgesetzt«), der Erfahrung der Entfremdung von der Erde (Paul Zech, »Schlaf-schlaffe Stadt«) reagiert das Ich mit »Verzweiflung« (Gedichttitel von Ehrenstein und Klemm).

Was sich hier zum Teil in Naturmetaphern ausspricht, ist eine durch die moderne Technologie und ihre drohenden Perspektiven, durch das Ende der abendländischen Metaphysik, durch Antizipation und Erfahrung des Krieges und die Erstarrung der bürgerlichen Welt bedingter Kulturpessimismus, der »Weltende« auch als eine drohende Möglichkeit der gesamten Menschheitsgeschichte erkennt. Weltende in diesem Sinne – und das prägt den Ton der jenes »Weltende« antipizierenden Gedichte – wäre mehr als nur das Ende der bürgerlichen Welt.[5]

---

[4] Unter der Vielzahl von Parodien auf die zeitgenössische Klassikerrezeption ist Arno Holz' »Die Blechschmiede« hervorzuheben. Das Drama parodiert fünf Akte hindurch den gesamten Bestand zeitgenössischen ›Bildungsgutes‹. Über die Gegenwart Goethes im wilhelminischen Deutschland heißt es: »Der alte Prachtpapa aus Weimar / dient heut nur noch als Polizeimahr. / Sein Schlafrock flattert, seine Zipfelmütze weht / überall wos nach rückwärts geht!« (A. Holz, Werke. Bd. 6. Neuwied 1963. S. 137.)

[5] Das Thema Weltende als totalisierte Kritik an der modernen Technologie, Rationalität und ihres Zerstörungspotentials ist ein zentrales Thema auch der expressionistischen Dramatik. Insbesondere Georg Kaisers Dramen »Gas I« und »Gas II« – Gas ist in diesen Dramen das Symbol moderner Energiewirtschaft –, zeigen den dialektischen Umschlag einer fanatisierten Produktionswut in ihre eigene Destruktion, Reinhard Goerings »Seeschlacht« zugleich die Sinnlosigkeit des modernen Krieges und die Eingeschlossenheit des Menschen in einen von ihm selbst nicht mehr kontrollierten Apparat. Carl Einsteins Roman »Bebuquin«

Eine Reihe von kulturkritischen Schriften der Zeit enthält ähnliche Gedanken: Walter Rathenaus »Zur Mechanik des Geistes«, Oswald Spenglers »Der Untergang des Abendlandes« gehören zu den wichtigsten. Wie eng dieser Komplex vor allem auch mit dem von Nietzsche registrierten ideologischen Vakuum einer transzendenzlosen und ideenfeindlichen Wirklichkeit zusammenhängt (siehe Nietzsches Aphorismen »Hinfall der kosmologischen Werte« und »Der tolle Mensch« in Teil I), kann noch bis in das Bildmaterial und die Gedankenführung expressionistischer Gedichte hinein verfolgt werden. Heyms Metaphorik beerbt ja unmittelbar die Sprache Nietzsches, in Else Lasker-Schülers »Weltende« heißt es: »Es ist ein Weinen in der Welt, / Als ob der liebe Gott gestorben wär . . .«.

Das Thema »Weltende« umgreift schließlich auch noch seine parodistische Darstellung. Karl Kraus' »Mein Weltuntergang« ist eine solche allerdings schon in die Abnabelungsphase der Epoche gehörende Selbstparodie. Kraus gehört auch nur am Rande der expressionistischen Bewegung an.[6] Typisch expressionistisch dagegen ist die Umkehr von Zeitanklage in »Allverbrüderungs«-Utopie und eschatologische Erneuerungshoffnungen. Ein Beispiel dafür bietet Johannes R. Bechers »Päan gegen die Zeit« (siehe auch Gruppe 9, »Der neue Mensch«).

Aber die reale Erfahrung für die expressionistische Generation war erst einmal die des Krieges. Für viele ist er die Bestätigung ihres Kulturpessimismus, dafür, daß die Rationalität des Abendlandes am Ende sei. Europa wird zu einem »Torso« (Titel eines Gedichtes von Yvan Goll), auf dem sich die Menschheit selbst massenhaft vernichtet. Insofern weist das Thema »Weltende« direkt wie indirekt – und vielfach vorweg als Barometer einer mit Aggression aufgeladenen kollektiven Bewußtseinslage – auf die Kriegserfahrung dieser Generation.

---

ist eine Kritik an den totalitären Tendenzen moderner Rationalität, wie sie, im Medium begrifflicher Sprache, von Georg Lukács in »Geschichte und Klassenbewußtsein« und Theodor W. Adorno in der »Dialektik der Aufklärung« von je unterschiedlichen Positionen her später formuliert wurde. (Siehe dazu: S. Vietta, Totale Zivilisationskritik und Darstellung des Menschen in den Dramen Georg Kaisers und: Carl Einsteins ›Bebuquin‹. Kritik des absoluten Vernunft. In: Vietta/Kemper, Expressionismus. München 1975. S. 83ff. und 161 ff.)

[6] Auch bei Karl Kraus findet sich die für den Expressionismus typische Totalisierung der Zivilisationskritik, jedoch zumeist in der Form der im Expressionismus seltenen Literatursatire, inhaltlich vor allem bezogen auf die moderne Massenpresse als *den* Hauptrepräsentanten einer, wie es Karl Kraus erschien, modernen Exstirpation des Geistes. So wird die Kulturkritik von Karl Kraus im wesentlichen zu einer Sprachkritik, beispielhaft formuliert in der 29. Szene des 1. Aktes und der 54. Szene des 5. Aktes in seinem monumentalen Drama »Die letzten Tage der Menschheit«. Zur Abgrenzung von Karl Kraus vom Expressionismus siehe: E. Haueis, K.K. und der Expressionismus. Diss. Erlangen 1968.

Jakob van Hoddis

Weltende

Dem Bürger fliegt vom spitzen Kopf der Hut,
In allen Lüften hallt es wie Geschrei,
Dachdecker stürzen ab und gehn entzwei
Und an den Küsten – liest man – steigt die Flut.

Der Sturm ist da, die wilden Meere hupfen
An Land, um dicke Dämme zu zerdrücken.
Die meisten Menschen haben einen Schnupfen.
Die Eisenbahnen fallen von den Brücken.

Alfred Lichtenstein

Die Welt
(Einem Clown zugeeignet)

Viel Tage stampfen über Menschentiere,
In weichen Meeren fliegen Hungerhaie.
In Kaffeehäusern glitzern Köpfe, Biere.
An einem Mann zerreißen Mädchenschreie.

Gewitter stürzen. Wälderwinde blaken.
Gebete kneten Fraun in dünnen Händen:
Der Herr Gott möge einen Engel senden.
Ein Fetzen Mondlicht schimmert in Kloaken.

Buchleser hocken still auf ihrem Leibe.
Ein Abend taucht die Welt in lila Laugen.
Ein Oberkörper schwebt in einer Scheibe.
Tief aus dem Hirne sinken seine Augen.

ALFRED LICHTENSTEIN

Sonntagnachmittag

Auf faulen Straßen lagern Häuserrudel,
Um deren Buckel graue Sonne hellt.
Ein parfümierter, halbverrückter kleiner Pudel
Wirft wüste Augen in die große Welt.

In einem Fenster fängt ein Junge Fliegen.
Ein arg beschmiertes Baby ärgert sich.
Am Himmel fährt ein Zug, wo windge Wiesen liegen;
Malt langsam einen langen dicken Strich.

Wie Schreibmaschinen klappen Droschkenhufe.
Und lärmend kommt ein staubger Turnverein.
Aus Kutscherkneipen stürzen sich brutale Rufe.
Doch feine Glocken dringen auf sie ein.

In Rummelplätzen, wo Athleten ringen,
Wird alles dunkler schon und ungenau.
Ein Leierkasten heult und Küchenmädchen singen.
Ein Mann zertrümmert eine morsche Frau.

OSKAR LOERKE

Kleinstadtsonntag

Was in der Garnison passiert, das ist ihm Flöte.
Hier draußen sucht der Mann, was ihm die Aussicht böte.
Rings Schutt. Draus blenden Scherben voller Sonnenröte.
Dort steht er still. Dann scharrt ein Reclamblatt aus Goethe
Sein Fuß heraus; – nach fünf Minuten.

Die Vorstadthäuser stehn im Lichte wie in Sahne,
Mit gleichsam in den Teig gepickter Wetterfahne,
Mit bunter Wäsche auf bepinseltem Altane.
Im Sonntag steht der Bauch des Manns gleich einem Schwane
Nun schon seit zehn Minuten.

Fern hört er Leierorgeln durch die Straßen schwärmen,
Noch ferner seinen Stier aus purem Spaß sich härmen,
Und noch viel mehr: das mischt ein angenehmes Lärmen.
Drin steht er, Ruh im Herzen und in den Gedärmen
Schon eine halbe Stunde.

Er steht, als wie aus rotem Marmorstein geschlagen:
Rot nämlich ist, was aus Manschetten und aus Kragen
– Halsweite fünfzig – auskriecht, und man kann wohl sagen,
Er, seinerseits, wird kaum in einer Not verzagen,
Das Denkmal!

OSKAR LOERKE

Unsere Göttin

Der Hof, ein Schacht mit schwarzen Fensteraugen,
Riecht dumpf nach Kellern, Asche, Wäschelaugen.
Inmitten steht das Standbild einer Dame.
Sie wartet staubig unterm Trödelkrame,
Der überstapelt, stockwerkweis geschichtet,
In trüben Winkeln Menschenleben dichtet.
Die Dame schweigt in blöder Contenance,
Man weiß nicht, ists Antike? Renaissance?
Ihr Vater war Apoll, der Dichtergott,
Nur ihres Steinbilds Bilder bankerott.
Wie Warzen trägt sie grauen Mooses Spuren
Und hat die Züge echt Berliner Huren.
Der Frühling röchelt in den Rinnen, Traufen,
Zur Göttin kommt nichts als sein Schmutz gelaufen.
Man schüttelt ihr des Hauses Müll zu Füßen,
Und mancher knirscht sie an mit Morgengrüßen:
»O, hätt ich Geld, ich braucht hier nicht verkommen,
O, hätt ich Geld, ich brauch hier nicht verkommen!
Almosen hab ich nicht, doch bet ich, faste
Und stecke wie die Göttin im Moraste.«

JAKOB VAN HODDIS

Italien

I

Laß ab mit Gesten trauriger Poeten
In Reim und Wohllaut sinnig zu verklingen,
Du brauchst auch nicht als schlauster der Propheten
Probleme lösend, nach Erlösung ringen.

Hier spreizen sich die keck zum Dom verpraßten
Rundbogen, Mosaiken, Marmorquasten.
Venedigs Lüfte kitzeln deine Haut.

Auf Säulen thronen hier Flügelgreife.
Steinerne Löwen heben ihre Schweife.
Ein Dampfer kommt und raucht und tutet laut.

Und leise staunend gondle durch die Buntheit,
Nur noch zu sanften Räuschen der Gesundheit
Sahst du am Lido tausend Weiber nackt?

O, lobe die Lagunen, die so stinken,
In süße Tage wirst du bald versinken
Vergnügt, Genießer, oft befrackt.

II

So ward er klug und hat sich tief entzückt
An jedem Dinge, das ihn angeblickt.

An jedem Hauch, der ihn aus Gärten anweht,
An jedem Heidengauch, der ihn nichts angeht.

Am weißen Tag und purpurnen Geweben,
Und Bildern, keusch und bunt, an Dunst und Tal,
An wilden Kirchen, wo die Engel schweben,
Am festgefügten schweigenden Portal!

Nun steht er da auf einem breiten Platze,
Und weiß nicht mehr, zu welchem Wunder wandern.

Die Häuser prunken eines wie die andern,
Die Sonne glüht als fette Feuerglatze.

Ja, hätt' ich Feinde zu endlosen Kämpfen,
Ließe mein Haß mich viele Straßen gehen.
Hat nicht den Teufel mit den Schwefeldämpfen
Sich Gott zum Zeitvertreib einst angestellt?

Er steht und grübelt, seine Sinne flehen:
Entdecke dir die Häßlichkeit der Welt.

III

Doch ein Palast stand huldvoll in Florenz,
Er hob sich starr in steile Sonnengluten
Mit reichem, runden, steinernen Gekränz,
Sein Tor verzierten wuchtige Voluten.

Er sprach: »O Mensch! du weißt doch, was wir lehren!
Gebildeter! schon Goethe hat erkannt es:
Wer wird das Leben unnütz sich erschweren!
Man stell sich auf und sei was Imposantes.

Du aber liebst dir das Geabenteure,
Du blickst bedenklich selbst zur schönsten Zinnung.
Lockt dich der Hohn, der Zweifel und das Neure?
An meinen Quadern scheitre deine Sinnung.

Entschließe dich, auf Goethes Pfad zu schreiten
Mit Männertritt und würdig froh gelaunt!

Sein weißer Schlafrock glänzt durch die Gezeiten.«
Sprach der Palast. Ich war nicht schlecht erstaunt.

IV

Der Mittag kam mit Staub und sehr viel Hitze,
Ich tat mich langsam auf das Kanapee.
Nun liegst du da, du stilisierter Fritze,
Das ist bequemer als am Gardasee
Landschaft zu schlürfen, oder zu Firenze
Die Hallen Michelozzos, Frühlingstänze

Des Sandro Botticelli oder sowas.
Ach bleib, ach bleib, Genießer, ohne Ende,
Zu schnarchen hier, im Lustrevier des Sofas!
Ich gähnte stolz. So stürze dich verwegen,
Toll, ja toll, mit jauchzendem Munde,
Den Kopf durch die Wände
Deinen gefährlichsten Wünschen entgegen.
So sprach zu mir die allerstillste Stunde.
Und kein Klavier, kein Baby hat
Geschrien im ganzen Haus.
Und die Sonne, die Sonne lag über der Stadt,
Und brütete Wanzen aus.

V

So waren wir auch in Italien Gäste,
Und haben dort so manchen Tag verschlafen.
Wir tranken Wein in Kinematographen,
Und krochen durch die Gärten und Paläste.

Und gaben manchmal uns den ungestümen
Fassaden hin, Gewölben und Kapellen,
Schlanken Pilastern und den ungetümen
Und dicken süßen Leibern in Bordellen.

GUSTAV SACK

Der Dichter

Und wenn der Mensch in seiner Qual verstummt,
gab mir ein Gott, zu sagen wie ich leide. –
So schreitet er in Priesterpomp vermummt
auf seines holden Wahnsinns schmaler Scheide
und singt und singt und singt; und dennoch glummt
in seinen Klagen es wie tiefe Freude,
das Sprachrohr der geplagten Welt zu sein,
ihr Künder, ihr Erlöser, er allein.
Gewiß, er ist das Sprachrohr dieser Welt,
doch dieses Sprachrohr löst klingendes Geld.

Wunderlegende

Geschuppte Panzer zogen durch die Lichtung
Zu einem grünen Walde hin.
Das ganze ist nur eine Dichtung,
Doch steckt vielleicht ein tiefer Sinn
in diesen Worten.

Denn man kann nicht wissen.

Denn Wunderblumen öffnen jede Höhle,
Wo jeder Saal von goldnen Schätzen protzt,
Und machen schweigen jene Hundetöhle,
Die unterwegs dich grünlich angeglotzt.

Dann stehst du drin und füllst dir deine Taschen
Und hast umsonst den ganzen Zauberkram.
Doch ein paar blutigblaue Schatten haschen
Nach dir zuletzt. Da wirst du wieder zahm.

Und weil du auch noch deine kleine Maus liebst
Gehst abends du mit ihr zur neuen Welt.
Doch wie du deine Zaubergroschen ausgibst,
Kommt der Gendarm – denn es ist falsches Geld.

Jakob van Hoddis

He!

Abend war's: Die Gänse schnattern
Heimwärts in die Abendsonne.
– Denkt der Stadtherr poesievoll.

Ha! Der Vater mit dem Sohne
– Auf dem Zündloch der Kanone –
Geht aufs Tempelhofer Feld.

Kürassiere schreiten richtig,
Vater nimmt die Sache wichtig:
»Sohn, o Sohn, o werde tüchtig!«

Ha! Er gibt den Rat ihm nun,
Die unerhörte Tat zu tun,
Endlich ein Genie zu sein.

Ha! Aus seiner stillen Klause
Wo er korrigierend thront,
Steigt ein blasser Oberlehrer
Und beschaut den roten Mond.

»Einst als gelockter Jüngling in der Bar
Sah ich begeistert mancher Dame Schwips.
O, überirdisch himmlisch stand ihr Haar
Zur Rötlichkeit des Sherry Brandy Flips.«

GEORG HEYM

Nachtgesang

Mit spitzem Dolche in dem Bratenrocke
Die Mörder humpeln jetzt auf ihren Zehen.
In allen Winkeln sitzen sie und stehen
Und ihre Augen werfen böse Blocke.

Von Lichtern scheint es hell im Freudenhause,
Gewaltig tönt und singet der Klavier.
Auf einem Sofa sitzt der Kavalier
Und öffnet einem Mädchen wild die Blause.

Doch eine Frau stürzt traurig zur Rotunde.
Dort wird ein kleines Kind zur Welt gebracht,
Das fällt von selber in den Lokusschacht.
Das ist der Lauf der Welt und keine Sunde.

Ein schönes Haus verbrennt mit Flammen hoch.
Und furchtbar tobt die große Feuerwehr.
Das Publikum, es steht und freut sich sehr.
Und jemand lacht sich einen Leistenbroch.

Ein Offizier wird plötzlich lebensmüd.
Er hängt sich auf mit einem Lockenband.
Im kalten Tode spreizet seine Hand,
Die nimmermehr den schönen Säbel züht.

Der kahle Mond kommt aus dem Nebel feucht.
Und seine großen Backen hängen weich.
Die Fische aber steigen auf im Teich
Und blinzeln mit den Augen trüb gebläucht.

GEORG HEYM

Die Menschen stehen vorwärts in den Straßen ...

Die Menschen stehen vorwärts in den Straßen
Und sehen auf die großen Himmelszeichen,
Wo die Kometen mit den Feuernasen
Um die gezackten Türme drohend schleichen.

Und alle Dächer sind voll Sternedeuter,
Die in den Himmel stecken große Röhren.
Und Zaubrer, wachsend aus den Bodenlöchern,
In Dunkel schräg, die einen Stern beschwören.

Krankheit und Mißwachs durch die Tore kriechen
In schwarzen Tüchern. Und die Betten tragen
Das Wälzen und das Jammern vieler Siechen,
Und welche rennen mit den Totenschragen.

Selbstmörder gehen nachts in großen Horden,
Die suchen vor sich ihr verlornes Wesen,
Gebückt in Süd und West, und Ost und Norden,
Den Staub zerfegend mit den Armen-Besen.

Sie sind wie Staub, der hält noch eine Weile,
Die Haare fallen schon auf ihren Wegen,
Sie springen, daß sie sterben, nun in Eile,
Und sind mit totem Haupt im Feld gelegen.

Noch manchmal zappelnd. Und der Felder Tiere
Stehn um sie blind, und stoßen mit dem Horne
In ihren Bauch. Sie strecken alle viere
Begraben unter Salbei und dem Dorne.

Das Jahr ist tot und leer von seinen Winden,
Das wie ein Mantel hängt voll Wassertriefen,
Und ewig Wetter, die sich klagend winden
Aus Tiefen wolkig wieder zu den Tiefen.

Die Meere aber stocken. In den Wogen
Die Schiffe hängen modernd und verdrossen,
Zerstreut, und keine Strömung wird gezogen
Und aller Himmel Höfe sind verschlossen.

Die Bäume wechseln nicht die Zeiten
Und bleiben ewig tot in ihrem Ende
Und über die verfallnen Wege spreiten
Sie hölzern ihre langen Finger-Hände.

Wer stirbt, der setzt sich auf, sich zu erheben,
Und eben hat er noch ein Wort gesprochen.
Auf einmal ist er fort. Wo ist sein Leben?
Und seine Augen sind wie Glas zerbrochen.

Schatten sind viele. Trübe und verborgen.
Und Träume, die an stummen Türen schleifen,
Und der erwacht, bedrückt von andern Morgen,
Muß schweren Schlaf von grauen Lidern streifen.

GEORG HEYM

Auf einmal aber kommt ein großes Sterben ...

Auf einmal aber kommt ein großes Sterben.
Die Wälder rauschen wie ein Feuermeer
Und geben alle ihre Blätter her
Die in dem leeren Luftreich blind verderben.

Die Tiere schreien in dem kalten Neste.
Die Raben steigen in die Abendröte.
Und plötzlich darret trocken das Geäste.

Die Schiffer aber fahren trüb im Ungewissen,
Auf grauem Strom die großen Kähne treibend
In schiefen Regens matten Finsternissen.

Durch leerer Brücken trüben Schall, und Städte
Die hohl wie Gräber auseinanderfallen,
Und weite Öden, winterlich verwehte.

Kurz ist das Licht, das Stürme jetzt verdecken.
Und immer knarren laut die Wetterfahnen
Die rostig in den niedern Wolken stecken.

Und viele Kranke müssen jetzt verenden,
Die furchtsam hüpfen in den leeren Zimmern,
Zerdrückt im Leeren von den hohen Wänden.

Die Bettler aber, die die Lieder grölen,
Sitzen im Land herum, mit langen Händen,
Und weisen ihre roten Augenhöhlen.

Das Weite sucht die letzte Vögel-Herde,
Und an dem Weg die kleinen Gottesbilder
Sind einsam in der winterlichen Erde.

Else Lasker-Schüler

Weltende

Es ist ein Weinen in der Welt,
Als ob der liebe Gott gestorben wär,
Und der bleierne Schatten, der niederfällt,
Lastet grabesschwer.

Komm, wir wollen uns näher verbergen . . .
Das Leben liegt in aller Herzen
Wie in Särgen.

Du! wir wollen uns tief küssen –
Es pocht eine Sehnsucht an die Welt,
An der wir sterben müssen.

Georg Trakl

Abendland

Else Lasker-Schüler in Verehrung

1

Mond, als träte ein Totes
Aus blauer Höhle,
Und es fallen der Blüten
Viele über den Felsenpfad.
Silbern weint ein Krankes
Am Abendweiher,
Auf schwarzem Kahn
Hinüberstarben Liebende.

Oder es läuten die Schritte
Elis' durch den Hain
Den hyazinthenen
Wieder verhallend unter Eichen.
O des Knaben Gestalt
Geformt aus kristallenen Tränen,
Nächtigen Schatten.
Zackige Blitze erhellen die Schläfe
Die immerkühle,
Wenn am grünenden Hügel
Frühlingsgewitter ertönt.

2

So leise sind die grünen Wälder
Unsrer Heimat,
Die kristallne Woge
Hinsterbend an verfallner Mauer
Und wir haben im Schlaf geweint;
Wandern mit zögernden Schritten
An der dornigen Hecke hin

Singende im Abendsommer,
In heiliger Ruh
Des fern verstrahlenden Weinbergs;
Schatten nun im kühlen Schoß
Der Nacht, trauernde Adler.
So leise schließt ein mondener Strahl
Die purpurnen Male der Schwermut.

3
Ihr großen Städte
Steinern aufgebaut
In der Ebene!
So sprachlos folgt
Der Heimatlose
Mit dunkler Stirne dem Wind,
Kahlen Bäumen am Hügel.
Ihr weithin dämmernden Ströme!
Gewaltig ängstet
Schaurige Abendröte
Im Sturmgewölk.
Ihr sterbenden Völker!
Bleiche Woge
Zerschellend am Strande der Nacht,
Fallende Sterne.

Georg Trakl

Siebengesang des Todes

Bläulich dämmert der Frühling; unter saugenden Bäumen
Wandert ein Dunkles in Abend und Untergang,
Lauschend der sanften Klage der Amsel.
Schweigend erscheint die Nacht, ein blutendes Wild,
Das langsam hinsinkt am Hügel.

In feuchter Luft schwankt blühendes Apfelgezweig,
Löst silbern sich Verschlungenes,
Hinsterbend aus nächtigen Augen; fallende Sterne;
Sanfter Gesang der Kindheit.

Erscheinender stieg der Schläfer den schwarzen Wald hinab,
Und es rauschte ein blauer Quell im Grund,
Daß jener leise die bleichen Lider aufhob
Über sein schneeiges Antlitz;

Und es jagte der Mond ein rotes Tier
Aus seiner Höhle;
Und es starb in Seufzern die dunkle Klage der Frauen.

Strahlender hob die Hände zu seinem Stern
Der weiße Fremdling;
Schweigend verläßt ein Totes das verfallene Haus.

O des Menschen verweste Gestalt: gefügt aus kalten Metallen,
Nacht und Schrecken versunkener Wälder
Und der sengenden Wildnis des Tiers;
Windesstille der Seele.

Auf schwärzlichem Kahn fuhr jener schimmernde Ströme hinab,
Purpurner Sterne voll, und es sank
Friedlich das ergrünte Gezweig auf ihn,
Mohn aus silberner Wolke.

GEORG TRAKL

Vorhölle

An herbstlichen Mauern, es suchen Schatten dort
Am Hügel das tönende Gold
Weidende Abendwolken
In der Ruh verdorrter Platanen.
Dunklere Tränen odmet diese Zeit,
Verdammnis, da des Träumers Herz
Überfließt von purpurner Abendröte,
Der Schwermut der rauchenden Stadt;
Dem Schreitenden nachweht goldene Kühle,
Dem Fremdling, vom Friedhof,
Als folgte im Schatten ein zarter Leichnam.

Leise läutet der steinerne Bau;
Der Garten der Waisen, das dunkle Spital,
Ein rotes Schiff am Kanal.
Träumend steigen und sinken im Dunkel
Verwesende Menschen
Und aus schwärzlichen Toren
Treten Engel mit kalten Stirnen hervor;
Bläue, die Todesklagen der Mütter.
Es rollt durch ihr langes Haar,
Ein feuriges Rad, der runde Tag
Der Erde Qual ohne Ende.

In kühlen Zimmern ohne Sinn
Modert Gerät, mit knöchernen Händen
Tastet im Blau nach Märchen
Unheilige Kindheit,
Benagt die fette Ratte Tür und Truh,
Ein Herz
Erstarrt in schneeiger Stille.
Nachhallen die purpurnen Flüche
Des Hungers in faulendem Dunkel,
Die schwarzen Schwerter der Lüge,
Als schlüge zusammen ein ehernes Tor.

GEORG TRAKL

Klage

Schlaf und Tod, die düstern Adler
Umrauschen nachtlang dieses Haupt:
Des Menschen goldnes Bildnis
Verschlänge die eisige Woge
Der Ewigkeit. An schaurigen Riffen
Zerschellt der purpurne Leib
Und es klagt die dunkle Stimme
Über dem Meer.
Schwester stürmischer Schwermut
Sieh ein ängstlicher Kahn versinkt
Unter Sternen,
Dem schweigenden Antlitz der Nacht.

Meine Zeit

Gesang und Riesenstädte, Traumlawinen.
Verblaßte Länder, Pole ohne Ruhm,
Die sündigen Weiber, Not und Heldentum,
Gespensterbrauen, Sturm auf Eisenschienen.

In Wolkenfernen trommeln die Propeller.
Völker zerfließen. Bücher werden Hexen.
Die Seele schrumpft zu winzigen Komplexen.
Tot ist die Kunst. Die Stunden kreisen schneller.

O meine Zeit! So namenlos zerrissen,
So ohne Stern, so daseinsarm im Wissen
Wie du, will keine, keine mir erscheinen.

Noch hob ihr Haupt so hoch niemals die Sphinx!
Du aber siehst am Wege rechts und links
Furchtlos vor Qual des Wahnsinns Abgrund weinen!

WILHELM KLEMM

Verzweiflung

Wir standen nunmehr auf dem höchsten Rand
Und sahen hinab in den Trichter, der unter uns gärte,
Ganz besetzt von Menschheit, die unsinnig wimmelte
Im kanailliengelben Lichte des Untergangs.
Was wollen wir noch? In dreißig bis vierzig Jahren
Kräht kein Hahn mehr nach uns. Horch, das Gelächter
Der Höheren über unsre Langeweile!
Zum Zeitvertreib wollen wir uns erhängen.

ALBERT EHRENSTEIN

Ausgesetzt

Der Mond bespuckt
Den blaßgrauen Jüngling
Mit sterbendem Licht.

Das Frühlingsmädchen zeigt
Ihre Schenkel
Dem Spiegel
Und haucht
Zu ihrer einsamen Scham:
Wann?

Ihr Götter in Himmeln der Überwelt,
Ihr Menschen in Urwäldern irdischer Natur!
Die todeswürdige Erde
Gebiert zu viel Wesen,
Kinder schluchzen verlassen
Am Wildstrom des Lebens.

ALBERT EHRENSTEIN

Verzweiflung

Wochen, Wochen sprach ich kein Wort;
Ich leb einsam, verdorrt.

Der Himmel hat keinen Stern.
Ich stürbe so gern.
Meine Augen betrübt die Enge,
Ich verkriech mich in einen Winkel,
Klein möcht ich sein: eine Spinne –
Aber niemand zerdrückt mich.

Keinem hab ich Schlimmes getan,
Allen Guten half ich ein wenig.
Glück, dich soll ich nicht haben.
Man will mich nicht lebend begraben.

ALBERT EHRENSTEIN

Leid

Wie bin ich vorgespannt
Dem Kohlenwagen meiner Trauer!
Widrig wie eine Spinne
Bekriecht mich die Zeit.
Fällt mein Haar,
Ergraut mein Haupt zum Feld,
Darüber der letzte
Schnitter sichelt.
Schlaf umdunkelt mein Gebein.
Im Traum schon starb ich,
Gras schoß aus meinem Schädel,
Aus schwarzer Erde war mein Kopf.

GUSTAV SACK

Die drei Reiter

Wir sind die Welt: Not, Brot und Brunst!
In deiner Hüllen Zauberkunst:
in deiner Sinnen Farbenglut,
in deiner Sprachen Märchengut
herrscht herrisch der Instinkte Wut!
Versteck dich nicht – wir kennen dich:
aus jedem Finger spricht Verrat,
aus deiner erdenfernsten Tat
schreit laut dein notgepeitschtes Ich!
Heb dich nicht hoch – wir fliegen mit,
aus deines Fluges höchstem Glück
fällst du uns rettungslos zurück:
in Kot nach deinem Himmelsritt!

PAUL ZECH

Schlaf-schlaffe Stadt

Alle Straßen stürzen verwaist:
oh, welche Langeweile!
Die Turmuhr hat keine Eile,
das Dunkel hat sie vereist.

Da hockt die lange Nacht
wie eine Spinne und streckt die Zeiger,
und unten fiedelt ein Geiger,
und die Sense wacht.

Ich aber brenn wie ein irrer Stern
über Mammuthschädel und Riesenmähnen
und grabe mich tiefer in Schuttmoränen.

Erde: Verpfuschtes von tausend Plänen,
Erde: Vertropftes von tausend Tränen,
nie war mir die Erde so fern!

GEORG HEYM

Mitte des Winters

Das Jahr geht zornig aus. Und kleine Tage
Sind viel verstreut wie Hütten in den Winter.
Und Nächte, ohne Leuchte, ohne Stunden,
Und grauer Morgen ungewisse Bilder.

Sommerzeit. Herbstzeit, alles geht vorüber
Und brauner Tod hat jede Frucht ergriffen.
Und andre kalte Sterne sind im Dunkel,
Die wir nicht sahen von dem Dach der Schiffe.

Weglos ist jedes Leben. Und verworren
Ein jeder Pfad. Und keiner weiß das Ende,
Und wer da suchet, daß er Einen fände,
Der sieht ihn stumm, und schüttelnd leere Hände.

GEORG TRAKL

Untergang
An Karl Borromaeus Heinrich

Über den weißen Weiher
Sind die wilden Vögel fortgezogen.
Am Abend weht von unseren Sternen ein eisiger Wind.

Über unsere Gräber
Beugt sich die zerbrochene Stirne der Nacht.
Unter Eichen schaukeln wir auf einem silbernen Kahn.
Immer klingen die weißen Mauern der Stadt.
Unter Dornenbogen
O mein Bruder klimmen wir blinde Zeiger gen Mitternacht.

FERDINAND HARDEKOPF

Spät

Der Mittag ist so karg erhellt.
Ein schwarzer See sinkt in sein Grab.
Dies ist das letzte Licht der Welt,
Das bleichste Glimmen, das es gab.

Aus Sümpfen schwankt Gestrüpp und Baum.
Die Birken-Nerven ästeln weh.
Die Zeit erblasst, es krankt der Raum.
Tot steht das Schilf im toten See.

Die Luft strömt grau ins Mündungs-All.
Der Rabe schreit. Der Wald schläft ein.
Mich trennt ein rascher Tränenfall
Vom Ende und der Flammenpein.

Mein Weltuntergang

Mir träumte, daß ich eben noch zurecht kam,
als unterging die Welt, vor meinen Augen
tat sie es, eben noch kam ich zurecht,
denn auf ein Haar wär' ich zu spät gekommen.
Ich stand auf einem Vorsprung von Sorrent,
Signore! rief der Wirt, und subito
sank Capri, hastenichgesehn, ins Meer.
Schon aber wars für uns auch nicht geheuer,
und eine Riesenflamme stach herüber,
weil einer drüben noch am Gashahn spielte,
Am sichersten, sagt einer, wärs in Wien,
wann geht der Zug, schon zeigt auch der Vesuv
der Welt die Zunge, sicherer ists in Wien.
Schon ist der Wirt erstickt und in Neapel
beteuern tausend Kuppler ihre Unschuld,
denn ihrer aller Hure sei gestorben,
und bieten zum Ersatz den letzten Knaben.
Viel sicherer wärs freilich jetzt in Wien,
wie aber kommt man bei dem Untergang
hinüber, oben schweift schon ein Komet,
der Mond ist übernächtig und die Sonne,
die schläfrige, macht heute Überstunden,
jedoch die Grotte hat heut blau gemacht
und gelb vom Schwefel eines Fremdenführers
befremdet auf der Stelle sie den Fremden,
Leuchtkugeln läßt beim Feuerwerk des Himmels
ein Bravo Stuwer in die Gärten schwirren
und aus der Barke gellt der Hilferuf
des alten Lohndieners sein »Tramontano!«,
auch der von »Loreley!« ist schon zur Stelle,
der Leiermann spielt bella Napoli,
nimmt ewig Abschied, will mit einem Aug',
das zweite ist kaput, Neapel sehn
und sterben. Voller Schrecken ist die Nacht.
Ein Zuhälter mit einem halben Ohr,
als Legitimation zeigt er es vor,

ist hier und dort und läßt mich nicht mehr los,
beteuert fort, er selbst sei der padrone.
Am sichersten ists sicher jetzt in Wien,
was macht man heute abend in Sorrent,
meine Geliebte schläft mit einem Bettler,
es regnet Blut und ich hab keinen Schirm,
man schließt das Kino, hundert arme Kinder
sind ausgesperrt und scharen sich um mich,
verlangen noch die letzte Zigarette.
Dann sind sie tot. Ein Kutscher schlägt sein Pferd
und ruft mit letzter Leidenschaft sein »Ah!«
Wer lebt noch außer mir? Denn lebte einer,
müßt' den Verlust er auf Millionen schätzen.
Jetzt springt die Flut, die Flamme brennt ins Meer,
und eine Tafel wird am Fels befestigt,
darauf gedruckt schon, nicht geschrieben steht:
Preßburger, kaiserlicher Rat, gesund!

JOHANNES R. BECHER

Päan gegen die Zeit

Päan schwöll gegen dich!
Dich Zeit des Bluts! Aus Moder.
Aug-Blitz dich Wrack ersticht.
Solch Huren-Schwamm-Gesicht.
Schild unserer Stirnen lodere:
Klirr Strophen Bajonett!
Der Menschheit Fahne rett . . .

Du Zeit der schwanken Throne!
Tyrannen öde Brut.
Kasern Gewürme schlingen.
Haut-Trommeln ringsum springen
Gleich Niagara los . . .
Fleisch-Rücken fetzen Knuten.
Verdorrt treu Brüder flattern
In Gift-Wind-Feuern bloß.

Du Zeit Millionen Schlächter!
Du Mord-, Kadaverzeit!
Triumph –: o: Skalps geschwenket
Ihr Schwärme, heulend breit.
Hah! Babels Türme glänzen!
Gemäuer: Purpur-Brut.
Schwelgt zu in Licht-Karossen:
Balkon-Hauch. Schwebe-Gärten.
Wie heiligen Lilien-Schiffs!

*

Auf Dickicht-Wirrnissen fährst du, o Mensch,
Vieh hockend in buschichten Spalten, o Mensch!
Deine Wimpern: Lanzen, o Mensch!
Krummes Messer, Mond-Beil, deine Brauen, o Mensch!
Kerker-Gemäuer deine Stirne, o Mensch!?
Finger-Gekrall wen würgt es, o Mensch!!
Zähne-Gebiß wen zerhackt es, o Mensch!?
Atem-Hölle entschnaubst du, o Mensch...
Räuber-Mensch. Henker-Mensch. Mörder-Mensch. –
Räuber-Mensch. Henker-Mensch. Mörder-Mensch,
Unter, tief unter Vieh gesetzt, o Mensch.

Du Mensch: all Kreatur du zu unterst...
Wehe dir Mensch;
(Verräter-Mensch! Trägheit-Mensch. Kloaken-Mensch...)

Päan schwöll gegen dich!
Dich Mensch des Bluts! Aus Moder –
Blitz spreng der Brust verquollenen Fels!
Zerschleiß dich für und für!
Durst hetz dich hoch! Dich Aussatz krall!
Hah: wie durchschmetternd dich lawane Pfützen!
Bäume dich zerraufend: erzener Zweige.
Schaukelnd dich Krassen, prellend dich jäh.
...
: Bis Mensch du wieder menschwärts neigst
Dich. Brüder Flammen-Wolke steigt!

Wir erflehen die Reinheit des Menschen!
Betet für die Heimsuchung des Menschen.
Schlimmer Mensch schwoll. Schlimmer Mensch floß über ...

Päan schwöll einzig Menschheit dir!
Allverbrüderung! Erschein Sieg!
Schöpfet den Gipfel, herausmeißelnd
    ihn aus dem zäheren Granit
    der rollenden Völker ...
Kristall-Gipfel. Gott-Gaurisankar. Liebe-Gestirn.

Yvan Goll

Der Torso

Europa, du schütternder Torso!
Auf dem Sockel der Massengräber stehst du, tief
Im Jahrhundertschutt der Schlachten.
Nichts als ein schwarzer Knäuel, ein rauher
Krampf der Erde gegen den Himmel.
Du massige Anklage gegen den Menschen: Torso,
Du unsterbliches Denkmal des Mords,
Um dich tanzen die nächsten Sieger schon, du
Götze des eisernen Kriegs.
Gelbes Meer wird kommen, dich umrauschen. Die
Weißen Neger von Amerika werden dich umschleichen.
All deine Freiheit wird als schöner Traum entflattern
Deine Märtyrer werden ihre Tyrannen
Auf Knien küssen.
Auf dem Newsky-Prospekt wird ewiges Begräbnis
sein. In Kaiserschlössern harter Tower ein-
gerichtet.
Europa, du bröckelnder Torso, du Rumpf der
Welt!

4. Vorwegnahme und Erfahrung des Krieges

Eine vernichtende Form, in der sich Kulturpessimismus bewahrheiten, Ich-zerfall geschichtlich realisieren sollte, war der erste Weltkrieg. Er wurde von einigen Autoren des Expressionismus gleichsam antizipiert. Das machte bereits der Themenkomplex »Weltende« deutlich. Heyms Gedicht »Der Krieg« stammt aus dem Herbst 1911, das Gedicht »Weltende« von van Hoddis erschien im Januar 1911. Der Krieg konnte antizipiert werden, weil er seit der ersten und vor allem seit der zweiten Marokko-Krise (1905/06 und 1911) atmosphärisch in der Luft lag. So entspricht das Gedicht Heyms, stilistisch an Motive des Jugendstils anknüpfend, mit seiner allegorischen Darstellung des Krieges bestimmten, im Zeitbewußtsein latent und offen gespeicherten Aggressions- und Zerstörungstrieben, die wesentlich zum Ausbruch des Krieges selbst beitragen sollten.[1]

Dieses Gedicht von Georg Heym, wie auch das folgende Gedicht von Ehrenstein, beschreibt den Krieg in dämonisierender Personenallegorie. Dabei ist in Heyms Gedicht, trotz der Häufung negativer Beschreibungsmerkmale, eine gewisse Faszination vor der Übergewalt, ja Brutalität des Krieges nicht zu übersehen. Ähnliches gilt für Lichtensteins »Prophezeiung« und »Sommerfrische«.

Auch das ist nicht untypisch für einige Autoren der jungen expressionistischen Generation und einen Großteil der deutschen Jugend am Vorabend des ersten Weltkrieges. Mit ihrem »brachliegenden Enthousiasmus in dieser banalen Zeit«[2] und im Einflußbereich vitalistisch-lebensphilosophischer Zeitströmungen hungerte sie geradezu nach Ereignissen, die jene

---

[1] Um den Ausbruch des ersten Weltkrieges ist gerade in der jüngeren Geschichtswissenschaft eine heftige Debatte geführt worden. Während Fritz Fischer – entgegen dem Haupttrend der Weltkriegsforschung in den zwanziger, dreißiger und noch in den fünfziger Jahren – wesentlich eine expansive von »breiten Kräften« getragene deutsche »Kriegspolitik« für den Kriegsausbruch verantwortlich macht (siehe F. Fischer, Griff nach der Weltmacht. Düsseldorf 1964[3] und: Krieg der Illusionen, Düsseldorf 1969), vertritt G. Ritter die These einer grundsätzlich defensiven, nicht aggressiven Politik Deutschlands im Jahre 1914, die allerdings ihre eigenen Konsequenzen nicht durchschaute. (Siehe dazu auch: W. Schneider (Hg.), Erster Weltkrieg. Ursachen, Entstehung und Kriegsziele. Köln 1969.). Die Analyse des Weltkriegsdramas »Die letzten Tage der Menschheit« eines so scharfsichtigen Zeitgenossen wie Karl Kraus würde zur These führen, daß insbesondere Österreich, dieses in viele Völker und Länder auseinandergerissene Großreich, an einem ›heiligen Erneuerungskrieg‹ interessiert war, aber keine der in überkommenen Denk- und Vorstellungsmustern befangenen Parteien die Konsequenzen ihrer eigenen Machtpolitik abzuschätzen imstande war.

[2] Tagebucheintragung von Georg Heym am 15. 9. 1911, in: Georg Heym, Dichtungen und Schriften. Bd. 3. Hg. v. K. L. Schneider. Hamburg 1960. S. 164.

»banale Zeit« aufbrächen. Zudem macht gerade die in der expressionistischen Lyrik aufzeigbare Ichschwäche als ein kollektives Bewußtseinsphäno-
men anfällig für politische Strömungen, in denen das Ich sich aufgehoben
wähnt. Der Krieg »für Volk und Vaterland« präsentierte sich zunächst
als eine solche Bewegung.[3]

Als er Mitte 1914 ausbrach, erschien er vielen Jugendlichen als großes
heldisches Ereignis, das sie aus der »Banalität« erlöste und dem es sich zu
verschreiben galt. Bekanntlich wurde der Ausbruch des ersten Weltkrieges
nicht nur in Deutschland begeistert gefeiert. Brechts Fähnrich, der mit
»Augen wie Opferflammen« in den Krieg zieht, verkörpert diese damals
in großen Teilen der Jugend vorherrschende Stimmung. Die Begeisterung
aber legte sich zumindest bei den Einsichtigeren infolge der konkreten Erfahrung des Krieges rasch. Diese Abkühlung und eine damit verbundene
Orientierungslosigkeit ist beispielsweise an Ernst Stadlers Gedicht »Der
Aufbruch« abzulesen, auch wenn Stadler keineswegs zu den Kriegsbegei-
sterten gehört hatte. Die in Wilhelm Klemms gleichnamigem Gedicht beschriebene Marneschlacht markierte schon im September 1914 den Übergang vom Bewegungs- zum Stellungskrieg, und die großen Material-
schlachten bei Verdun und an der Somme im Jahre 1916 machten auch dem
letzten klar, daß dieser Krieg nicht war, wofür man ihn gehalten hatte:
eine durch Enthusiasmus rasch zum Sieg getragene heldisch-patriotische
Großtat, sondern ein dreckiger Stellungskrieg, dessen abstumpfender Verlauf die pseudoidealistisch-patriotische Zielsetzung zunehmend aushöhlte.

Bekanntlich ergaben die letzten Kriegsjahre eine innenpolitische Polarisierung, die im November 1918 zum, allerdings unorganisierten, Kieler
Matrosenaufstand führte und zur Novemberrevolution in München.[4]

· Man wird von den expressionistischen Kriegsgedichten nicht dessen
ökonomisch-politische Analyse erwarten dürfen: sie gehören mit wenigen
Ausnahmen auch nicht zum Besten, was der Expressionismus auf litera-
rischem Gebiet geleistet hat. Schon die subjektive Erlebnisperspektive, die
in den meisten Gedichten den Beobachterstandpunkt vorgibt, muß das Er-
kenntnisfeld eingrenzen. Es sind zumeist Impressionen des Kriegsgesche-
hens, bei Lichtenstein schon zu Kriegsbeginn skeptisch-ironisch gebrochen.
Auch der eigene Tod wird so vorweggenommen. Tatsächlich fielen Lichten-

---

[3] Hier ist die Wirkung einer Vielzahl der regressiv-pseudoidealistischen Schriften
zu erwähnen, die die »gesellschaftliche und politische Zurückgebliebenheit
Deutschlands als höhere staatliche und kulturelle Form« verherrlichten (G. Lukács, zit. b. F. Fischer, Krieg der Illusionen. Düsseldorf 1969. S. 65.). Zu
den einflußreichen, eine chauvinistische, militaristische, z. T. rassistische Politik
propagierenden Autoren dieser Richtung gehörten Paul de Lagarde, Julius Lang-
behn, Houston Steward Chamberlain, Heinrich von Treitschke.

[4] Siehe dazu: A. J. Ryder, The German Revolution of 1918. Cambridge 1967
und Arthur Rosenberg, Entstehung der Weimarer Republik. Frankfurt 1961.
S. 223ff.

stein wie auch Stadler, Trakl (durch Selbstmord nach der Schlacht bei Grodek), Lotz schon in den ersten Kriegswochen.

Bei Klemm, Oskar Kanehl und insbesondere August Stramm dominieren expressionistische Metaphorik und Sprachverknappung. Bei Stramm wird situative Verwirrung, Brutalität und Angst bei einem »Sturmangriff« oder auf einer »Patrouille« gleichsam durch Peinigung der Syntax selbst (z. B. antigrammatische Nominalisierung von Verben und Verbalisierung von Nomen) zur Darstellung gebracht. Dagegen zählt das Lazarettgedicht von Klemm beinahe nur noch katalogisch die Formen der Verletzungen und Entstellungen auf. Es ist erschreckend, wie die von Benn vorweggenommene synekdochische Reduktion des Menschen auf seine körperlichen Verfallssymptome sich hier im ersten Weltkrieg massenhaft realisierte.

Die Gedichte von Ernst Toller, Walter Hasenclevers Gedicht auf den schon 1914 ermordeten französischen Sozialistenführer Jaurès, Hasenclevers »1915« sowie das Gedicht von Becher signalisieren die weltanschauliche Grundeinstellung vieler Expressionisten vor allem während des Krieges: gegen Krieg und Völkerhaßparolen appellieren sie pazifistisch an die Brüderlichkeit aller Menschen, beschwören sie, gerade auf Grund der vernichtenden Erfahrung des Krieges, die Erneuerung des Menschen.[5]

Gegen die messianischen Erlösungsvisionen steht die eher skeptische Ironie eines Lichtenstein, Klabund, auch das Schlußgedicht des sonst nicht weiter bekannten Georg Hecht. Es erschien, wie auch die Gedichte von Kanehl und Klemm in der von Franz Pfemfert herausgegebenen Anthologie von Kriegsgedichten »1914–1916« (Berlin 1916) und transzendiert in der Beschreibung eines sterbenden Soldaten die Erlebnisperspektive zu einer zeichenhaften Figur des grauenvollen Geschehens des ersten Weltkrieges.

---

[5] In seinem anregenden, aber sehr einseitigen Aufsatz über »›Größe und Verfall‹ des Expressionismus« reduziert Georg Lukács die Weltanschauung des Expressionismus weitgehend auf den Pazifismus und rechnet solches »Kapitulantengewimmer« auch noch der Sammelideologie des Faschismus zu. (In: F. Raddatz (Hg.), Marxismus und Literatur. Bd. 2. Hamburg 1969. S. 7ff.) Diese in ihrer Vergröberung und Einseitigkeit ungerechte Einschätzung des Expressionismus hat bereits Ernst Bloch in »Diskussion über Expressionismus« zu Recht kritisiert (ebd., S. 51ff.).

Der Krieg I

Aufgestanden ist er, welcher lange schlief,
Aufgestanden unten aus Gewölben tief.
In der Dämmrung steht er, groß und unerkannt,
Und den Mond zerdrückt er in der schwarzen Hand.

In den Abendlärm der Städte fällt es weit,
Frost und Schatten einer fremden Dunkelheit,
Und der Märkte runder Wirbel stockt zu Eis.
Es wird still. Sie sehn sich um. Und keiner weiß.

In den Gassen faßt es ihre Schulter leicht.
Eine Frage. Keine Antwort. Ein Gesicht erbleicht.
In der Ferne wimmert ein Geläute dünn
Und die Bärte zittern um ihr spitzes Kinn.

Auf den Bergen hebt er schon zu tanzen an
Und er schreit: Ihr Krieger alle, auf und an.
Und es schallet, wenn das schwarze Haupt er schwenkt,
Drum von tausend Schädeln laute Kette hängt.

Einem Turm gleich tritt er aus die letzte Glut,
Wo der Tag flieht, sind die Ströme schon voll Blut.
Zahllos sind die Leichen schon im Schilf gestreckt,
Von des Todes starken Vögeln weiß bedeckt.

Über runder Mauern blauem Flammenschwall
Steht er, über schwarzer Gassen Waffenschall.
Über Toren, wo die Wächter liegen quer,
Über Brücken, die von Bergen Toter schwer.

In die Nacht er jagt das Feuer querfeldein
Einen roten Hund mit wilder Mäuler Schrein.
Aus dem Dunkel springt der Nächte schwarze Welt,
Von Vulkanen furchtbar ist ihr Rand erhellt.

Und mit tausend roten Zipfelmützen weit
Sind die finstren Ebnen flackend überstreut,

Und was unten auf den Straßen wimmelt hin und her,
Fegt er in die Feuerhaufen, daß die Flamme brenne mehr.

Und die Flammen fressen brennend Wald um Wald,
Gelbe Fledermäuse zackig in das Laub gekrallt.
Seine Stange haut er wie ein Köhlerknecht
In die Bäume, daß das Feuer brause recht.

Eine große Stadt versank in gelbem Rauch,
Warf sich lautlos in das Abgrunds Bauch.
Aber riesig über glühnden Trümmern steht
Der in wilde Himmel dreimal seine Fackel dreht,

Über sturmzerfetzter Wolken Widerschein,
In des toten Dunkels kalte Wüstenein,
Daß er mit dem Brande weit die Nacht verdorr,
Pech und Feuer träufet unten auf Gomorrh.

ALBERT EHRENSTEIN

Der Kriegsgott

Heiter rieselt ein Wasser,
Abendlich blutet das Feld,
Aber aufreckend
Das wildbewachsene Tierhaupt,
Den Menschen feind, zerschmetter ich, Ares,
Zerkrachend schwaches Kinn und Nase,
Türme abdrehend vor Wut, eure Erde.
Lasset ab, den Gott zu rufen, der nicht hört.
Nicht hintersinnet ihr dies:
Meine Unterteufel herrschen auf Erden,
Sie heißen Unvernunft und Tollwut.
Menschenhäute spannt ich
An Stangen um die Städte.
Der ich der alten Burgen wanke Tore
Auf meine Dämonsschultern lud,
Ich schütte aus die dürre Kriegszeit,
Steck Europa in den Kriegssack.

Rot umblüht euer Blut
Meinen Schlächterarm,
Wie freut mich der Anblick!
Der Feind flammt auf
In regenbitterer Nacht,
Geschosse zerhacken euere Frauen,
Auf den Boden
Verstreut sind die Hoden
Euerer Söhne
Wie die Körner von Gurken.
Unabwendbar euren Kinderhänden
Köpft euere Massen der Tod.
Blut gebt ihr für Kot,
Reichtum für Not,
Schon speien die Wölfe
Nach meinen Festen,
Euer Aas muß sie übermästen.
Bleibt noch ein Rest
Nach Ruhr und Pest?
Aufheult in mir die Lust,
Euch gänzlich zu beenden!

ALFRED LICHTENSTEIN

Prophezeiung

Einmal kommt – ich habe Zeichen –
Sterbesturm aus fernem Norden.
Überall stinkt es nach Leichen.
Es beginnt das große Morden.

Finster wird der Himmelsklumpen,
Sturmtod hebt die Klauentatzen:
Nieder stürzen alle Lumpen,
Mimen bersten. Mädchen platzen.

Polternd fallen Pferdeställe.
Keine Fliege kann sich retten.
Schöne homosexuelle
Männer kullern aus den Betten.

Rissig werden Häuserwände.
Fische faulen in dem Flusse.
Alles nimmt sein ekles Ende.
Krächzend kippen Omnibusse.

ALFRED LICHTENSTEIN

Sommerfrische

Der Himmel ist wie eine blaue Qualle.
Und rings sind Felder, grüne Wiesenhügel –
Friedliche Welt, du große Mausefalle,
Entkäm ich endlich dir . . . O hätt ich Flügel –

Man würfelt. Säuft. Man schwatzt von Zukunftsstaaten.
Ein jeder übt behaglich seine Schnauze.
Die Erde ist ein fetter Sonntagsbraten,
Hübsch eingetunkt in süße Sonnensauce.

Wär doch ein Wind . . . zerriß mit Eisenklauen
Die sanfte Welt. Das würde mich ergetzen.
Wär doch ein Sturm . . . der müßt den schönen blauen
Ewigen Himmel tausendfach zerfetzen.

ALFRED LICHTENSTEIN

Montag auf dem Kasernenhof

Die Hitze ist ganz klebrig an Gewehr und Hand.
Sie sticht die Augen aus. Kein Ding blieb unbesonnt.
Die Mannschaft trieft, noch halb betrunken, in dem Brand.
Starr stehn die Unteroffiziere vor der Front.

Die grelle Erde ist ein totes Karussell.
Nichts regt sich auf. Nichts stürzt. Kein bunter Himmel fliegt.
Sehr selten nur zerreißt ein heiseres Gebell
Die blaue Sau, die auf den Steinbaracken liegt.

ALFRED LICHTENSTEIN

Doch kommt ein Krieg

Doch kommt ein Krieg. Zu lange war schon Frieden.
Dann ist der Spaß vorbei. Trompeten kreischen
Dir tief ins Herz. Und alle Nächte brennen.
Du frierst in Zelten. Dir ist heiß. Du hungerst.
Ertrinkst. Zerknallst. Verblutest. Äcker röcheln.
Kirchtürme stürzen. Fernen sind in Flammen.
Die Winde zucken. Große Städte krachen.
Am Horizont steht der Kanonendonner.
Rings aus den Hügeln steigt ein weißer Dampf
Und dir zu Häupten platzen die Granaten.

ALFRED LICHTENSTEIN

Abschied
(kurz vor der Abfahrt zum Kriegsschauplatz für Peter Scher)

Vorm Sterben mache ich noch mein Gedicht.
Still, Kameraden, stört mich nicht.

Wir ziehn zum Krieg. Der Tod ist unser Kitt.
O, heulte mir doch die Geliebte nit.

Was liegt an mir. Ich gehe gerne ein.
Die Mutter weint. Man muß aus Eisen sein.

Die Sonne fällt zum Horizont hinab.
Bald wirft man mich ins milde Massengrab.

Am Himmel brennt das brave Abendrot.
Vielleicht bin ich in dreizehn Tagen tot.

WALTER HASENCLEVER

Die Lagerfeuer an der Küste rauchen

Die Lagerfeuer an der Küste rauchen.
Ich muß mich niederwerfen tief in Not.
Leoparden wittern mein Gesicht und fauchen.
Du bist mir nahe, Bruder, Tod.
Verworren zuckt Europa noch im Winde
Von Schiffen auf dem fabelhaften Meer;
Durch die ungeheure Angst bricht her
Schrei einer Mutter nach dem kleinen Kinde.
Es starb mein Pferd heut Nacht in meiner Hand.
Wie hast Du mich verlassen, Kreatur!
Aus dem Kadaver steigt das fremde Land
Hinauf zu einer andern Sonnenuhr.

KLABUND

Gewitternacht

Ich liege dämmerungszermalmt.
Die Sonne stürzt. Die Weite qualmt.
Der Himmel ist zerrissen.
Aus Äckerfurchen, Scheunentor,
Aus Schützengräben steigts empor,
Aus Furcht und Finsternissen.

Auf den Gewehren eingeschraubt
Tanzt schillernd jetzt ein grünes Haupt,
Und ihrer werden mehre.
An Unterständen schlank entlang
Schleicht schlangenhafter Grabgesang
Wie Marsch gestorbner Heere.

Und immer mehr und immer fort
Und Rausch und Blut und Sang und Mord
Wir sterben, sterben, sterben.
Der Himmel donnert, Wolke kracht,
Ein Blitz knallt nieder durch die Nacht
Und schmeisst die Welt in Scherben.

Der Aufbruch

Einmal schon haben Fanfaren mein ungeduldiges Herz blutig
    gerissen,
Daß es, aufsteigend wie ein Pferd, sich wütend ins Gezäum ver-
    bissen.
Damals schlug Tambourmarsch den Sturm auf allen Wegen,
Und herrlichste Musik der Erde hieß uns Kugelregen.
Dann, plötzlich, stand Leben stille. Wege führten zwischen alten
    Bäumen.
Gemächer lockten. Es war süß, zu weilen und sich versäumen,
Von Wirklichkeit den Leib so wie von staubiger Rüstung zu ent-
    ketten,
Wollüstig sich in Daunen weicher Traumstunden einzubetten.
Aber eines Morgens rollte durch Nebelluft das Echo von Signa-
    len,
Hart, scharf, wie Schwerthieb pfeifend. Es war wie wenn im
    Dunkel plötzlich Lichter aufstrahlen.
Es war wie wenn durch Biwakfrühe Trompetenstöße klirren,
Die Schlafenden aufspringen und die Zelte abschlagen und die
    Pferde schirren.
Ich war in Reihen eingeschient, die in den Morgen stießen, Feuer
    über Helm und Bügel,
Vorwärts, in Blick und Blut die Schlacht, mit vorgehaltnem
    Zügel.
Vielleicht würden uns am Abend Siegesmärsche umstreichen,
Vielleicht lägen wir irgendwo ausgestreckt unter Leichen.
Aber vor dem Erraffen und vor dem Versinken
Würden unsre Augen sich an Welt und Sonne satt und glühend
    trinken.

WILHELM KLEMM

An der Front

Das Land ist öde. Die Felder sind wie verweint.
Auf böser Straße fährt ein grauer Wagen.
Von einem Haus ist das Dach herabgerutscht.
Tote Pferde verfaulen in Lachen.

Die braunen Striche dahinten sind Schützengräben.
Am Horizont gemächlich brennt ein Hof.
Schüsse platzen, verhallen – pop, pop pauuu.
Reiter verschwinden langsam in kahlem Gehölz.

Schrapnellwolken blühen auf und vergehen. Ein Hohlweg
Nimmt uns auf. Dort hält Infanterie, naß und lehmig.
Der Tod ist so gleichgültig wie der Regen, der anhebt.
Wen kümmert das Gestern, das Heute oder das Morgen?

Und durch ganz Europa ziehen die Drahtverhaue.
Die Forts schlafen leise.
Dörfer und Städte stinken aus schweren Ruinen.
Wie Puppen liegen die Toten zwischen den Fronten.

WILHELM KLEMM

Schlacht an der Marne

Langsam beginnen die Steine sich zu bewegen und zu reden.
Die Gräser erstarren zu grünem Metall. Die Wälder,
Niedrige, dichte Verstecke, fressen ferne Kolonnen.
Der Himmel, das kalkweiße Geheimnis, droht zu bersten.
Zwei kolossale Stunden rollen sich auf zu Minuten.
Der leere Horizont bläht sich empor.

Mein Herz ist so groß wie Deutschland und Frankreich
Durchbohrt von allen Geschossen der Welt.   [zusammen,
Die Batterie erhebt ihre Löwenstimme
Sechsmal hinaus in das Land. Die Granaten heulen.
Stille. In der Ferne brodelt das Feuer der Infanterie,
Tagelang, wochenlang.

OSKAR KANEHL

Schlachtfeld

Schwefelig mit roten Blutspritzern
schwindet die Sonne.
Nur dann und wann
bummst irgendwo ein Mörserschuß.
Lichtläufer suchen am Himmel
feindliches Flugzeug.
Dunkle Meldereiter galoppieren
mit neuen Mordbefehlen.
Manchmal grinst in der Ferne
ein Feuerschein.
Die Schlacht ist müde.
Samariterhunde
wie menschenfreundliche Hyänen
traben über den Plan.
Rotekreuzwagen. Ärzte.
Träger und Trägerinnen.
Verwundete vergessen ihren Völkerhaß,
und Leichen lagern brüderlich.
Schmerzschreie schwer Getroffener.
Röchelnde Rufe Sterbender.
Pferdekadaver. Weggeworfenes
und zerschossenes Krieggerät.
Modergestank.
Letzte Zeilen kritzelt ein Griffel.
Am Freundesherzen horcht ein Kamerad.
Ein Atem stockt. –
Tränen und Siegjubel.
Beten und Fluchen.
Und alles schluckt
die große Nacht.
Ein weißer Totenschädel
scheint der Mond.
In Menschenaugen hacken Krähenschnäbel.

AUGUST STRAMM

Patrouille

Die Steine feinden
Fenster grinst Verrat
Äste würgen
berge Sträucher blättern raschlig
gellen
Tod.

AUGUST STRAMM

Sturmangriff

Aus allen Winkeln gellen Fürchte Wollen
kreisch
peitscht
das Leben
vor
sich
her
den keuchen Tod
die Himmel fetzen
blinde schlächtert wildum das Entsetzen

ALFRED LICHTENSTEIN

Die Granate
(am 22. August 1914 aus dem Felde abgeschickt)

Zuerst ein heller knapper Paukenschlag,
Ein Knall und Platzen in den blauen Tag.

Dann ein Geräusch, wie wenn Raketen steigen.
Auf Eisenschienen. Angst und langes Schweigen.

Da plötzlich in der Ferne Rauch und Fall,
Ein seltsam harter dunkler Widerhall.

GEORG TRAKL

Grodek

Am Abend tönen die herbstlichen Wälder
Von tödlichen Waffen, die goldnen Ebenen
Und blauen Seen, darüber die Sonne
Düstrer hinrollt; umfängt die Nacht
Sterbende Krieger, die wilde Klage
Ihrer zerbrochenen Münder.
Doch stille sammelt im Weidengrund
Rotes Gewölk, darin ein zürnender Gott wohnt
Das vergoßne Blut sich, mondne Kühle;
Alle Straßen münden in schwarze Verwesung.
Unter goldnem Gezweig der Nacht und Sternen
Es schwankt der Schwester Schatten durch den schweigenden
Hain,
Zu grüßen die Geister der Helden, die blutenden Häupter;
Und leise tönen im Rohr die dunkeln Flöten des Herbstes.
O stolzere Trauer! ihr ehernen Altäre
Die heiße Flamme des Geistes nährt heute ein gewaltiger Schmerz,
Die ungebornen Enkel.

WILHELM KLEMM

Lazarett

Jeden Morgen ist wieder Krieg.
Nackte Verwundete, wie auf alten Gemälden.
Durcheiterte Verbände hängen wie Guirlanden von den Schultern.
Die merkwürdig dunklen, geheimnisvollen Kopfschüsse.
Die zitternden Nasenflügel der Brustschüsse.
Die Blässe der Eiternden.

Das Weiße in den vierteloffnen Augen der nahe dem Tode.
Das rhythmische Stöhnen von Bauchgetroffenen.
Der erschrockene Ausdruck in toten Gesichtern.

Die Bauchrednerstimme der Tetanuskranken.
Ihr starres, qualvolles Grinsen, ihr hölzernes Genick.
Die Fetzen geronnenen Blutes, auf denen man ausgleitet.

Die Skala der Gerüche:
Die großen Eimer voll Eiter, Watte, Blut, amputierten Gliedern,
Die Verbände voll Maden. Die Wunden voll Knochen und Stroh.

Einer hockt auf dem stinkenden Lager
Ein großer, kranker, nackter Vogel. Ein andrer
Weint wie ein Kind: Kamerad hilf mir doch!

Der schonende Gang der Arm- und Schulterbrüche.
Das Hupfen der Fuß- und Wadenschüsse, das steife Stelzen
der ins Gesäß geschossenen. Das Kriechen auf allen Vieren.

Ein Darm hängt heraus. Aus einem zerrissenen Rücken
quoll die Milz und der Magen. Ein Kreuzbein klafft um ein
                                                    Astloch.
Am Amputationsstumpf brandet das Fleisch in die Höhe.

Pilzartig wuchernd Ströme von hellgrünem Eiter
fließen; über das Fleisch hinausragend
pulsiert der unterbundene Arterienstamm.

Das fürchterliche, klonische Wackeln des ganzen Stumpfes,
und das Geheul, das Wimmern und Schreien, das Jammern und
                                                    Flehen,
Das schweigende Heldentum und rührende: »fürs Vaterland«.

Bis das Schnappen nach Luft kommt, – und der perlende Schweiß,
und auf graue Gesichter die Nacht sich senkt –
Soldatengrab – zwei Latten über Kreuz gebunden.

WALTER HASENCLEVER

Sterbender Unteroffizier
im galizischen Lazarett

Kleine Schwester Irene,
Bei den Cholerakranken;
Lila Blumen sanken
Auf Abendkähne.
Särge wachsen. Sturm.

Antreten. Trommel. Tod.
Offizier an Grabes Turm
Schnarrt Ehre, Gebot.
Weißer hinter Hügeln
Lemberg, Freude scheint.
Automobile flügeln.
Baracken blutbeweint.
Ärzte ohne Narkose,
Beine ab, zerstampft.
Kleine Schwester, Rose,
Sei den Toten sanft!

ALBERT EHRENSTEIN

Stimme über Barbaropa

Du leuchtest, Sonne, dralles Licht,
Begrünst das Kahle,
Spatzen essen dir schneefröhlich Körner,
Nur im Menschen warfst du nicht Anker,
Er mengt deine Tagessaat
Seinem Dunkel, schattender Zwerg.

Der in die morgende Allnacht
Den Urnebel hauchte,
Die Sternbilder mischte,
Den Feuerfluß ballte zur Sonne,
Seines Affen hatt er nicht acht,
Der Paulverlaus, gierbäuchigen Menschtiers,
Das in Gefilden, Lüften, meereinher
Selbstzerfleischendes Fleisch
In sich sein Geprank schlägt,
Brüllend im Erdversteck
Zum Tod seinesgleichen sucht mit Wut.

O ihr sonnengoldenen Abende,
Dämmerung – wo ist die Brücke des Stroms?
Nebel dräut Graustraße unter der Übernacht,
Verschüttete Gleise, verschwemmt
Die Furten im Überschwall aller Fluten!

Wir taumeln einher im Blutregenmeer,
Säumen im Sumpfwasser des Schlafs
Und wissen nicht Ufer.

Wann endet die Nacht
Euerer Schlacht,
Die Barbaropa, Eurasien durch
Donnert Mordjahre lang!?

Ihr ertränkt euch, ersäuft
Von den Brunnen eures Versiegens,
Matt sinkt Flügelschlag
Der Schwarzschwäne auf Blutflussesflut.
Hört ihr die stillen
Lachen versickernden Eiters
Himmelhinbrüllen?
Hat sein Maul aufgetan der Sand
Und kann nicht mehr.
Weh über das Mutterland,
Gebiert Kampffelder, wo das Gebein ragt –
Krieg zu erklären dem Kriegserklärer.

Ihm grünt das milde Gefild,
Des grünen Vor-Hangs samtnes Fluten.
In den schallenden Hallen
Prahlt beim Mahle
Großkönig der Qualen.

Aas, durch die Weiten und Breiten nur Aas!
Anschwebt, Adler, stoßt die Klauen
Kriegsgekröntem, friedenkrähendem Dämon
Ins Gekrös!

OSKAR KANEHL

Auf dem Marsch

Die Beine baumeln in den Hüften
und unsre Knie beugen sich nach vorne tiefer.
Sehr langsam wir die Straße überwunden.

Durch Brandstätten und Mordfelder,
vor denen uns nicht mehr schauert.
Durch neue Ernte, und Sonne, Sonne,
Die uns nicht mehr wärmt.
Vom vielen Hängen sind die Hände geschwollen.
Das harte Schuhzeug reißt die Füße wund.
Von Schweiß und Staub ist das Gehirn verklebt.
Schlapp zum Hinschlagen.
Aber die Herde treibt alle weiter.
Aus müden Mündern fallen lalle Lieder.
Nur um den Takt.
Kein Mensch freut oder ärgert sich
über den lieben Gott oder das Vaterland,
von dem sein Sang singsangt.
Es gibt überhaupt nicht Freude und Haß mehr in uns.

Wir sind so sehr verkommen.
Nur selten richten Lustigkeiten auf
und sind mechanisch.
Manchmal (sehr trostlos) quält einen
Eine Erinnerung: Du meine Mutter,
und: Du meine liebe Frau.
Dann wieder fällt er in die alte Starre
und stiert vor sich, auf die Kanonenräder,
die mühsam greifenden,
wie vom zermahlenen Stein
die Pulverwolke steigt.
Die Marschkolonne hat den Gleichschritt aufgegeben.
Jeder pendelt im Gleichschritt seiner Körpermaschine.
Irrsinnig eintönig. Irrsinnig eintönig.

ERNST TOLLER

Geschützwache

Sternenhimmel.
Gebändigtes Untier
Glänzt mein Geschütz,
Glotzt mit schwarzem Rohr
Zum milchigen Mond.

Käuzchen schreit.
Wimmert im Dorf ein Kind.
Geschoß,
Tückischer Wolf,
Bricht ins schlafende Haus.
Lindenblüten duftet die Nacht.

ERNST TOLLER

Gang zum Schützengraben

Durch Granattrichter,
Schmutzige Pfützen,
Stapfen sie.
Über Soldaten,
Frierend im Erdloch,
Stolpern sie.

Ratten huschen pfeifend übern Weg,
Sturmregen klopft mit Totenfingern
An faulende Türen.
Leuchtraketen
Pestlaternen ...

Zum Graben zum Graben.

ERNST TOLLER

Leichen im Priesterwald

Ein Düngerhaufen faulender Menschenleiber:
Verglaste Augen, blutgeronnen,
Zerspellte Hirne, ausgespiene Eingeweide,
Die Luft verpestet vom Kadaverstank,
Ein einzig grauenvoller Wahnsinnschrei!

O Frauen Frankreichs,
Frauen Deutschlands,
Seht Ihr Eure Männer!
Sie tasten mit zerfetzten Händen
Nach den verquollnen Leibern ihrer Feinde,
Gebärde, leichenstarr, ward brüderlicher Hauch,
Ja, sie umarmen sich.
O schauerlich Umarmen!

Ich sehe, sehe, bleibe stumm.
Bin ich ein Tier, ein Metzgerhund?
Geschändete . . .
Gemordete . . .

WALTER HASENCLEVER

1915

Noch blasen die Trompeten.
Der Erde Bauch bricht Blut.
Aus Städten, in die wir treten,
Schwefel stinkende Glut.

Heraus aus den öden Kaminen!
Heraus aus dem Schädel der Nacht!
Ihr Geister, einst mir erschienen,
Erhebt Euch über der Schlacht.

Ihr Freunde in endlosen Maßen,
Die Geliebte in Schwesterntracht,
Ihr Menschen, Ihr Völker, Ihr Straßen,
Seid wieder ans Licht gebracht.

Ich selbst hier im dumpfen Kote,
Ich letztes, erbärmliches Tier,
Ich Hund vor einem Stück Brote –
Ich rufe, ich schreie zu Dir.

Ja ich – in dieser Stunde
Stehe ich auf vom Tod.
Ein Atem in meinem Munde
Gibt Kraft der bittersten Not.

Aus den verzweifelten Flächen,
Wo wir das Leben gebüßt:
Auf, die Toten zu rächen!
Ihr Lebendigen, seid gegrüßt.

WALTER HASENCLEVER

Jaurès' Tod

Sein reines Antlitz in der weißen Klarheit
Des Irrtums grauenvolle Spur verließ.
Sie haben ihn gemordet, Geist der Wahrheit,
Trost der Armen von Paris.

Ihn traf die Kugel, deren Schlacht er ahnte
Und geißelte vor seinem Land.
Der allen Menschen einen Frieden bahnte,
Sank hin am Schlag der Bruderhand.

Gott hob ihn aus dem Ende dieser Zeiten,
Ließ ihn nicht mehr die Verzweiflung sehn.
Sein gutes Auge half den Weg bereiten.
Er ist uns nah. Er wird uns auferstehn.

JOHANNES R. BECHER

An den General

. . . Verreckend schau ich feistes Antlitz dich.
Wie spaltest du, elendes Wrack, entzwei!
Aus dess Gehirn entsprang uns Stich bei Stich.
Anschob die Faust purpurene Bastei.
Armeeen stampftest in ein Höllgrab du.
Wozu?!

Schon finstere Haufen sich zusammendrängen.
Es malmt zu Brei dich heulender Ballast.
Die aber schraubten jubelnd hoch sich, schwängen
Wirr tanzend auf der Dächer Silberglast.
Dein Sturz der Völker Paradiesgeläut.
Antönt es heut.

Das muß enorm von Raum zu Räumen schwillen.
Zersplittert Mauern! Rast! Durchbohre Damm!
Da öffnen donnernd sich des Tags Ventile,
Verschoß in Blitzazur der Nächte Schlamm.
Verfluchte ihr des Todes Lieferanten!
Kasernen stranden.

Die Straßen (Häuserchöre streichen) wallen.
Es zückt die Stadt. O weißlich Sommerfest.
Ein Vogellüster auf und niederfallen.
Zu Riesenhalm verwandelt Bajonett.
Umarmt von Tieren Menschen ziehen,
Gestreift süß bunter Melodien.

– So will ich gern dir deine Falten glätten.
Ich fühl mich als des Daseins Untergrund.
Der mußte uns in Knochenwirrnis betten.
Zur Fahn entknospet sich mein Lippenmund,
Daraus elektrisch blättert Strahl und Strahl:
Mein General.

BERTOLT BRECHT

Der Fähnrich

In jenen Tagen der großen Frühjahrsstürme schrieb er's nach
                                                    Haus:
– Mutter . . . Mutter, ich halt's nicht mehr länger aus . . . –
Schrieb es mit steilen, zittrigen Lettern neben der flatternden
                                                    Stallaterne.
Sah, bevor er es schrieb, in das Dunkel, seltsam geschüttelt, hinaus
Wo ein Gespenst herschattete, grauenhaft, fremd und fern.

Lauschte dem harten
Klirren der Schaufeln, die seine toten Freunde einscharrten.
Und schrieb es besinnungslos nieder, das »Mutter, ich halt's nicht
mehr aus«.

Und drei Tage drauf, als seine Mutter über dem Brief schon weinte
Riß er hinweg über Blut und Leibergekrampf
Den zierlichen Degen gezückt, die Kompagnie zum Kampf
Schmal und blaß, doch mit Augen wie Opferflammen.
Stürmte und focht und erschlug, umnebelt von Blut und Dampf
In trunkenem Rasen – *fünf* Feinde . . .
Dann bracht er im Tod, mit irren, erschrocknen Augen, auf-
schreiend zusammen.

GEORG HECHT

Leichnam

(Auf einer Feldpostkarte an Franz Pfemfert)

Schon war das Hindernis von Leichen
übersprungen, da traf die Stirn das Blei.
Er brach im Kreuz zusammen, ohne Schrei,
hintüber, zuckte kaum. Auf seinesgleichen

lag er, von ihm fielen eben andre drei,
so daß sein Fuß in ihren Weichen
sich verhenkte, und er, ein aufrecht Zeichen,
steckend stehen blieb. Die Arme waren frei

und halb erhoben aus der Lache
von Blut und Erde, fest in steter
Andachtsbeugung der antike Beter,
zeugend Wort und Sinn der fremden Sache.

5. Moderne Arbeitswelt

Wie eng der Themenkomplex »Moderne Arbeitswelt« einerseits mit der gesamten Kultur- und Zivilisationskritik des Expressionismus zusammenhängt, andererseits mit dessen Vision vom neuen Menschen, macht insbesondere das Eingangsgedicht dieser Gruppe: Karl Ottens »Arbeiter!« deutlich. Die Kritik bezieht sich hier nicht in erster Linie auf die soziale Ordnung in der Produktionssphäre, sondern auf das im modernen Produktionsprozeß gegebene Entfremdungsverhältnis des Menschen zur Natur und zu sich selbst, insofern moderne Produktion auf dem Prinzip kalkulierter Berechnung basiert, »Zahlenzwang«, mithin die Vermittlung der Subjekt- und Objektsphäre und der Subjekte untereinander durch ihn geregelt wird.

Das entspricht der von Simmel kritisierten Transformierung des modernen Geistes in einen »rechnenden« und der später so von Lukács in »Geschichte und Klassenbewußtsein« genannten »Verdinglichung« der modernen Welt.[1] Während aber der Marxist Lukács gegenüber der »Mechanisierung, Entseelung, Verdinglichung« in der Kategorie des Proletariats die Perspektive einer dialektischen Umkehr der zum Objekt versachlichten Menschen zum konkreten Subjekt der Geschichte festhielt, war der Expressionismus hier eher skeptischer. Ottens Gedicht spricht die Befürchtung aus, daß durch ein zur Herrschaft kommendes Proletariat dieselben entfremdeten Produktionszwänge, der gleiche »Gott mit Zeitung, Zahl und Kriegen« inthronisiert würde, mithin die Entfremdung des Menschen durch menschenfremde Sachzwänge nicht aufgehoben wäre. Ottens Perspektive geht hier mit der skeptischen Perspektive expressionistischer Dramatiker wie Georg Kaiser, Carl Sternheim, Ernst Toller, Reinhard Goering durchaus konform.[2]

---

[1] Der Begriff der Verdinglichung wurde von Georg Lukács in Anlehnung an Marx' Warenanalyse im »Kapital« und an den Begriff der »Kalkulation« von Max Weber geprägt. Dabei begreift Lukács Verdinglichung als das Prinzip eines dem quantifizierenden Versachlichungszwang unterworfenen rationalisierenden, rechnenden Denkens, das in gleicher Weise in der modernen Produktionssphäre, in der »Bureaukratie« und in der Theoriebildung zur Herrschaft gelangt. Er geht mithin nicht undialektisch von einer als prima causa von Entfremdung gesetzten ökonomischen »Basis« aus, sondern von der Totalität und systematischen Einheitlichkeit der Subjekt-Objekt-Beziehungen in der modernen Gesellschaft. (G. Lukács, Die Verdinglichung und das Bewußtsein des Proletariats. In: G. L., Geschichte und Klassenbewußtsein. Neuwied und Berlin 1970 (1923[1]), S. 170ff.). Zum geschichtsphilosophischen Hintergrund des Verdinglichungsbegriffs und zu seiner Bedeutung für die Analyse der Sprache und der modernen Literatur siehe: Silvio Vietta, Sprachverdinglichung und neue Medien. Erscheint München 1976.

[2] So beschreiben Georg Kaisers »Gas«-Dramen, die einen vorbildlich sozialisti-

Allerdings klammert sich auch Otten an eine messianisch-utopische Hoffnung: die Erneuerung des Menschen von innen heraus. »Herz« ist das Zentralwort dieser Erneuerungsvision, die der Versachlichung und Verdinglichung der gesellschaftlichen Verhältnisse entgegengehalten wird. In diesem Sinne muß Ottens Gedicht wie auch Yvan Golls »Panamakanal« in engem Zusammenhang mit der expressionistischen Lehre vom neuen Menschen gesehen werden (Gedichtgruppe 9). Für Goll wird der Panamakanal geradezu Symbol einer möglichen Weltverbrüderung.

Paul Zech, der aus sozialem Idealismus als Metallarbeiter und Bergmann tätig war und wohl der bekannteste Arbeiterdichter unter den Expressionisten ist, schreibt nicht im großen dithyrambischen Stil Ottens und Golls, sondern bevorzugt im Gedichtband »Das schwarze Revier«, dem die hier abgedruckten Gedichte entnommen sind, beinahe durchgehend die Sonettform. Die Darstellung von Typen und Ereignissen aus dem Bergmannsbereich zielt auch hier über die unmittelbare Erfahrungssphäre am Arbeitsplatz hinaus auf eine Grundsatzkritik der modernen Industrialisierung. Ansonsten ist dieser Gedichttypus, auch das Gedicht von Klabund, in Sprachduktus und Inhalt noch der naturalistischen Zivilisationskritik verbunden.[3]

---

schen Betrieb zum Schauplatz haben, mithin in gesellschaftlicher Besitzverteilung nicht mehr das Hauptproblem einer hochindustrialisierten Gesellschaft sehen, Carl Sternheims »Der Snob« und »1913« sowie Ernst Tollers »Die Maschinenstürmer«, mit unterschiedlichen Akzenten, die moderne Produktionssphäre und das in ihr wirksame Prinzip der Rationalisierung und steten Steigerung von Produktivität als eine tendenziell sich selbst zerstörende Dynamik. Daß beim Entwicklungsstand der Produktivkräfte hinter die moderne Technologie und Industrie nicht mehr zurückzukehren ist, hat insbesondere Ernst Toller in seinem Drama »Masse Mensch« erkannt und ausgesprochen.

[3] Gegenüber dem aufs ›Wesen‹ moderner Zivilisation gerichteten Expressionismus hatte sich der Naturalismus, seinem positivistisch-naturwissenschaftlichen Realitätsbegriff entsprechend, in seiner Kritik stärker auf die negativen Erscheinungsformen moderner Zivilisation bezogen. Die Zivilisationskritik des Naturalismus äußerte sich insbesondere in der breit ausgemalten Schilderung des durch die ökonomische Umwälzung bedingten Elendsmilieus.

Arbeiter!

Arbeiter! Dich an Rad, Drehbank, Hammer, Beil, Pflug
    geschmiedeten Lichtlosen Prometheus rufe ich auf!
Dich mit der rauhen Stimme, dem groben Maul.
Dich Mensch voll Schweiß, Wunden, Ruß und Schmutz
Der du gehorchen mußt.
Ich will euch nicht fragen was ihr da arbeitet.
Wozu es dient, ob es recht oder unrecht, gut oder schlecht gelohnt,
Ob überhaupt ein Lohn euch vergelten kann eure finstere Arbeit.
Ob überhaupt Geld ist der Ausdruck oder das Pflaster
Das diese Arbeit unschuldig sinnvoll eines Lohnes wert macht.
Diese Nacht währt lang seit Jahren schwärzeste Findernis
Ballt sie ihr feuchtes Hemd vor unseren stummen Mund.
Ich sehe nicht ob ihr errötet.
Niemand kann in euer Herz schaun.
Ihr wißt trotz allem trotz allem
Daß ihr Nummern seid!
Gleichwo: in der Fabrik im Gefängnis im Lazarett in der Kaserne
    auf dem Friedhof,
Ihr seid da für eine Statistik deren Summe, deren Steigen, Fallen,
    Stocken
In jeder Zeitung zu lesen ist.
Ebenso eure Kinder, eure Frauen, eure Eltern, Schwestern und
    Brüder.
Es geht euch besser man sieht es an der Statistik:
Ihr seid freier man hört es aus den Vereinen
Ihr seid satt man merkt es an Fahnen und Musik
Ihr seid fleißig man fühlt es am guten Tuch eurer Anzüge, den
    Schuhen eurer Frauen.
Du verstehst mich? Im Herzen, tief im letzten Schacht
Bist du wach, unzufrieden, philosophisch, aufrührerisch.
Du hast tief im Blut die Bitternis der Züchtigung, des Zahlen-
    zwanges.
Wie einen Engel, unsagbar fremd und unaussprechlich
Leidest du stumm das Rätsel dieser sinnvollen Knechtschaft.
Arbeiter, Proletarier, Sohn der Fabrik, des Hinterhofes, des
    Kinos, Nic Carters und Bordells!

Der du von Kartoffeln und Brot lebst, zwölf Menschen auf zwei
    Stuben,
Dessen Kinderhimmel verdunkelt war von Neid und Prügeln
Der du brutal und bösartig nur darnach trachtest dich an den
    Deinen zu rächen
Der du träumst von der Teilung, vom Meer, von den Alpen, den
    Palästen und Gärten der Reichen
Der du hungrig bist nach den blitzenden Lampen, Spiegeln,
    Locken, Sesseln und Frauen –
Ihr erwartet den Tag! Das Licht! Die Vergeltung! Den Tag da
    heimgezahlt wird:
Auge um Auge Zahn um Zahn!
Strahlend wird er aufgehn, feierlich ewige Sonne über jenem
    Kirchturm
Und euer Siegesschrei wird übertönen tiefstes Todesröcheln!
Ihr habt euer Programm ihr habt eure Propheten euer ist der
    Sieg!
Er muß kommen denn er läßt sich berechnen!
Berechnen! Und ich höre eure Schritte
Jahrtausende um die Maschine poltern
Die taub ist jedem Beten jeder Bitte.
Ihr schweigt und wartet laßt euch foltern.

Und wie das Herz in immer schwächern Schlägen
Ablaufend Jahr an Jahr gebunden
Schlug es im Takt der Räder Kolben Sägen
Da habt ihr freudig mitgeschunden.

Da hat der Tanz der fauchenden Maschinen
Euch eingelullt und eingeschraubt
Der Eisenfeuergeldgott fuhr aus ihnen
In euer Herz. Er ist es den ihr glaubt.

Ihn wollt und werdet ihr errichten
Den gleichen Gott mit Zeitung Zahl und Kriegen
Der jetzt die Menschheit quält mit blutigen Gesichten
Gemetzel Brand mit Börse Orden Siegen.

Es wird geschehn, o wäre es morgen heute
Daß euch die Augen aufgehn blutig nüchternem Erwachen
Der letzte Rest von Herz, des Ekels Beute
Aus eurer Kehle stürzt, o fürchterlich Erwachen!

Dich ruf ich Sohn der dampfenden Galeere
Ich halte dich auf dieser Insel Schreck
Im Blutmeer Angstmeer Feuermeere
Im Sturm der letzten Schreie der Gefallenen
Der Mütter Bräute Säuglinge
Der Flüche Schreie Bitten Fieberlallen
Der Angeschossenen Brennenden Vergifteten
Der Verschütteten Zerrissenen
Der Irrsinnigen aus Angst Hunger Gift –
Du bist Mensch wie ich!
Du sollst und kannst denken!
Du hast einzutreten für jeden Hebeldruck
Jeden Hammerschlag, jeden Groschen den du mehr verdienst,
Jedes Wort das du verschleuderst verlogen verschimpfst!
Weißt du, daß du die Pflicht hast
Mensch zu sein, Erdbewohner, eine Seele zu haben, ein Herz!
Arbeiter, mein dunkler Bruder, du hast ein Herz!
Dein Herz verpflichtet dich der Menschheit.
Von deinem Herzen geht alles Leid
In alle Herzen.
Allen Herzen ist dein Herz im gleichen Schlag verbunden.
Dein Herz belebt versöhnt verflucht schlägt Todeswunden
Reiß es aus der Maschine Brustkorb aus dem Netz der Drähte
Beeile dich, Blut fließt, fließt, beeile dich als träte
Der Tod dich an. Du kannst die Menschheit retten!
Du Sohn der Menschheit, dessen Schwielen alle Herren
    schmeichelnd lecken,
Von deinem Herzen deiner Güte deinem Sein
Von dir allein
Du Sohn der Magd, du Christi Bruder
Hängt ab ob Licht in dieses Meer von Blut und Mördern dringt!
Dein Ziel dein Sieg dein Glück ist innen!
Im Herzen drin, es ist es ist! so wahr dein Herz schlägt,
Nur das Herz gewinnen
Kann diesen Kampf der gegen dich erklärt.

Dein Herz ist jenes das die Kugel spitz durchfährt
Gleichgültig wer es trägt: es litt und bangte
Hoffte sang war klein und arm
Und eines Menschen deines Bruders Herz.
Man gab dir Brot Geld Arbeit und Erlaubnis –
Ich gebe dir dein Herz!
Glaube an dein Herz, an deine Gefühle, an deine Güte, an *die*
      Güte, an die Gerechtigkeit!
Glaube, daß es einen Sinn hat zu glauben,
Zu glauben an die Ewigkeit der Güte,
An die Menschheit, deren Herz du bist.
Nur die Güte wird siegen, die Liebe, Sanftmut.
Der starke unbeugsame Wille zur Wahrheit
Der steifnackige Entschluß endlich zu sagen was man fühlt
Und daß nichts seliger beglückt als die Wahrheit.
Sei Menschenbruder! Sei Mensch! Sei Herz! Arbeiter!

Yvan Goll

Der Panamakanal

Die Arbeit

I
Wo einst der Karaibe träumend sein leichtes Geflöß
Über die Seen trieb, wo bunte Papageien
In verwachsenem Urwald hingen, und mit frechen Litaneien
Die Affen im Schlinggewächs sich verfolgten, bissig und bös,

Wo stolz der Spanier einst, waffenglänzend, mit leichtem Sieg
Die Erde küßte und wie Adam schon sein eigen nannte
Und gleich den Gott, der lohenden Feuern wie eine Blume entstieg,
Mit seinem Fuß zertrat, weil er den andern kannte,

Begannen kleine, schwarze Eisenbahnen
Wie Würmer nach einem Sturm im August,
Sich einzubohren in breiter Berge Brust;
Es flatterten des Rauches weiße Meldungsfahnen.

Sie fraßen rissige Wunden in die kreidigen Felsen,
Und starre Urwaldpalmen wurden rings gefällt,
Zu Scheiten, zu Stangen, zu Pfählen gespellt –
Die Kranenstorche flügelten überall mit langen, stochernden
Hälsen.

2

Wo aber Steinwust lag, grau, mit grünem Mergel und Moor
War der Boden wie Aas so faul, und so gier und gar   [gefleckt,
Ging sein Fieberhauch, daß die Träume, die er gebar,
Zu giftigen Schwaden wurden, von weißer Sonne umbleckt.

Alle Mattheit, die die Erde schwitzte, ward zu wulstigem
Moskitogewimmel,
Schwälte langsam wie Rauch über Graben und Trift;
Heißer wurde von ihrem Geschmeiß und Gesumm der
Mittagshimmel,
Jeden Stich von Sonne füllten sie mit einem Schuß von Gift.

Und aus den Sümpfen stieg mit grünbraun unterwühlten
Augen eine Pest und überspie Tat und Plateau
Und hatte schwarze Zähne, und diese stanken so
Bei ihrem Biß, daß ihre Opfer schon wie Aas sich fühlten.

Doch wozu sprangen in Mexikos Länderein
Die braunen Petroleumbrunnen? Pest zerstörte Pest!
Bald waren Schlucht und Dschungel vom bunten Fett durchnäßt:
Und langsam wuchs in dieser Öde dann ein Telegraphenhain.

3

Rasend waren im Sommer die Ströme, warfen schäumend sich in
den Betten,
Quollen vor Kraft und schweiften schlemmend durch das Tal;
Aber Dämme bogen ihren Lauf wie einen Degen von Stahl
Und zwangen die Wasser, daß sie in steile Betonwand sich retten.

Wie sie schäumten! Wie sie schrieen!
Nie ertrugen sie die falsche Gewalt der Dämme!
Und sie stauten sich und spieen,
Stürzten die Berge von Lehm und füllten sie wie Schwämme,

Tummelten sich im alten Bette wieder,
Fanden rasch die trockenen Strudelschnellen,
Würgten die angewachsenen Häuser und Schleusen nieder,
Sprangen wie Hunde mit Wutgeschäum und gereiztem Bellen.

Ratten waren die flirrenden Gewässer
Schrillen Rufs in Spalt und Riß, über Schienen und Deichen,
Ihre Wellenschwänze glänzten wie ein Spiel von Messern,
Und sie fraßen sich satt an gedunsenen Pferde- und Menschen-
                                              leichen.

4

Rings auch bäumte die Erde sich vor all dem Frevel,
Und ihr rindiger Leib, ihr dürstender, wand sich gequält
Wie eine Natter, wenn sie neu sich schält,
Bis aus rauchigen Schluchten stieg gelbbeizender Schwefel.

Gebirge, voller Licht und Schrei und Lauf,
Fielen wie Gips und Gebälk, Lehmlawinen
Untergruben Menschen, Schienen und Maschinen –
Totenstille staute sich auf . . .

Nicht ein Zeichen hatte das Beben angesagt:
Keinem Häuer entfiel die Axt, keinem Heizer hatte der Hebel
                                              gezittert:
Aber Eidechsenrisse hatten die Mauern plötzlich benagt,
Dächer stürzten, Boden barst, Stangen und Steine wurden
                                              zersplittert.
Und ein müder, müder Regen floß
Und beweinte das begrabne Werk von Jahren,
Nirgends ward dem Menschen ein Bundgenoß:
Wo er neue Wiegen gebaut, türmten sich Bahren.

5

Städte indes, Städte waren wie Moos im Felsgespalt angeschossen:
Städte aus Ziegeln, Städte aus Stroh oder spitzem Gezelt;
Um ein Badehaus, ein Krankenhaus, ein Gotteshaus gestellt
Rauchten die Hütten der Werker, von Sonne wie Tran überflossen.

Alle Rassen mischten sich: feurige und düstere Söhne,
Alle schluckten gleiches Himbeereis, alle brieten in gleichen
                                                        Pfannen
Fische des Sees, und sie tanzten sonntags zusammen;
Denn dies Eine band sie alle: Hunger und Löhne.

Aber unfern jeder Stadt und jeder Kolonie
Lagen die großen Totenstädte, bunt wie Gärten;
Täglich scholl hier fremder Völker Melodie,
Täglich andre Trauerzüge: solche mit ungeschorenen Bärten,

Andre, die stumm zum höchsten Fest des Toten schritten,
Andre, die bei lautem Klang des Gongs klagten, was sie litten.
O hier schieden sich die ewig fremden Erdensitten:
Wo ein Kreuz mit Kranz stand, wo ein Stein lag, roh und
                                                  unbeschnitten.

6
Da von Zeit genagt, von Blut gehöhlt, mit Gold ohne Zahl
Geätzt wuchs durch See, Gefels und Sandwust quer
Endlich der Kanal.
Bogenlampen leiteten ihn nachts von Meer zu Meer.

Tags aber war von Metall und Dampf und Pumpengefauch ein
Den manchmal nur eine Wolke von Dynamit   [Schall,
Dunkel überschäumte – und ihr Hall
Und Echo brach sich in Fernen erst, im Dschungel, wo kein Mensch
                                                      noch schritt.

Je an Ein- und Ausgang wuchsen die eisernen Schleusen,
Jeden Zoll von kleinlichem Hammer beschlagen,
Ungeheure Flügel, von windigen Stahlgehäusen
Wie von Promethiden tief in das Bett getragen.

Und wenn diese Tore sich öffnen werden,
Wenn zwei feindliche Ozeane mit Gejubel sich küssen –
O dann müssen
Alle Völker weinen auf Erden.

Das Fest

Alles, was dein ist, Erde, wird sich nun Bruder nennen,
Alle Wasser, die bittern und die süßen,
Die kalten Ströme und die Quellen, die brennen,
Werden zusammenfließen.

Und dort wird der Herzschlag der Erde dauernd wohnen,
Wo des Golfstroms Natter sonnenschuppig sich ringelt
Und mit heißem Blutlauf die Kaps und Inseln aller Zonen
Umzingelt.

Feuerholz Brasiliens. Tannenstamm aus Nord
Und Europas glatter, gleißender Stahl:
Schiffe finden sich von jedem Dock und Fjord
Hier am Kanal.

Und der Rauch der Kohlen aus fernen Ländern und Schichten,
Aus tausendjährigem Wald, aus schwer zerdrücktem Quarz,
Wächst wie ein breiter Baum zu den Wolken, den lichten,
Aus der Erde Schwarz.

So ergießt in Freiheit jeder Erdfleck seine Schwere,
Wird zu Einem Himmel über der Völkerzahl,
Und beim Rauschelied der Motore und der Meere
Zittert der Kanal.

Rot, gelb, grün dazwischen hängen die Wimpelgirlanden
Von den Masten wie Vögel in einem großen Bauer,
Wiegen sich in bunter Parade in fremden Windes Schauer
Von Stange zu Stange;

Singt ein jeder das Lied seines Herrn und seines Lands
Und es ist ein Geflitter von Sprachen und Lauten;
Aber die vielgereisten Matrosen und Argonauten
Verstehen sich ganz.

Alle Menschen im Hafen, auf den Docks, in den Bars,
Alle reden sich voll Liebe an,
Ob im Zopf, im Hut, in Mütze, ob blond oder schwarzen Haars,
Mann ist Mann.

Jeder Mann ein Bruder, den man schnell erkennt,
Jenes Aug aus Mahagoni, jenes ein Dolch aus Erz,
Jenes, das wie ein Stern in ruhigen Nächten brennt,
Jenes, eine Blume voll Schmerz:

Ach die Augen aller trinken Brüderschaft
Aus der Weltliebe unendlich tiefer Schale:
Denn hier liegt verschweißt und verschwistert alle Erdenkraft,
Hier im Kanale.

PAUL ZECH

Fabrikstraße tags

Nichts als Mauern. Ohne Gras und Glas
zieht die Straße den gescheckten Gurt
der Fassaden. Keine Bahnspur surrt.
Immer glänzt das Pflaster wassernaß.

Streift ein Mensch dich, trifft sein Blick dich kalt
bis ins Mark; die harten Schritte haun
Feuer aus dem turmhoch steilen Zaun,
noch sein kurzes Atmen wolkt geballt.

Keine Zuchthauszelle klemmt
in ein Eis das Denken wie dies Gehn
zwischen Mauern, die nur sich besehn.

Trägst du Purpur oder Büßerhemd –:
immer drückt mit riesigem Gewicht
Gottes Bannfluch: *uhrenlose Schicht.*

PAUL ZECH

Kohlenhütte

Wie im Bienenstock die triefend gelben Waben,
scheinen Fenster aus dem finsteren Basalt,
gähnt ein schienenstrang-durchhöhlter Spalt,
durch den Tag und Nacht die Güterwagen traben.

Tag und Nacht das tonlos hohle Atemholen
unsichtbarer Uhren, das den Werktag dreht,
ohne Pause hart durch tausend Hände geht
und das Gold herausstampft aus den schwarzen Kohlen.

Ganz verschollener Völker Jubilaten wohnen
Zell' in Zell' gepreßt mit Kind und Frau
in dem riesenhaft durchpulsten Wolkenbau.

Und jahraus, jahrein geschiehts, daß eine von den Drohnen,
einer von den Schlotbaronen, im Genick
tief den Mordstoß, abfährt –: Schicksal um Geschick.

PAUL ZECH

Der Hauer

Die breite Brust schweratmend hingestemmt,
hämmert er Schlag für Schlag die Eisenpflöcke
in das Gestein, bis aus dem Sprung der Blöcke
Staub sprudelt und den Kriechgang überschwemmt.

Im schwanken Flackerblitz des Grubenlichts
blänkert der nackte Körper wie metallen;
Schweißtropfen stürzen, perlenrund im Fallen,
aus den weit offenen Poren des Gesichts.

Der Hauer summt ein dummes Lied zum Takt
des Hammers und zum Spiel der spitzen Eisen
und stockt nur, wie von jähem Schreck gepackt,

wenn hinten weit im abgeteuften Stollen
Sprengschüsse dumpf wie Donnerschläge rollen
und stockt und läßt die Lampe dreimal kreisen.

Seilfahrt

Das eichene Tor, mit Stacheln schroff bezackt,
fährt widerwillig aus den Eisenkappen.
Schwer über den Teer der Pflastersteine klappen
viel Nägelschuhe mörderischen Takt.

Wie eine aufgescheuchte Herde zwängt
das schwarze Heer sich in das Fröstellicht der Lampen,
schleift schläfrig über rundgewölbte Rampen
und brandet in der Kaue Brust an Brust gedrängt.

Der Steiger prüft die aufmarschierte Fracht
und liest kommandolaut
die aufnotierten Namen aus der Liste.

Knirscht dann der Dampfstrom über die Gerüste –:
schnellt sie, wie Bündel Stroh verstaut,
das Förderseil hinunter in den Schacht.

PAUL ZECH

Kleine Katastrophe

Zehn Männer wurden vom Gestein erschlagen,
vom Rauch verschluckt und wieder ausgespien.
Der Doktor stolperte mit eingesackten Knien
und ließ die Leichen in das Schauhaus tragen.

Zerstückelt, schwarz verbrannt und rot zerschunden,
so lagen sie in Reih und Glied;
was in der Früh noch sang sein Morgenlied,
verblutete aus unverbundenen Wunden.

Schon schwätzen Ahnungen, die blinden Boten
sich in das Dorf hinunter und von Haus zu Haus
und trieben die erschrockenen Frauen hinaus.

Die stürmten das vergitterte Portal
des Beingebäudes in verbissener Qual
und schlugen sich verzweifelt um die Toten.

GUSTAV SACK

Der Prolet

Was treibt dich, dieses Leben fortzufahren,
Prolet in deinem schmierigen Gewand,
nachdem der Wollust jugendlicher Brand
erlosch nach allzu schnell verrauschten Jahren?

Hohläugig, hager, mit ergrauten Haaren,
so stehst du vor dir selber angespannt
und schleppst dich in ein sonnenloses Land,
um dich zuletzt dem Ekel zu verpaaren

und in der nächsten Pfütze zu verenden.
O könntest du den Blick noch einmal heben,
o könnt' ich dir mit meinen weißen Händen

der Rache Fackelbrände übergeben,
daß sie in einem seligen Verschwenden
verzehrten uns und dein zertretnes Leben!

KLABUND

Proleten

Sieben Kinder in der Stube
Und dazu ein Aftermieter,
Hausen wir in feuchter Grube,
Und der blaue Tag – o sieht er
Uns, verbirgt er sein Gesicht.
Gebt uns Licht, gebt uns Licht!

Büsse Weib die Ehe, büsse.
Wie wir einst uns selig wähnten –
Sehn wir jetzt nur noch die Füsse
Der an uns Vorübergehnden . . .
Keiner, der mal stehen bliebe . . .
Gebt uns Liebe, gebt uns Liebe!

Mancher schläft auf nacktem Brette.
Unsre Älteste, die Katze,
Schnurrt dafür in einem Bette
Mit dem Mieter, ihrem Schatze.
Die Moral ist für den Spatz . . .
Gebt uns Platz, gebt uns Platz!

In dem Sausen der Maschinen,
In dem Fauchen der Fabrik,
Wo sind Berg und Reh und Bienen
Und der Sterne Goldmusik?
Unser Ohr ist längst verstopft . . .
Hämmer klopft, Hämmer klopft!

Und so kriechen unsre Tage
Ekle Würmer durch den Keller,
Und wir hungern, und wir klagen
Nie: schon pfeift die Lunge greller;
Schmeisst die Schwindsucht uns in Scherben . . .
Lasst uns sterben, lasst uns sterben!

6. Gott ist tot – Gespräche mit Gott

Die Bedeutung des Nietzschewortes »Gott ist tot« für die expressionistische Generation kann wahrscheinlich gar nicht überschätzt werden. Der
Nihilismusbegriff ist die wohl wichtigste geistesgeschichtliche Voraussetzung
des Kulturpessimismus der Epoche. Unter dem Aspekt der Verfalls-
geschichte von Metaphysik und Religion werden die moderne Zivilisation
und ihre Entfremdungsaspekte erfahren.

Der Nihilismusbegriff soll hier nicht noch einmal erläutert werden.[1] Es
ist nur daran zu erinnern, daß der Nihilismus als radikale Konsequenz
eines neuzeitlich aufklärerischen Skeptizismus nicht nur den traditionellen
Gottesbegriff angreift, sondern überhaupt den Bereich idealer und letzter
Wertsetzungen in Frage stellt, indem er sie als bloße Setzungen des Subjekts zu entlarven sucht. Begriffe wie ›Gott‹, ›Wahrheit‹, ›Einheit‹ sind
nicht ›an sich‹, sondern vom Menschen gemachte »Zweck-Hypothesen«,
Interpretationen einer ›an sich‹ unbekannten Wirklichkeit, die letztlich
allein »der Steigerung menschlicher Herrschafts-Gebilde« dienten. Das war
Nietzsches These.

Die Erfahrung der leeren Transzendenz und, damit gegeben, der er-
kenntnistheoretischen Bodenlosigkeit findet sich allenthalben in der expressionistischen Literatur.[2] Das Ausmaß, in dem der Expressionismus die an
sich philosophische Fragestellung nach metaphysischen Grundbegriffen auf-
nimmt und verarbeitet, unterscheidet diese Epoche wesentlich vom erkennt-
nistheoretisch naiven Naturalismus und auch von der Neuromantik. Daß
in Gustav Sacks Gedicht »Gott« Begriffe wie »Ding an sich«, »Wahrheit«,
»letzter Grund« auftauchen, daß in Wilhelm Klemms Gedicht »Hölle« die
Entfremdung des ›Ideals‹ allegorisch dargestellt wird, mag einem Leser,
der sein Lyrikverständnis an den Gedichten Goethes und der Romantik
geprägt hat, sogar ›unlyrisch‹ erscheinen.[3] Zwar weist gerade auch Goethes
Lyrik eine bedeutende gedankliche Komponente auf, aber doch zumeist

[1] Siehe die Einleitung zu Teil 1 u. die dort abgedruckten Texte Friedrich Nietzsches.
[2] Das gilt insbesondere auch für die erkenntnistheoretische Reflexionsprosa Carl
Einsteins und Franz Kafkas. Kafkas Schloß im gleichnamigen Roman ist der-
zeit vom Herausgeber des Kafkaschen Werkes, Max Brod, als Symbol göttlicher
Gnade interpretiert worden. Die neuere Kafkaforschung hat sich mit Recht
gegen eine solche Verkürzung der Interpretation gewandt. So betont K.-P. Phi-
lippi in seinem Buch »Reflexion und Wirklichkeit. Untersuchungen zu Kafkas
Roman ›Das Schloß‹« (Tübingen 1966), daß metaphysische Vorstellungen in
Kafkas »Schloß« positiv gerade nicht mehr faßbar wären, daß sie »inhaltlich
nur negativ bestimmt« seien (a.a.O., S. 224). Zur Kafkaforschung allgemein
siehe: P. Beicken, Franz Kafka. Eine kritische Einführung in die Forschung.
Frankfurt 1974. Darin zum Roman »Das Schloß«: S. 328ff.
[3] So wird in Emil Staigers »Grundbegriffen der Poetik« (Zürich 1946) jenes historisch vermittelte, an der Goethezeit orientierte Lyrikverständnis normativ für
das Lyrische schlechthin gesetzt.

stärker rückgebunden an die konkrete Anschauung. Man wird hier also zum Teil sein Lyrikverständnis modifizieren müssen.

Zu den formalen Ausdrucksmitteln des Metaphysikverlustes gehören Naturmetaphern – beispielsweise in Loerkes »Die Ebene« und Trakls »De profundis« – und eine exzessive Ästhetik des Häßlichen, die, wie in Benns Gedichten, so insistent vor der Körperlichkeit und ihren Verfallssymptomen verharrt, weil auf der Suche nach einem »Fleck, der gegen die Verwesung spräche!! – / Das Fleckchen, wo sich Gott erging...!!!«[4] Metaphern der Weglosigkeit, der Öde, des ewig unerlösten Herumirrens finden sich häufig bei Heym als Ausdruck der leeren Transzendenz, sein »Infernalisches Abendmahl« wie auch Lichtensteins »Die fünf Marienlieder des Kuno Kohn« gehören zu den unzähligen Beispielen expressionistischer Literatur, in denen traditionell religiöse Motive travestiert bzw. parodiert werden.[5]

Wie eng Ichzerfall, Wahnsinn- und Selbstmordmotive mit dem hier zur Rede stehenden Thema zusammenhängen, braucht kaum noch eigens erwähnt zu werden. Gerade an der Lyrik eines so gefährdeten Menschen wie Jakob van Hoddis läßt sich ablesen, in welchem Maße die Erfahrung transzendentaler Obdachlosigkeit die Identitätsfindung erschwerte. Bei van Hoddis ist sie gescheitert. Sein Versuch einer Rückkehr zu christlichen Glaubensinhalten war zugleich ein Ringen mit Schizophrenieschüben – die Gedichte »Und zu mir kam der Gott zum zweiten Male«, »Weh mir, dem Gott die nackten Sonnen wies« und »Nachtgesang« legen Zeugnis davon ab. Von 1914 an lebte van Hoddis in Heilbehandlung, bis ihn die Nazis aus der Heilanstalt Bendorf-Sayn zur Vergasung deportierten.[6]

Expressionistische Autoren greifen vor allem dort, wo sie intensive Beziehung mit dem Transzendenten suchen, auf Sprechformen und Bilder der Mystik zurück. Ernst Stadler, Else Lasker-Schüler, Franz Werfel, Karl Otten, Kurt Heynicke, Max Herrmann-Neisse bieten Beispiele dafür. So tauchen in Stadlers »Anrede« (»Ich bin nur Flamme, Durst und Schrei und Brand...«) eben jene Metaphern des Lichtes und des körperlichen Entzuges auf, die schon in der altdeutschen Mystik ›brennendes‹ Verlangen nach Aufhebung in Gott zum Ausdruck brachten.[7] Stadlers »Spruch« (in Gedichtgruppe 9) zitiert geradezu einen Mystiker: Angelus Silesius (»In

---

4 Gottfried Benn, Gesammelte Werke in vier Bänden. Hg. v. D. Wellershoff. Bd. 3. Wiesbaden 1963². S. 37.

5 Es gibt in der abendländischen Literatur eine lange Tradition solcher Travestien und Parodien auf christliche Glaubensinhalte und Symbole. Siehe dazu: G. Zacharias, Satanskult und schwarze Messen. Wiesbaden 1964. In der Literatur des 19. Jahrhunderts sind in diesem Zusammenhang insbesondere die Satanslitanei von Baudelaire und Joris Karl Huysmans Roman »Là-Bas« (deutsch: »Tief unten«. Köln 1963) zu erwähnen.

6 Siehe: Jakob van Hoddis, Weltende. Zürich 1958. S. 125.

7 Zur Bedeutung religiöser Motive im Expressionismus siehe: W. Rothe, Der Mensch vor Gott: Expressionismus und Theologie. In: W. Rothe (Hg.), Ex-

einem alten Buche stieß ich auf ein Wort... Mensch, werde wesentlich!«).
Auch das Problem der Unsagbarkeit und Namenlosigkeit Gottes, das im
Alten Testament zum Bilderverbot führte und die gesamte Mystik durch-
zieht, findet sich in Gedichten wie Kurt Heynickes »Das namenlose Ange-
sicht« und Karl Ottens »Gott« (»Ich kann deinen Namen nicht sagen...«).
Aber der Schluß dieser Gedichte ist – gegenüber der Sehnsucht des Mysti-
kers, in Gott aufgehoben zu sein – auch symptomatisch für die Moderne:
»Du bist wo alles ist... Wo Mensch den eignen Namen stammelt.«
(»Gott«) und: »Gott, der Menschen eigene Tat – / Gott!« (»Das namenlose Angesicht«).
Dennoch, das Ich, aus dem kosmischen Verband ausgesondert, will sich
zurücknehmen in die ursprüngliche Identität. Daß es vielfach mit einem
vagen Gefühl ungerichteter religiöser Sehnsucht in sich selbst zurückfällt,
markiert, trotz aller Ähnlichkeit in Bild- und Denkfiguren, den Abstand
zur Mystik des Mittelalters und auch noch des Barock.[8]
Weil die traditionellen Glaubensinhalte nicht mehr ungebrochen gelten
seit der Aufklärung und insbesondere seit Nietzsches Radikalisierung
ihrer Metaphysikkritik, neigt religiöse Sehnsucht in der Moderne dazu,
ersatzmetaphysische Zielsetzungen zu supponieren. Bei expressionistischen
Autoren wie Trakl, van Hoddis, Lasker-Schüler, Kafka, Einstein, Sternheim schlägt sich Metaphysikverlust als eine positiv letztlich nicht mehr
füllbare Leerstelle im Text nieder. Die messianischen Expressionisten aber
füllten das ideologische Vakuum mit ihren Erlösungs- und Menschheitsver-
brüderungsvisionen. So verquicken sich in dieser Lyrik vielfach die Idee
der Menschheitsverbrüderung mit christlich religiösen Motiven wie in Gerrit Engelkes »Mensch zu Mensch«: »Einiggroße Menschheitsfreunde, Welt-
und Gottgemeinschaft / Werde!«
Brechts »Hymne an Gott«, das abschließende Gedicht dieser Gruppe,
stellt dagegen noch einmal die Grundfrage des neuzeitlichen Nihilismus:
»Sag mir, was heißt das dagegen – daß du nicht bist?« Bekanntlich hat
Brecht im weiteren Verlauf seines Lebens diese Frage durch ein sozial-
revolutionäres kommunistisches Engagement zu lösen versucht. Aber es ist
auch die Frage, inwieweit solche weltanschaulichen Wendungen, indem sie
ersatzmetaphysische Vorstellungen in sich aufheben, noch im Bannkreis
christlicher Metaphysik stehen.

pressionismus als Literatur. Bern und München 1969. S. 48ff. und C. Eykman,
Zur Theologie des Expressionismus. In: C. Eykman, Denk- und Stilformen des
Expressionismus. München 1974. S. 63ff.
[8] Eberhard Lämmerts am expressionistischen Verkündigungsdrama gewonnene
Einsicht, daß im expressionistischen Drama vielfach an die Stelle der Religion
das »Erlebnis der Religiosität« getreten sei, gilt auch für die religiöse Lyrik
des Expressionismus. (E. Lämmert, Das expressionistische Verkündigungsdrama. In: H. Steffen (Hg.), Der deutsche Expressionismus. Göttingen 1965.
S. 149.) Die Verschiebung in den Erlebnisbereich bedeutet eine Subjektivierung
des Religiösen und damit zugleich eine Abnabelung von seiner metaphysischen
Quelle.

Gott

Aus Furcht geboren und vom Wunsch verschönt,
ein Bild unsrer Vollkommenheit zu malen,
wurdest du Jude und zum Kannibalen,
der eifervoll dem Bruderfraße frönt;

dann nährtest du dich, opferblutgewöhnt,
von unsrer Selbstzerfleischung Folterqualen,
bis deine Wut verdämmerte zum fahlen
Gespenst, das hohl und wimmernd uns umstöhnt:

Oh Ding an sich! Oh Wahrheit! Letzter Grund!
Nun stirbst du – – dennoch fachte dieses Wort
all unsrer Sehnsucht Narrenschmerzen und

Gelüste an und unsre Welt verdorrt
noch in den Dünsten, die dein toter Mund
aushaucht, zu einem runden Narrenort.

WILHELM KLEMM

Hölle

Das Arsenal der Qualen schloß uns ein.
Die künstlichen und natürlichen Ungeheuer kamen, uns zu bespein.
Spruchbänder rollten aus ihren Mündern hervor,
Mit schimpflichen Worten beschrieben. Ein schinniger Tenor
Hieß uns unter Zwangslachen willkommen.

Nester von Seuchen, schleppten sich unsre Leiber gebückt,
Unsre entehrten Seelen grinsten verrückt.
Der Nachtwind heulte seine hysterischen Quinten,
Ein Liliput-Hexensabbat erhob sich ganz hinten –
Die Ausleerungen der Hölle umdunsteten uns.

Nur weiter! Mut! Auch aus Höllen führt ein Weg zum Licht!
Das Ideal! Dort thront es. Endlich! Nun fürchtet euch nicht!
Und als die Sonne aufging, klein wie ein Knopf,
Kämmte es seinen mächtigen Hundekopf.
Da hatten wir genug.

Oskar Loerke

Die Ebene

Ins Ungewisse bleicht das Himmelshaus,
Die Ebne klingt ins Ungewisse aus.
So spricht der Wind zu mir: »Sie haben
Den lieben Gott der Welt begraben,
Ein rotes Pferd fuhr ihn mit düsteren Schabracken.«
Nah liegen Hügel Sandes hingeduckt wie Weinende,
Ihr Sand ergraut, der Scheinende.
Nun stehe ich auf ihrem Nacken.
Wie ist die Ebene so groß
Wie ist die Welt so heimatlos!

Albert Ehrenstein

Christus spricht

Des Mondes Bauch nimmt ab,
Das Meer verrauscht,
Die Welt vereist,
Der Schleier der Nacht
Fällt mit den Sternen.
Der Herbstkranich ruft.
Ich wische mir den Fuß ab,
Der eure Erde betrat.
Ich bin das Feuer,
Ihr habt mich kalt gemacht.
Wer wird die Sonne anzünden,
Wenn es Winter ist.

GEORG TRAKL

De Profundis

Es ist ein Stoppelfeld, in das ein schwarzer Regen fällt.
Es ist ein brauner Baum, der einsam dasteht.
Es ist ein Zischelwind, der leere Hütten umkreist.
Wie traurig dieser Abend.

Am Weiler vorbei
Sammelt die sanfte Waise noch spärliche Ähren ein.
Ihre Augen weiden rund und goldig in der Dämmerung
Und ihr Schoß harrt des himmlischen Bräutigams.

Bei der Heimkehr
Fanden die Hirten den süßen Leib
Verwest im Dornenbusch.

Ein Schatten bin ich ferne finsteren Dörfern.
Gottes Schweigen
Trank ich aus dem Brunnen des Hains.

Auf meine Stirne tritt kaltes Metall
Spinnen suchen mein Herz.
Es ist ein Licht, das in meinem Mund erlöscht.

Nachts fand ich mich auf einer Heide,
Starren von Unrat und Staub der Sterne.
Im Haselgebüsch
Klangen wieder kristallne Engel.

JAKOB VAN HODDIS

Klage

Wird denn die Sonne alle Träume morden,
Die blassen Kinder meiner Lustreviere?
Die Tage sind so still und grell geworden.
Erfüllung lockt mit wolkigen Gesichten.
Mich packt die Angst, daß ich mein Heil verliere.
Wie wenn ich ginge, meinen Gott zu richten.

JAKOB VAN HODDIS

Die Wolken winden sich . . .

Die Wolken winden sich wie Leinentuch,
Im Himmel spür' ich gräßliche Exzesse.
Die Engel fürchten sich vor Gottes Fluch
Und haben Zigaretten in der Fresse.

Denn Luzifer ist heute eingeladen
Und geht mit einem sicherlich zu Bett.
Durch sieben Himmel zieht in dicken Schwaden
Dampf vom Tabak und Armesünder-Fett.

GEORG HEYM

Das infernalische Abendmahl

I
Ihr, denen ward das Blut vor Trauer bleich,
Ihr, die der Sturm der Qualen stets durchrast,
Ihr, deren Stirn der Lasten weites Reich,
Ihr, deren Auge Kummer schon verglast,

Ihr, denen auf der jungen Schläfe brennt
Wie Aussatz schon das große Totenmal,
Tretet heran, empfangt das Sakrament
Verfluchter Hostien in dem Haus der Qual.

Besteigt die Brücke auf dem schwarzen Fluß,
Darüber wallet der Verfluchten Schar.
Und dunkel grüßt euch groß der Portikus,
Durch den in Dämmrung glänzt der Hochaltar,

Den tausend Kerzen schmücken, die von Blut
Und Fett der Ungebornen sind gedreht.
Wo Knochen hängen, und der rote Sud
Teuflischen Weihrauchs euch entgegenweht.

Wo Priester in der höllischen Soutane
In Reihen knien, zu hellem Meßgeläut,
Wo von den Kanzeln Fahne über Fahne
Wie rote Höllenflamme euch bedräut.

Ein nackter Abt bläht vor dem Götterbild
Den feisten Bauch, da er die Messe singt.
Er greift den Kelch, mit rotem Blut gefüllt,
Den hoch er auf das Haupt der Menge schwingt.

»Trinket mein Blut.« Er trinkt den Becher leer,
Der in sein Herz wie rote Lava quillt.
Sein Gaumen leuchtet wie ein rotes Meer,
Der von dem Glanz des Götterblutes schwillt.

Auf euren Schläfen, wo der Horst der Qual,
Die schwarze Bastion der Hölle droht,
Springt eine Flamme auf, die spitz und schmal
Wie der Skorpione schwarze Zunge loht.

Nachtschwarze Wolken drängen in den Dom
Voll Sturm und Blitzen durch das große Tor.
Ein Wetter tost. Im schwarzen Regenstrom
Versinkt der Orgel Ton im fernen Chor.

Die Gräber springen auf. Der Toten Hand
Streckt weiß und kalt die Knochenfinger aus.
Sie winken euch aus ihrem dunklen Land.
Und ihr Geschrei erfüllt das Riesenhaus.

Die Fliesen brechen auf. Die Lethe braust
Tief unten über einen Wasserfall.
Der Abgrund schwindelt Meilen tief und saust
Voll ungeheurer Stürme weitem Hall.

Die Höllensöhne fahren ihn herab
Mit schwarzem Takelwerk durch den Typhon.
Sie schauen singend in das weite Grab
Vom Totenkopfe ihrer Schiffs-Galion.

II

Hoch wo das Dunkel seine Schatten türmt
Durch Ewigkeiten fern vom Grund der Qual,
Hoch oben, wo im Dom der Regen stürmt,
Erscheint des Gottes Haupt, wie Morgen fahl.

Die weiten Kirchen füllt der Sphären Traum
Voll Schweigen, das wie leise Harfen klingt,
Da, wie der Mond vom großen Himmelsraum,
Des Gottes weißes Haupt heruntersinkt.

Tretet heran. Sein Mund ist süß wie Frucht,
Sein Blut ist, wie der Wein, langsam und schwer.
Auf seiner Lippen dunkelroter Bucht
Wiegt blaue Glut von fernem Sommermeer.

Tretet heran. Wie Flaum von Faltern zart,
Wie eines jungen Sternes goldne Nacht,
Zittert sein Mund, in seinem goldnen Bart,
Wie Chrysolith in einem tiefen Schacht.

Tretet heran. Wie einer Schlange Haut
So kühl ist er, weich wie ein Purpurkleid,
Wie Abendrot so sanft, das übergraut
Brennender Liebe wildes Herzeleid.

Der Gram gefallner Engel ruht, ein Traum,
Auf seiner Stirn, der Qualen weißem Thron,
Wie Schläfer traurig, denen floh zum Saum
Des blassen Morgens ihre Vision.

Tiefer als tausend leere Himmel tief
Ist seine Schwermut, wie die Hölle schön,
Wo in den roten Abgrund sich verlief
Ein bleicher Sonnenstrahl aus Mittagshöhn.

Sein Leid ist wie ein Leuchter in der Nacht,
Schauet die Flamme, die sein Haupt umloht,
Und doppelhörnig in der düstren Pracht
Aus seinem Lockenwald ins Dunkel droht.

Sein Leid ist wie ein Teppich, drauf die Schrift
Der Kabbalisten brennt durch Dunkelheit,
Ein Eiland, den vorbei ein Segler schifft,
Wenn in den Bergen fern das Einhorn schreit.

Sein Leib trägt eines Schattenwaldes Duft,
Wo großer Sümpfe Trauervögel ziehn,
Ein König, der durch seiner Ahnen Gruft
Nachdenklich geht in weißem Hermelin.

Tretet heran, entflammt von seinem Gram.
Trinkt seinen Atem, der so kühl wie Eis,
Der über tausend Paradiese kam,
Voll Duft, der jeden Kummer weiß.

Er lächelt, seht. Und eurer Seele Bild
Wird wie ein Weiher, der im Schilfe schweigt,
Wo leis des Hirtengottes Flöte schwillt,
Der durch die Lorbeerschlucht heruntersteigt.

Schlaft ein. Die Nacht, die schwarz im Dome hängt,
Verlöscht die Lampen an dem Hochaltar.
Der große Adler seines Schweigens senkt
Auf eure Stirn sein dunkles Schwingenpaar.

Schlaft, schlaft. Des Gottes dunkler Mund, er streift
Euch herbstlich kühl, wie kalter Gräber Wind,
Darauf des falschen Kusses Blume reift,
Wie Mehltau giftig, gelb wie Hyazinth.

ALFRED LICHTENSTEIN

Die fünf Marienlieder des Kuno Kohn

Erstes Lied:

So viele Jahre sucht ich dich, Maria –
In Gärten, Stuben, Städten und Gebirgen,
In Buden, Dirnen, in Theaterschulen,
In Krankenbetten und in Irrenzimmern,

In Küchenmädchen, Schreien, Frühlingsfeiern,
In allen Wettern und in allen Tagen,
In Kaffeehäusern, Müttern, Tänzerinnen
Ich fand dich nicht in Kneipen, Kinobildern,
Musiklokalen, Sommerdampferfahrten . . .
Wer sagt die Qual, wenn ich in Nacht auf Straßen
Nach dir zum toten Himmel schrie –

Nächstes Lied:

Der dich so sucht, Maria, wird ganz grau.
Der dich so sucht, verliert Gesicht und Bein.
Zerfällt im Herzen. Blut und Traum entweicht.
Käm ich zur Ruh . . . Wär ich in deiner Hand . . .
O, nähmst du mich in deine Augen auf . . .

Hohes Lied:

Maria du – daran zu denken, wie
Ich dich empfand . . . Der schwere Kopf versinkt –
Meer nur und Mond – Meermond und Wind und Welt –

Um deine weiße Haut der weiße Sand, Maria –
Dein Haar . . . Dein Lächeln . . . Rings ist Meer und Not
Und Ruf und Sehnsucht und ein sanftes Glück –

All dieses Singen, das so müde macht . . .
Kommt nicht der Himmel wie ein Mutterlied
Zur Stirn des Kindes hin und hin zu uns –

Trauriges Lied:

Jetzt geh ich wieder zwischen Tagen, Tieren,
Gestein und tausend Augen und Getön –
Der Fremdeste. Ich mußte dich verlieren . . .
Dein Sündenleib, Maria, war so schön –

Jetzt such ich wieder zwischen Tagen, Tieren,
Gestein und Lärm vergeblich deine Spur.
Jetzt weiß ich auch: ich mußte dich verlieren . . .
Ich fand nicht dich – dein Name war es nur –

Letztes Lied:

Komm nur, mein Regen ... fall mir ins Gesicht –
Gelbe Laternen ... werft die Häuser um –
Heile und glatte Wege will ich nicht.

So ist es schön ... nur im Laternenschein ...
Maria ... dunkler Regen ringsherum –
So geht sichs gut. Ich möchte bei dir sein.

Was sind mir Berge und das flache Land –
Was Städte mir und bunter Nacht Hypnose –
Zurück zum Meer ... Zurück zum Sternenstrand.

Du bist nicht ganz Maria, die ich suchte.
Doch bist auch du Maria – Grenzenlose ...
Geliebte ... Törin ... sehnsüchtig Verfluchte ...

ALFRED LICHTENSTEIN

Die Fahrt nach der Irrenanstalt I

Auf lauten Linien fallen fette Bahnen
Vorbei an Häusern, die wie Särge sind.
An Ecken kauern Karren mit Bananen.
Nur wenig Mist erfreut ein hartes Kind.

Die Menschenbiester gleiten ganz verloren
Im Bild der Straße, elend grau und grell.
Arbeiter fließen von verkommnen Toren.
Ein müder Mensch geht still in ein Rondell.

Ein Leichenwagen kriecht, voran zwei Rappen,
Weich wie ein Wurm und schwach die Straße hin.
Und über allem hängt ein alter Lappen –
Der Himmel ... heidenhaft und ohne Sinn.

FRANZ WERFEL

Zweifel

Der tote Fluß stockt unter totem Dunst.
Ein Trupp von Menschen stolpert greisen Trott.
Verfaulter Rachen Röcheln kutzt und grunzt –
Der Himmel staut sich ohne Stern und Gott.

Dem Bergmann-Führer an der Stange schwankt
Laternen-Angst, die wie mit Aussatz fleckt
Den Fäulnisschein der Nacht, den sie durchkrankt,
Und Stirn und Wangen-Einsturz überschreckt.

Kein Schrei – wenn plötzlich Glas aufklirrt und knarrt,
Und zahnlos zynisch unten Wasser platscht.
Kein Licht mehr. – Nur das alte Chaos starrt,
Indes ein Fisch die fette Fläche klatscht.

Nacht! Und auf den verwirrten Händen schwiert
Ein Phosphor, der in Eiter grün gerinnt.
Ein kleines Lachen durch die Stille friert,
Das nie sich seiner Kindheit mehr besinnt.

ERNST STADLER

Zwiegespräch

Mein Gott, ich suche dich. Sieh mich vor deiner Schwelle knien
Und Einlaß betteln. Sieh, ich bin verirrt, mich reißen tausend
      Wege fort ins Blinde,
Und keiner trägt mich heim. Laß mich in deiner Gärten Obdach
      fliehn,
Daß sich in ihrer Mittagsstille mein versprengtes Leben wieder-
      finde.
Ich bin nur stets den bunten Lichtern nachgerannt,
Nach Wundern gierend, bis mir Leben, Wunsch und Ziel in Nacht
      verschwunden.
Nun graut der Tag. Nun fragt mein Herz in seiner Taten Ker-
      ker eingespannt

Voll Angst den Sinn der wirren und verbrausten Stunden.
Und keine Antwort kommt. Ich fühle, was mein Bord an letzten
    Frachten trägt,
In Wetterstürmen ziellos durch die Meere schwanken,
Und das im Morgen kühn und fahrtenfroh sich wiegte, meines
    Lebens Schiff zerschlägt
An dem Magnetberg eines irren Schicksals seine Planken. –

Still, Seele! Kennst du deine eigne Heimat nicht?
Sieh doch: du bist in dir. Das ungewisse Licht,
Das dich verwirrte, war die ewige Lampe, die vor deines Lebens
    Altar brennt.
Was zitterst du im Dunkel? Bist du selber nicht das Instrument,
Darin der Aufruhr aller Töne sich zu hochzeitlichem Reigen
    schlingt?
Hörst du die Kinderstimme nicht, die aus der Tiefe leise dir ent-
    gegensingt?
Fühlst nicht das reine Auge, das sich über deiner Nächte wildste
    beugt –
O Brunnen, der aus gleichen Eutern trüb und klare Quellen
    säugt,
Windrose deines Schicksals, Sturm, Gewitternacht und sanftes
    Meer,
Dir selber alles: Fegefeuer, Himmelfahrt und ewige Wiederkehr –
Sieh doch, dein letzter Wunsch, nach dem dein Leben heiße
    Hände ausgereckt,
Stand schimmernd schon am Himmel deiner frühsten Sehnsucht
    aufgesteckt.
Dein Schmerz und deine Lust lag immer schon in dir verschlossen
    wie in einem Schrein,
Und nichts, was jemals war und wird, das nicht schon immer dein.

ERNST STADLER

Anrede

Ich bin nur Flamme, Durst und Schrei und Brand.
Durch meiner Seele enge Mulden schießt die Zeit
Wie dunkles Wasser, heftig, rasch und unerkannt.
Auf meinem Leibe brennt das Mal: Vergänglichkeit.

Du aber bist der Spiegel, über dessen Rund
Die großen Bäche alles Lebens geh'n,
Und hinter dessen quellend gold'nem Grund
Die toten Dinge schimmernd aufersteh'n.

Mein Bestes glüht und lischt – ein irrer Stern,
Der in den Abgrund blauer Sommernächte fällt –
Doch deiner Tage Bild ist hoch und fern,
Ewiges Zeichen, schützend um dein Schicksal hergestellt.

ELSE LASKER-SCHÜLER

Gott hör ...

Um meine Augen zieht die Nacht sich
Wie ein Ring zusammen.
Mein Puls verwandelte das Blut in Flammen
Und doch war alles grau und kalt um mich.

O Gott und bei lebendigem Tage,
Träum ich vom Tod.
Im Wasser trink ich ihn und würge ihn im Brot.
Für meine Traurigkeit gibt es kein Maß auf deiner Waage.

Gott hör ... In deiner blauen Lieblingsfarbe
Sang ich das Lied von deines Himmels Dach –
Und weckte doch in deinem ewigen Hauche nicht den Tag.
Mein Herz schämt sich vor dir fast seiner tauben Narbe.

Wo ende ich? – O Gott!! Denn in die Sterne,
Auch in den Mond sah ich, in alle deiner Früchte Tal.
Der rote Wein wird schon in seiner Beere schal ...
Und überall – die Bitternis – in jedem Kerne.

Franz Werfel

De Profundis

Aus meinem Abgrund zu dir aufgedreht,
Aus dieser Tiefe höre mein Gebet!
Es ruft der Mensch, der auf den Straßentagen
An deinem Stand langsam vorübergeht.

Laß deine Welt, mein Gott, mich nicht ertragen!
Vergönne mir das fürchterliche Schlagen,
Des Lebens Schauder, deines Werkes Graun,
Wenn die Gestalten durcheinanderzagen.

Gieß furchtbar Einsicht in mein leeres Schaun,
Daß die Geschöpfe schmelzen ab und taun,
Und daß ich selbst in meinem Blick vergehe,
Um aus dem Tod mich reiner aufzubaun!

Schreckliche Gnade, Einsehn, wenn ich sehe
Des Himmels Eisgang, eines Vogels Nähe, –
Laß mir die Angst vor allem, was geschieht,
Das Aufwärts-Staunen vor des Waltens Wehe!

Lösch mich nicht aus, eh' ich dahingeriet,
Daß ich noch schaudre, wenn der Flor verzieht,
Und Luzifer mit Morgenflügeln flieht!
Aus meinen Tiefen hör ich mich zu dir rufen:
Laß, was ich bin, mich sein und bleiben, Lied!

Jakob van Hoddis

Und zu mir kam der Gott zum zweiten Male...

Und zu mir kam der Gott zum zweiten Male,
Vom Auge kaum durch grause Nacht erkannt.
Und segnend bot er goldkristallne Schale,
Und Trank und Perlen wogten bis zum Rand.

Ich wandte mich mit zögerndem Verachten
Da brach – ein Blitz – der Schale reiches Rund.
Er sank zurück in seiner Wolke Nachten.
Kein Laut entfloh dem schmerzverzerrten Mund.

JAKOB VAN HODDIS

Weh mir, dem Gott die nackten Sonnen wies . . .

Weh mir, dem Gott die nackten Sonnen wies
Und fahler Höllenstädte grelles Leid.

Und Donner, Licht und Meere reden hieß.
Er höhnt mich nur in meiner Einsamkeit.

Ich kann den Tag nicht lieben, den ich schuf,
Und jene dunklen Wolken, die ihn kränzen.
Zwar ist er milde, keines Feindes Ruf
Dröhnt an sein Tor, ganz blasse Blumen glänzen –

JAKOB VAN HODDIS

Nachtgesang

Das Abendrot zerriß die blauen Himmel.
Blut fiel aufs Meer. Und Fieber flammten auf.
Die Lampen stachen durch die junge Nacht.
Auf Straßen und in weißen Zimmern hell.

Und Menschen winden sich vom Lichte wund.
Die Strolche schreien. Kleine Kinder schluchzen,
Von Wäldern träumend, ängstlich. Ein Verrückter
Hockt lauernd auf im Bette: Soll ich fliehen?

»Was sind wir aus dem Mutterleib gekrochen
Denn jeder möchte doch ein andrer sein.
Und jeder bohrt dir seine Augen ein
Und drängt sich schamlos ein in deinen Traum
Und seine Glieder sind an deinen Knochen
Als gäb es keinen Raum.

Und Menschen wollen immer noch nicht sterben
Und keiner wallt so einsam wie der Mond.
Und selbst der Mond bedeutet nur Verderben.
Denn seine Liebe wird mit Tod belohnt. –

Tief unter mir erstirbt die kranke Nacht.
Und grauenhaft steigt bald der Morgen auf.
Flugs schlägt er tot das Schwarz.
Was tut er wilder
Als Bruder Gestern, den die Nacht verschlang?«

Tropetenstöße vom verfluchten Berge –
Wann sinken Land und Meer in Gott?

KARL OTTEN

Gott

Ich kann Deinen Namen nicht sagen.
Gebirge von Gedanken den Mantel ihrer Stärke um dich schlagen.
Du bist ohne Tiefe.
Trätest du den Grund der Ozeane deine Füße blieben trocken.
Sage ich Dich
Bin ich nicht ich, Zacke am Schatten der Unnennbaren
Die in deines Atems Baumschaukel gebaren.
Bin ich ein Komma in ihren Sprüchen.
Aber die Nacht deiner Prüfungen hat mich Eule aufgestört.
Dein großes Licht hinter allen Fernen blendet meine häutigen
                                                            Augen.

Wenn ich abschließe Tür und Fenster
Und nichts ist, auch nichts nicht
Wenn Du ich so wie Stein ich
Und Sterncherubim ich
Und ich du wie mein Sein Sterben
Wie meine Ruhe Sturm
Und mein Denken Traumbetrachtung
Mein Wille Ablösung
Rührt das Klicken Deines silbernen Nagels
Dein Atem unter dem Urmund

Inwendig mein Sein – Nichtsein
Hinter der Stirn meiner Brust
Ein neues Herz das Dich schlägt.
Gesammelter Glanz allsehenden Augenballes
Umpulst den Keim des neuen Menschen
Den du zeugtest Lichtvater in Erleuchtung.

Du bist wo alles ist
Im warmen Leid,
Im Büßerkleid der Zeit,
Wo das Verstreute auf der Flucht sich sammelt,
Wo keine Zeit, nicht Freud noch Leid,
Nur Schweigsamkeit.
Wo Mensch den eignen Namen stammelt.

Kurt Heynicke

Das namenlose Angesicht

Gott,
überall stürzt der Name
auf mich,
in mich,
aus mir,
der Welt entgegen –
allüberall!

Er ist nicht Angesicht,
ist nicht Gestalt,
sein Name ist Echo,
das im Wald meiner Seele aufhallt.
Gott, Name für selige Fahrten,
o Worte der Nacht,
mit brennender Lippe gestammelt –
Klang aller Sehnsucht
aus den Tiefen der Seele über die Erde geflogen!

Gott,
o Name, geworfen über der Geliebten lächelnden Schlaf,
im Überfließen flammend empor!

Gott,
in der Brust ureigen geboren,
du wehes Schluchzen des ratlosen Lebens,
Gott,
in der Schlacht in furchtbare Flüche gespalten,
erkaltend in der zerbrechenden Seele
im brausenden Nein! der Geschosse erdolcht!

Gott,
o du fernlächelndes Licht,
wenn die Tore der Erde zufallen,
und der Geist entfesselt ins silberne Reich entfliegt.
Ja, Gott, du Name allüberall in Himmel und Erde,
Segen und Fluch und Sterben und Werde –
Gott, der Menschen eigene Tat –
Gott!

Johannes R. Becher

An Gott

Du schmeißt die Völker brüllende zusammen.
Abhobelnd mit Blut-Lawinen den Berg der innersten Geschwüre.
Voranschreitend aber labyrinthischen Weg
Tönt immer dir der Dichter.

Zermalmer.
Aus Blut-Nacht, Eiter-Nebel flimmernd, Kot-Gewölk, Raketen-
    Mond schälend
Ozeanische Früh; märchener Würze.
Gestirn-Azure flattern
Psalmende Kreaturen
Dir, dir verbündet.

O, sieh –: Engel-Antlitz glänzt, winkende Sonnfrucht, rings aus
    dem Fels-Wald.
Hirten beweben Paradies-Flur.
Ja, ob Bergen, über Tal
Schweben Licht-Menschen blank.

Abgetan der Städte unseligen Baus.
Gewitter Wirrnis. Gift-Odems. Huren-Nests.
Gebrechlichen Körper-Werks. –

Eingemündet denn wir kleinen flauen dürftigen Gewässer ver-
    seuchten Pfützen-Grabens,
– Schleusenrechen durchgequetscht –
– – – frei Schlangen Unrats, eklen Gewürms – – –:
Im magischen Stromland deiner unendlichen Gnade.

MAX HERRMANN-NEISSE

Und lande an dem schattenhaften Tor

Kaum ahnst du die Verdunklung der Gedanken,
die noch das Hellste meines Tages quälen,
wenn ich nicht weiß, wo ich den Weg soll wählen
durch dies Gestrüpp, in das die Sterne sanken . . .

Du kennst von meinem krankhaft abgewandten,
wahrhaften Antlitz kaum die eine Falte,
du siehst nicht, wie ich schmerzhaft an mich halte,
die Scham zu schonen der von Gott Gesandten. –

Und wie ich wandle, weiß ich nicht: wohin . . .
Und weiß nicht, ob ich irgendwem entwich,
ob dies zum Ende deutet, zum Beginn . . .

Und zwischen Meer und Wüste sucht mein Ich,
was es vielleicht für ewig längst verlor,
und landet leer an dem verschloßnen Tor.

FRANZ WERFEL

Jesus und der Äser-Weg

Und als wir gingen von dem toten Hund,
Von dessen Zähnen mild der Herr gesprochen,
Entführte er uns diesem Meeres-Sund
Den Berg empor, auf dem wir keuchend krochen.

Und wie der Herr zuerst den Gipfel trat,
Und wir schon standen auf den letzten Sprossen,
Verwies er uns zu Füßen Pfad an Pfad,
Und Wege, die im Sturm zur Fläche schossen.

Doch einer war, den jeder sanft erfand,
Und leiser jeder sah zu Tale fließen.
Und wie der Heiland süß sich umgewandt,
Da riefen wir und schrieen: Wähle diesen!

Er neigte nur das Haupt und ging voran,
Indes wir uns verzückten, daß wir lebten,
Von Luft berührt, die Grün in Grün zerrann,
Von Öl und Mandel, die vorüberschwebten.

Doch plötzlich bäumte sich vor unserem Lauf
Zerfreßne Mauer und ein Tor inmitten.
Der Heiland stieß die dunkle Pforte auf,
Und wartete bis wir hindurchgeschritten.

Und da geschah, was uns die Augen schloß,
Was uns wie Stämme auf die Stelle pflanzte,
Denn greulich vor uns, wildverschlungen floß
Ein Strom von Aas, auf dem die Sonne tanzte.

Verbissene Ratten schwammen im Gezücht
Von Schlangen, halb von Schärfe aufgefressen,
Verweste Reh' und Esel und ein Licht
Von Pest und Fliegen drüber unermessen.

Ein schweflig Stinken und so ohne Maß
Aufbrodelte aus den verruchten Lachen,
Daß wir uns beugten übers gelbe Gras
Und uns vor uferloser Angst erbrachen.

Der Heiland aber hob sich auf und schrie
Und schrie zum Himmel, rasend ohne Ende:
»Mein Gott und Vater, höre mich und wende
Dies Grauen von mir und begnade die!

Ich nannt' mich Liebe und nun packt mich auch
Dies Würgen vor dem scheußlichsten Gesetze.
Ach, ich bin eitler als die kleinste Metze
Und schnöder bin ich als der letzte Gauch!

Mein Vater du, so du mein Vater bist,
Laß mich doch lieben dies verweste Wesen,
Laß mich im Aase dein Erbarmen lesen!
Ist das denn Liebe, wo noch Ekel ist?!«

Und siehe! Plötzlich brauste sein Gesicht
Von jenen Jagden, die wir alle kannten,
Und daß wir uns geblendet seitwärts wandten,
Verfing sich seinem Scheitel Licht um Licht!

Er neigte wild sich nieder und vergrub
Die Hände ins verderbliche Geziefer,
Und ach, von Rosen ein Geruch, ein tiefer,
Von seiner Weiße sich erhub.

Er aber füllte seine Haare aus
Mit kleinem Aas und kränzte sich mit Schleichen,
Aus seinem Gürtel hingen hundert Leichen,
Von seiner Schulter Ratt' und Fledermaus.

Und wie er so im dunkeln Tage stand,
Brachen die Berge auf und Löwen weinten
An seinem Knie, und die zum Flug vereinten
Wildgänse brausten nieder unverwandt.

Vier dunkle Sonnen tanzten lind,
Ein breiter Strahl war da, der nicht versiegte.
Der Himmel barst. – Und Gottes Taube wiegte
Begeistert sich im blauen Riesen-Wind.

GERRIT ENGELKE

Mensch zu Mensch

Menschen, Menschen alle, streckt die Hände
Über Meere, Wälder in die Welt zur Einigkeit!
Daß sich Herz zu Herzen sende:
Neue Zeit!

Starke Rührung soll aus Euren Aufenthalten
Flutgleich wellen um den Erdeball,
Mensch-zu-Menschen-Liebe glühe, froh verhalten,
Überall!

Was gilt Westen, Süden, Nähe, Weitsein,
Wenn Euch Eine weltentkreiste Seele millionenfältigt!
Euer Mutter-Erde-Blut strömend Ich- und Zeitsein
Überwältigt!

Menschen! Alle Ihr aus einem Grunde,
Alle, Alle aus dem Ewig-Erde-Schoß,
Reißt euch fort aus Geldkampf, Krieg, der Steinstadt-Runde:
Werdet wieder kindergroß!

Menschen! Alle! drängt zur Herzbereitschaft!
Drängt zur Krönung Euer und der Erde!
Einiggroße Menschheitsfreunde, Welt- und Gottgemeinschaft
Werde!

GEORG TRAKL

Herbstseele

Jägerruf und Blutgebell;
Hinter Kreuz und braunem Hügel
Blindet sacht der Weiherspiegel,
Schreit der Habicht hart und hell.

Über Stoppelfeld und Pfad
Banget schon ein schwarzes Schweigen;
Reiner Himmel in den Zweigen;
Nur der Bach rinnt still und stad.

Bald entgleitet Fisch und Wild.
Blaue Seele, dunkles Wandern
Schied uns bald von Lieben, Andern.
Abend wechselt Sinn und Bild.

Rechten Lebens Brot und Wein,
Gott in deine milden Hände
Legt der Mensch das dunkle Ende,
Alle Schuld und rote Pein.

BERTOLT BRECHT

Hymne an Gott

1

Tief in den dunkeln Tälern sterben die Hungernden.
Du aber zeigst ihnen Brot und lässest sie sterben.
Du aber thronst ewig und unsichtbar
Strahlend und grausam über dem ewigen Plan.

2

Ließest die Jungen sterben und die Genießenden
Aber die sterben wollten, ließest du nicht ...
Viele von denen, die jetzt vermodert sind
Glaubten an dich und starben mit Zuversicht.

3

Ließest die Armen arm sein manches Jahr
Weil ihre Sehnsucht schöner als dein Himmel war
Starben sie leider, bevor mit dem Lichte du kamst
Starben sie selig doch – und verfaulten sofort.

4

Viele sagen, du bist nicht und das sei besser so.
Aber wie kann *das* nicht sein, das so betrügen kann?
Wo so viel leben von dir und anders nicht sterben konnten –
Sag mir, was heißt das dagegen – daß du nicht bist?

7. »Ekstasen der Zärtlichkeit«

»Ekstasen der Zärtlichkeit« – der Titel ist der Gedichtsammlung »Verbrüderung« von Johannes R. Becher entnommen, aus dem auch die Eingangs-
gedichte »Dorka« und »Mary« stammen.[1] Spezifische Komponenten der
expressionistischen Liebeslyrik deutet der Titel bereits an: die Freisetzung
ekstatischer Vitaltriebe, das an den Rand des Exzessiven gehende Ausleben
von Körperlichkeit als bewußter Affront gegen wilhelminische Moral,
aber auch gegen die Grenzen kontrollierter Rationalität.[2]

Es ist dieselbe Epoche, in der Sigmund Freud eine Anthropologie ent-
wirft, der gemäß das rationale »Ich« nur eine Kontroll- und Vermittlungs-
funktion habe gegenüber den anarchisch-vitalen Triebansprüchen des »Es«.
Auch Freuds Konzeption richtet sich polemisch gegen die bürgerliche Moral
des 19. Jahrhunderts.[3]

In die expressionistische Liebeslyrik spielen all jene Motive herein, die
als Zentralmotive dieser Epoche bereits begegneten. Auch der Sprachduktus ist in den meisten Fällen unverkennbar epochenspezifisch und weist
dieser Lyrik ihren besonderen Platz zu in der langen Tradition des Liebes-
motivs in der Geschichte der Lyrik.

---

[1] Johannes R. Becher, Verbrüderung. Leipzig 1916. S. 8 und 9.
[2] Zum Einfluß lebensphilosophisch-vitalistischer Strömungen auf den Expressionismus siehe: Gunter Martens, Vitalismus und Expressionismus. Ein Beitrag zur
Genese und Deutung expressionistischer Stilstrukturen und Motive. Stuttgart
1971.
[3] Freuds erste eigene große Arbeit über den Bereich des Unbewußten war »Die
Traumdeutung« (1900). 1911 erschien »Der Witz und seine Beziehung zum Unbewußten«. Zur Bedeutung der Psychoanalyse Freuds für die expressionistische
Generation siehe die Bemerkung in Fußnote 3 zur Gedichtgruppe 10.

JOHANNES R. BECHER
(Aus dem Zyklus »Mädchen«)

Dorka

Sie –: Dorka. Die ein orphischer Erdsturz braust.
Ihn aufwarf und bereißt. Entsog. Zerstückte.
Ihm Helferin zu seinem ersten Bau.

Um deren Mund sich Sturm aus Bajonetten zückte.
Armeeen sich im Abgrund ihres Nabels schlugen.
(– vor der er sich zum Trank der Gosse bückte –)

Wie lange schlief er in solchen Leibes Fuge.
Nie je war Nacht so fabelhafte Nacht.
Mit Engeln, die uns auf der Wolken Samtbett trugen.

Sie Dorka. Die ein schmetterndes Orchester lacht!
Am Horizont aufsteht sie, wachsend ungeheuer.
Die Sterne purzeln tönend in den Schacht

Des Schoßes. Wolkgemäuer
Treibt vor und schäumt und klebt sich in die Haut.
Von Küsten euch o Lippen sprudelt Feuer! Feuer!!

Vor dem der Dachstuhl aller Kathedralen taut.
Der Haare schwarze Fahn zuhöchst dem Haupt gehißt.
. . . und von Morästen braut

Es, untermischt mit Wiesen, um den Flor
Der Wimpern, die gleich Lanzengittern niederschatten.
Um Locken Waldung sprießt ein Natternchor.

An Schläfen Nester triefender Kasematten.

Mary

Gefügt aus Kurven, die sich mystisch paaren,
Ellipsenscheiben; Pyramidenwald
Muß deinem Haupt zu wehendem Turm sich scharen.
Der Finger Lilie gen die Sonn gekrallt . . .

Café das Beet, aus dem du lächelnd sprießt.
Wie oft wir uns um diesen Hals schon rankten!
So laß dich tragen! Eisiger Mondschwamm fließt.
Und Wind zerrt knisternd deinen Hut, den schwanken.
Umstellt dich Reih starrfunkelnder Laternen:
Gebogenheit an solchem Leib zu lernen.

Man wird stets denken: Atem dieser Brüste!
Und morgens lösch ich mit der Frühe aus!
Die Nacht zerrauscht an deiner Glieder Küste.
Man hört hindurch der schwarzen Meere Braus.
Ein Rundes schält sich aus ovalen Zeichen,
Die wieder drehn in Linien Zickzack unter.
Heut aber willst du Tier mit Park uns reichen
Im Kelch des Worts –: Millionen Fischlein munter

Läßt du ein Wirrnis durch die Lüfte strahlen.
Der Silberlöwe fährt, ein Tollpatsch, drein.
Ein Zebra mußt du auch den Dom anmalen.
Eidechsen Ornament dich benedeit.
An Gitterästen kleben Spülichtratten,
Wie sauberweiß! Von rosenem Flaum betan.
Gleich frommen Hündlein hüpfen auf und ab dir Nattern.
Sich tönend neigt, jahrtausendalt, der Schwan.

ALBERT EHRENSTEIN

Ethel

Ich sehne mich nach deinen Winterwimpern,
Sommersprossen, der Frühlingshand,
Herbstrotem Haar,
Und nur die Winterwehmut ist und war.
Verbannt aus Frühlingsland, das wir genossen,
In graue Wüste, selbstverdrossen
Erlösch ich im Licht, das Larven scheint.
Der Regen weint,
Und selbstversteint
Alt-einsames Herz
Gibt sich der Träne, die den Regen grüßt.

Wenn ich wüßte,
Wer den Regen weint in meine graue Wüste –
Sein Schmerz schluchzt nah
Meinem Gram um nichtgeküßte Küste
Und Tränenregen frißt
Alt-einsames Herz,
Fern deinen Winterwimpern, Sommersprossen,
Der Frühlingshand, herbstrotem Haar
Und allem, was einst war
Und nicht mehr, nicht mehr ist!

ERNST STADLER

In diesen Nächten

In diesen Nächten friert mein Blut nach deinem Leib, Geliebte.
O, meine Sehnsucht ist wie dunkles Wasser aufgestaut vor
In Mittagsstille hingelagert reglos lauernd,   [Schleusentoren,
Begierig, auszubrechen. Sommersturm,
Der schwer im Hinterhalt geladner Wolken hält. Wann kommst
Der ihn entfacht, mit Lust befrachtet, Fähre,   [du, Blitz,
Die weit der Wehre starre Schenkel von sich sperrt? Ich will
Dich zu mir in die Kissen tragen so wie Garben jungen Klees
In aufgelockert Land. Ich bin der Gärtner,
Der weich dich niederbettet. Wolke, die
Dich übersprengt, und Luft, die dich umschließt.
In deine Erde will ich meine irre Glut vergraben und
Sehnsüchtig blühend über deinem Leibe auferstehn.

PAUL BOLDT

Die Liebesfrau

– Nackt. Ich bin es nicht gewohnt.
Du wirst so groß und so weiß,
Geliebte. Glitzernd wie Mond,
Wie der Mond im Mai.

Du bist zweibrüstig,
Behaart und muskelblank.
So hüftenrüstig
Und tänzerinnenschwank.

Gib dich her! Draußen fallen
Die Regen. Die Fenster sind leer,
Verbergen uns . . . – allen, allen! –
Wieviel wiegt dein Haar? Es ist sehr schwer.

– Wo sind deine Küsse? Meine Kehle ist gegallt,
Küsse du mich mit deinen Lippen!
– Frierst du? – – – Du bist so kalt
Und tot in deinen hellen Rippen.
– – – – – – – – – – – – –

Paul Boldt

Sinnlichkeit

Unter dem Monde liegt des Parks Skelett.
Der Wind schweigt weit. Doch wenn wir Schritte tun,
Beschwatzt der Schnee an deinen Stöckelschuhn
Der winterlichen Sterne Menuett.

Und wir entkleiden uns, seufzend vor Lust,
Und leuchten auf; du stehst mit hübschen Hüften
Und hellen Knien im Schnee, dem sehr verblüfften,
Wie eine schöne Bäuerin robust.

Wir wittern und die Tiere imitierend
Fliehn wir in den Alleen mit frischen Schrein.
Um deine Flanken steigt der Schnee moussierend.

Mein Blut ist fröhlicher als Feuerschein!
So rennen wir exzentrisches Ballett
Zum Pavillon hin durch die Tür ins Bett.

Abendgang

Durch schmiege Nacht
schweigt unser Schritt dahin
die Hände bangen blaß um krampfes Grauen
der Schein sticht scharf in Schatten unser Haupt
in Schatten
uns!
Hoch flimmt der Stern
die Pappel hängt herauf
und
hebt die Erde nach
die schlafe Erde armt den nackten Himmel
du schaust und schauerst
deine Lippen dünsten
der Himmel küßt
und
uns gebärt der Kuß!

AUGUST STRAMM

Dämmerung

Hell weckt Dunkel
Dunkel wehrt Schein
der Raum zersprengt die Räume
Fetzen ertrinken in Einsamkeit
die Seele tanzt
und
schwingt und schwingt
und
bebt im Raum
Du!
Meine Glieder suchen sich
meine Glieder kosen sich
meine Glieder
schwingen sinken sinken ertrinken
in
Unermeßlichkeit
Du!

Hell wehrt Dunkel!
Dunkel frißt Schein!
Der Raum ertrinkt in Einsamkeit
die Seele
strudelt
sträubet
Halt!
Meine Glieder
wirbeln
in Unermeßlichkeit
Du!

Hell ist Schein!
Einsamkeit schlürft!
Unermeßlichkeit strömt
zerreißt
mich
in
Du!
Du!

August Stramm

Verhalten

Meine Augen schwingen in deinen Brüsten
dein Haupt beugt glutrot weichen Schatten
drauf!
Der Atem schämigt hemmend
das Gewoge.
Mich krallt die Gier
und herbe Dünste bluten
in seinen Ketten
rüttelt
der Verstand.
Fein
knifft die Scheu die Lippen lächelnd
kälter!
Mein Arm nur
faßt

im Schwung
dich
heißer heiß!

ELSE LASKER-SCHÜLER

Hinter Bäumen berg ich mich

Bis meine Augen ausgeregnet haben,

Und halte sie tief verschlossen,
Daß niemand dein Bild schaut.

Ich schlang meine Arme um dich
Wie Gerank.

Bin doch mit dir verwachsen,
Warum reißt du mich von dir?

Ich schenkte dir die Blüte
Meines Leibes,

Alle meine Schmetterlinge
Scheuchte ich in deinen Garten.

Immer ging ich durch Granaten,
Sah durch dein Blut

Die Welt überall brennen
Vor Liebe.

Nun aber schlage ich mit meiner Stirn
Meine Tempelwände düster.

O du falscher Gaukler,
Du spanntest ein loses Seil.

Wie kalt mir alle Grüße sind,
Mein Herz liegt bloß,

Mein rot Fahrzeug
Pocht grausig.

Bin immer auf See
Und lande nicht mehr.

Die Stimme Edens

Wilder, Eva, bekenne schweifender,
Deine Sehnsucht war die Schlange,
Ihre Stimme wand sich über deine Lippe,
Und biß in den Saum deiner Wange.

Wilder, Eva, bekenne reißender,
Den Tag, den du Gott abrangst,
Da du zu früh das Licht sahst
Und in den blinden Kelch der Scham sankst.

Riesengroß
Steigt aus deinem Schoß
Zuerst wie Erfüllung zagend,
Dann sich ungestüm raffend,
Sich selbst schaffend,
Gottesseele . . .

Und sie wächst
Über die Welt hinaus,
Ihren Anfang verlierend,
Über alle Zeit hinaus,
Und zurück um dein Tausendherz,
Ende überragend . . .

Singe, Eva, dein banges Lied einsam,
Einsamer, tropfenschwer wie dein Herz schlägt,
Löse die düstere Tränenschnur,
Die sich um den Nacken der Welt legt.

Wie das Mondlicht wandele dein Antlitz,
Du bist schön . . .
Singe, singe, horch, den Rauscheton
Spielt die Nacht und weiß nichts vom Geschehn.

Überall das taube Getöse –
Deine Angst rollt über die Erdstufen
Den Rücken Gottes herab.

Kaum rastet eine Spanne zwischen ihm und dir.
Birg dich tief in das Auge der Nacht,
Daß dein Tag nachtdunkel trage.

Himmel ersticken, die sich nach Sternen bücken –
Eva, Hirtin, es gurren
Die blauen Tauben in Eden.

Eva, kehre um vor der letzten Hecke noch!
Wirf nicht Schatten mit dir,
Blühe aus, Verführerin.

Eva, du heiße Lauscherin,
O du schaumweiße Traube,
Flüchte um vor der Spitze deiner schmalsten Wimper noch!

GEORG HEYM

Abends

Es ist ganz dunkel. Und die Küsse fallen
Wie heißer Tau im dämmernden Gemach.
Der Wollust Fackeln brennen auf und wallen
Mit roter Glut dem dunklen Abend nach.

Das Fieber jagt ihr Blut mit weißem Brand,
Daß sie sich halb schon seinem Durst gewährt.
Sie bebt auf seinem Schoß, da seine Hand
In ihrem Hemd nach ihren Brüsten fährt.

Hinten, im Vorhang, in der Dunkelheit
Steht auf das Bett, der Hafen ihrer Gier.
Wie Wolken auf dem Meere lagert breit
Darauf der Dunst von schwarzem Elixier.

Wie wird es sein? Sie friert in seinem Arm,
Der ihren nackten Leib hinüberträgt.
Es zittert auf in ihrem Schoße warm,
Um den er wild die beiden Arme schlägt.

Ihr blondes Haar brennt durch die Nacht, darein
Die tiefe Hand des feuchten Dunkels wühlt.
Der Sturm der Wollust läßt sie leise schrein,
Da seinen Biß sie in den Brüsten fühlt.

Ferdinand Hardekopf

Besessenheit
Nach Baudelaire

Die Sonne ist umflort. Manon, mach es wie sie,
Und mummele dich ganz ins Fell der Apathie.
Schlaf oder rauche viel; bleib still in Qualverbrämung
Und tauche auf den Grund der tiefsten Willenslähmung.
Ich lieb dich wie du bist. Doch: sollte es dir passen,
Die Finsternis, mein Stern, heut Abend zu verlassen
Und aufzuleuchten da, wo bunte Tollheit lacht,
Das wäre hübsch, Manon! Wir bummeln heute Nacht! –
Entzünde deinen Blick am Strahl von tausend Lichtern!
Entzünde die Begier auf schweinischen Gesichtern!
Du ganz bist meine Lust, ob strotzend, ob morbide;
Sei was du immer willst: Zerrüttung oder Friede,
Sei Licht, sei Dunkelheit – lass mir nur eins gelingen:
Mich, Satan-Göttin, DIR als Opfer darzubringen.

Klabund

Die Kette

Das tut so weh wie eine Tote lieben:
Dem abendlichen Tag ins Antlitz sehen.
Sein Wandertum ist dürr zu Staub zerrieben,
Von seinen Strahlen ist *ein* Strahl geblieben,
Und alle Wolken müssen westwärts wehen.

Mich trugen Hände, weicheste und rauhste.
Kaum Mädchen: dreizehnjährig. Frauen greisend.
So klein- und reinliche! So ganz verlauste.
Voll roter Läuse. Solche: Gottbehauste.
Und solche ohne Ziel im D-Zug reisend.

Und Wassermädchen. Böse Gouvernanten.
Fräuleins, beim Teufel Zahnarzt sich ergehend.
Ihr unverwandt und basenhaft Verwandten!
Ihr Tänzerinnen, die den Tanz nicht kannten!
Maschine! blonde! Zigaretten drehend!

Ihr aus den ölig funzelnden Kontoren!
Du Köchin! Ladnerin! Telegraphistin!
Ihr Mädchen stumm für jeden Dienst geboren!
Ihr Schicksen, an die Wanderung verloren –
Wenn Ihr den Weg nicht wüsstet, ach, wer wüsst ihn?

Und die mit grossen Hunden sich vermählten.
Verrückte, die auf Eisenstangen sassen.
Vergeizte, die die Lust nach Hellern zählten.
Und andre, die sie wie Kartoffeln schälten.
Und Zärtliche, die keinen Kuss vergassen.

Du schlanke Amme! Malerin! Verzierte!
Du Frau des Freundes! Und des Freundes Mutter!
Du Vogel, welcher Hüte braun garnierte!
Du, die den Gymnasiasten einst verführte
Im Kirchenstuhl mit einem Lied von Luther ...

Dass Euer Aller Leib in einer einzigen Umarmung sich mit mir
Im schwarzen Park! Im Glanze des Gelages!   [verflechte!
Das Ende zeugt unendlichere Rechte.
Die Freiheit meines nie beherrschten Tages,
Euch dank ich sie: der dunklen Knechtschaft meiner Nächte.

ALBERT EHRENSTEIN

Entwandlung

Sprach zu mir,
Die Beine auseinandergebend, das Weib:

»Schön ist's, das Schicksal
Zwischen den Lenden zu zwingen,
Lockt dich nicht der Wälder Wald, der zarte,
Der sich dir offenbarte,

Lockt dich nicht das frühe Zirpen
Scheuer Grillen,
Das Seufzen jener stillen Rillen,
Die sich nie enthüllen?
Schon schwingt mit frischen Nüstern
Die Zinne sich im Traume hoch,
Schon sind die guten Fluren lüstern –«

»Geschirrt in Beischlafs Joch!
Himmel in der Hölle? O Ekel!
Wen soll ich lieben oder was?
Euch speist der Speichel aller Lippen,
Schal schmeckt mir die Zungenfrucht
Und die Brust.
Haarbüsche unter dem Arm
Und über dem Schoß –
Sie sind den Schweiß nicht wert.
Zwangsarbeit im Tümpel des Geschlechts?
Der Teufel zerreiße den phallischen
Aphrodietrich, die Hoden.
Ihr zeugt und pflanzet fort
Des Unkrauts Samen!
Fischtriefend im Geruch der Regel,
Von Haaren bewachsen,
Zum Himmel stinkt die Scham.
Liebe, Lust
Klingt nur so,
Loch ist Loch –
Wer weiß wo?!«

»Im Dämmern winken Nymphen
In ein sanftes Abendmahl,
Ziehen dich zu lieben Sümpfen –
Vergiß die Welt im Freudensaal!
Willst du nicht die schönste Hure rutschen,
Auf einem jungen Bauch dich hutschen?!
Himmelan die Türme baden,
Gastlich rings die Täler laden.
An den Buchten harter Brust
Werde du der Lust bewußt!

Willst du nicht ruhen Bein an Bein,
Bis holder Glieder starres Sein
Sich fügt zu süßem Binnenreim?«

»Immer wieder verblüht der Flieder!
Bereitest mir nur ein kurzes Heim,
Schleim grüßt den Schleim,
Ich will des reineren Todes sein!
Vom Regen laß ich mir die Hände waschen.
Mag mich ein freundlicher Stern
Heimwärts zum Himmel bald führn.
Meine weißen Haare lügen nicht.
Mergle mich aus,
Novemberschwäche des Greises,
Letzter Odem des Fiebers!«

Der schwere Engel des Todes wuchs vor mich:

»Endlich gedenkst du mein.
Du liebtest mich vor Zeiten,
Werbend um schärfste Lust.
Dann aber die Töchter erdgeborener Weiber,
Verwitterte Huren:
Die dunkeln Schluchten des Leibes,
Gerippen entstarrende Knochen,
Dem Druck nachgebendes Fleisch
Und Seligkeit heuchelnde Augen.
Wilder Zwerg im Venusberg!
Der du Weiber schwächlich zuerst,
Hernach mit meinen eisernen Fäusten
Fassend am Knöchel des Fußes,
Schleuderst zur Hölle –«

»Keine erstrahlte mir
Sanft verwandelt zum Stern!«

»Den Stürzenden barsten die irdischen Rippen!
Du Roß der Rache –
So werde, was du bist,
Auf der Erde, die dich frißt!«

Mit den Händen griff der Malmer
In meinen Staub,
Entwirbelnd verschwand ich Geraubter
Im neu ergrünenden Laub.

GOTTFRIED BENN

D-Zug

Braun wie Kognak. Braun wie Laub. Rotbraun. Malaiengelb.
D-Zug Berlin–Trelleborg und die Ostseebäder.

Fleisch, das nackt ging.
Bis in den Mund gebräunt vom Meer.
Reif gesenkt, zu griechischem Glück.
In Sichel-Sehnsucht: wie weit der Sommer ist!
Vorletzter Tag des neunten Monats schon!

Stoppel und letzte Mandel lechzt in uns.
Entfaltungen, das Blut, die Müdigkeiten,
die Georginennähe macht uns wirr.

Männerbraun stürzt sich auf Frauenbraun:

Eine Frau ist etwas für eine Nacht.
Und wenn es schön war, noch für die nächste!
Oh! Und dann wieder dies Bei-sich-selbst-Sein!
Diese Stummheiten! Dies Getriebenwerden!

Eine Frau ist etwas mit Geruch.
Unsägliches! Stirb hin! Resede.
Darin ist Süden, Hirt und Meer.
An jedem Abhang lehnt ein Glück.

Frauenhellbraun taumelt an Männerdunkelbraun:

Halte mich! Du, ich falle!
Ich bin im Nacken so müde.
Oh, dieser fiebernde süße
letzte Geruch aus den Gärten.

GOTTFRIED BENN

Karyatide

Entrücke dich dem Stein! Zerbirst
die Höhle, die dich knechtet! Rausche
doch in die Flur! Verhöhne die Gesimse –
sieh: Durch den Bart des trunkenen Silen
aus seinem ewig überrauschten
lauten einmaligen durchdröhnten Blut
träuft Wein in seine Scham!

Bespei die Säulensucht: toderschlagene
greisige Hände bebten sie
verhangenen Himmeln zu. Stürze
die Tempel vor die Sehnsucht deines Knies,
in dem der Tanz begehrt!

Breite dich hin, zerblühe dich, oh, blute
dein weiches Beet aus großen Wunden hin:
sieh, Venus mit den Tauben gürtet
sich Rosen um der Hüften Liebestor –
sieh dieses Sommers letzten blauen Hauch
auf Astermeeren an die fernen
baumbraunen Ufer treiben; tagen
sieh diese letzte Glück-Lügenstunde
unserer Südlichkeit
hochgewölbt.

GOTTFRIED BENN

Über Gräber

Das schuftete und backte nachts gebrochen
auf schlechtes Fleisch nach alter Bäckerart.
Schließlich zerbrach das Schwein in ihm doch die Knochen.
Das Fett wird ranzig und hat ausgepaart.

Wir aber wehn. Ägäisch sind die Fluten.
O was in Lauben unseres Fleischs geschah!
Verwirrt im Haar, im Meer, die Brüste bluten
vor Tanz, vor Sommer, Strand und Ithaka.

8. Landschaften, Natur

Über die Landschaft in der expressionistischen Lyrik schrieb seinerzeit Kurt Pinthus: »Weil der Mensch so ganz und gar Ausgangspunkt, Mittelpunkt, Zielpunkt dieser Dichtung ist, deshalb hat die Landschaft wenig Platz in ihr. Die Landschaft wird niemals hingemalt, geschildert, besungen; sondern sie ist ganz vermenscht: sie ist Grauen, Melancholie, Verwirrung des Chaos, ist das schimmernde Labyrinth, dem Ahasver sehnsuchtsvoll sich entwinden will; und Wald und Baum sind entweder Orte der Toten, oder Hände, die zu Gott, zur Unendlichkeit hinsuchen.«[1] So ist auch dieses traditionelle Motiv der Lyrik ganz geprägt von der spezifisch expressionistischen Epochenstruktur.

Zu der von Pinthus angeführten Subjektivierung der Landschaft als Reflex innerer Ängste und der Erfahrung transzendentaler Obdachlosigkeit gehört auch die ausdrückliche Reflexion auf deren Entfremdung. Das deutet sich bei Däubler an (»Einfall«, »Landschaft«) und prägt die ersten Gedichte dieser Gruppe. Im Gegensatz zur naiven Erkenntnistheorie der materialistischen Naturwissenschaften des 19. Jahrhunderts schlägt sich hier auch die Problematisierung der Erkenntnismöglichkeit von Natur in den Naturwissenschaften und der Philosophie um die Jahrhundertwende nieder (insbesondere in Wilhelm Klemms »Philosophie« und Gustav Sacks »Die Welt«).[2] Traditionelle Themen der Naturlyrik wie die Jahres- und Tageszeiten werden zudem bei Stramm einer typisch expressionistischen Sprachverknappung, ja Sprachballung unterworfen (»Vorfrühling«) und bei Trakl von einer seiner Gedichte kennzeichnenden, vielfach motivierten Untergangsmetaphorik durchdrungen. Gedichte wie Gustav Sacks »Die Drossel« vergegenwärtigen die Zurückdrängung des Naturbereichs durch den großstädtischen Lebensraum, Lichtensteins »Der Ausflug« verdeutlicht die Unfähigkeit des Ich, der verstädterten Welt gedanklich noch entrinnen zu können. In dem Maße, in dem Natur sich entzieht, wird sie bei Kla-

---

[1] Kurt Pinthus, Menschheitsdämmerung. Taschenbuchausgabe Hamburg 1961⁴. S. 29.

[2] Die Erkenntnisskepsis bezieht sich hier auf ›Natur‹ im Sinne der Gesamtheit alles Seienden. In der Philosophie findet sie sich als Radikalisierung der neuzeitlichen Transzendentalphilosophie bei Nietzsche und in Hans Vaihingers »Philosophie des Als Ob« (Berlin 1911). Auch der Einfluß des gegen den naturwissenschaftlichen Materialismus des 19. Jahrhunderts gerichteten Neukantianismus ist in diesem Zusammenhang zu erwähnen. Die viel beredete moderne Sprachskepsis, wie sie sich beispielhaft in Hugo von Hofmannsthals »Brief des Lord Chandos« ausspricht, hat in dieser allgemeinen modernen Erkenntniskritik ihre wichtigste Voraussetzung. Zur Sprachskepsis im Werk Gustav Sacks und im Expressionismus allgemein siehe: Karl Eibl, Die Sprachskepsis im Werk Gustav Sacks. München 1970.

bund, Lichtenstein, Blass zur »ironischen Landschaft« (Titel eines Gedichts von Klabund), zur parodistischen Metapher: »Der Himmel ist ein graues Packpapier, / Auf dem die Sonne klebt – ein Butterfleck.« (Lichtenstein, »Landschaft«).[3]

Vielleicht gerade auf Grund seines gebrochenen Verhältnisses zur Natur hat der Expressionismus Einheit und Zusammenhang des Kosmos und die Aufhebung des Ich in ihn noch einmal beschworen. Das Ich will sich gleichsam aufsaugen lassen in die Landschaft, in den kosmischen Raum. So verhärtet es sich der Natur gegenübergestellt hat, so bewußt und beinahe gewaltsam muß es nun zurückgenommen werden: »Mit jeder Welle schmetternd dich in Staub...« (Benn, »Strand«). Das Einrücken des Ich in die Landschaft und in den Lebens-»Strom« bei Loerke, seine »Pansmusik«, Däublers »Prolog« auf sein großes Frühwerk »Nordlicht« sind Beispiele einer lebensphilosophisch beeinflußten kosmischen Naturlyrik.[4] Auch Bertolt Brechts »Vom Schwimmen in Seen und Flüssen« gehört, indem es das Aufgesogenwerden von Natur beschreibt, in diesen Zusammenhang, auch wenn die ironischen Stilelemente Brechts Gedicht deutlich von der kosmischen Naturlyrik der Zeit abgrenzen.

Die Ausdrücklichkeit und Bewußtheit, mit der das Ich sich in die Natur zurücknimmt, wäre, wenn nicht genug andere Zeugnisse dies belegten, deutliches Dokument der gebrochenen Beziehung zu ihr. Dennoch war der Expressionismus noch eine Epoche der Literatur, in der die Entfremdung von Natur noch nicht so weit fortgeschritten war, daß Naturlyrik nicht mehr möglich gewesen wäre.

---

[3] Die Parodie auf Naturlyrik wurde nicht nur durch die moderne Industrialisierung, sondern wesentlich auch durch den großen Verschleiß der naturlyrischen Motive in der epigonalen Dichtung der Zeit herausgefordert. Schon Arno Holz parodiert in seiner »Blechschmiede« seitenlang die zum wohlfeilen Motivinventar heruntergekommenen Themen der konventionellen Naturlyrik.

[4] Hier ist auch die Wirkung der das 19. Jahrhundert so nachdrücklich prägenden Evolutionstheorien, wie sie Charles Darwin, Herbert Spencer, Hans Driesch u. a. entwickelten, zu erwähnen. Die These eines durchgehenden Evolutionszusammenhanges der gesamten Natur, die ihre höchste Steigerungsform im Menschen verwirklicht, hat schon in der zweiten Hälfte des 19. Jahrhunderts große Faszination auf die Literatur ausgeübt. Vor allem im Naturalismus und Jugendstil artikuliert sich immer wieder das Bedürfnis, den Entwicklungsprozeß umzukehren und in einer Art mystischer Entgrenzung in den Lebenszusammenhang, aus dem das Ich sich herauskristallisiert hat, zurückzutauchen.

GEORG TRAKL

In den Nachmittag geflüstert

Sonne, herbstlich dünn und zag,
Und das Obst fällt von den Bäumen.
Stille wohnt in blauen Räumen
Einen langen Nachmittag.

Sterbeklänge von Metall;
Und ein weißes Tier bricht nieder.
Brauner Mädchen rauhe Lieder
Sind verweht im Blätterfall.

Stirne Gottes Farben träumt,
Spürt des Wahnsinns sanfte Flügel.
Schatten drehen sich am Hügel
Von Verwesung schwarz umsäumt.

Dämmerung voll Ruh und Wein;
Traurige Guitarren rinnen.
Und zur milden Lampe drinnen
Kehrst du wie im Traume ein.

GEORG HEYM

Träumerei in Hellblau

Alle Landschaften haben
Sich mit Blau gefüllt.
Alle Büsche und Bäume des Stromes,
Der weit in den Norden schwillt.

Blaue Länder der Wolken,
Weiße Segel dicht,
Die Gestade des Himmels in Fernen
Zergehen in Wind und Licht.

Wenn die Abende sinken
Und wir schlafen ein,
Gehen die Träume, die schönen,
Mit leichten Füßen herein.

Zymbeln lassen sie klingen
In den Händen licht.
Manche flüstern, und halten
Kerzen vor ihr Gesicht.

THEODOR DÄUBLER

Einfall

Auf einmal ward die Nacht geknickt und trüber:
Der Mond verdunkelt und dann wieder frei;
Perlmutterwolken bauten sich herüber,
Und vor dem Licht stockt eine Schäfchenreih.

Die Wiesen übersprühen grüne Käfer,
So weit sie, wie ein See, erflimmert sind.
Im Hage dämmern Träume müder Schläfer,
Und leise Silberbäume schmückt der Wind.

Das Meer erhellt sich zart durch Wirbelfluten:
Von allen Klippen träufelt fahles Licht.
Was blaß enttaucht, muß Seelenschimmer bluten,
Wie geisterhaft verstummt die See sich bricht.

Der Mond beherrscht, mit Netzen, nun die Weite.
Er lächelt nur: Wer weiß, ob du mich kennst?
Sein Lächeln bleibt, bei Wind, das Flutgeleite:
Die Welt ist jetzt ein riesiges Gespenst.

THEODOR DÄUBLER

Landschaft

Rote Mühlen stehen an verschneitem Ufer:
Grüne Wellen tragen Eis statt gelben Schaum.
Schwarze Vögel, Unglückskünder, Unheilrufer,
Hocken hoch und schwer in einem hohlen Baum.

O wie viele Tiere im Gezweige nisten:
Meine bösen Stunden aber sind noch mehr.
Sorgenvögel müssen dort ihr Leben fristen:
Spähen durch die Silberäste hin und her.

Und ich weiß es nicht, ist so etwas ein Traum?
Denn ich baue ihn empor, den kahlen Baum!
Doch die fremden Vögel kamen ungerufen:
Ich kenne keine Fernen, die sie schufen.

Plötzlich drehen sich die Räder meiner Mühlen:
Bloß für einen Augenblick erbraust der Sturm.
Jetzt muß ich die Vögel in mir selber fühlen:
Weiter schleicht der eisgefleckte Wasserwurm.

GEORG HEYM

Trostloser Herbst. Verlorne weite Öde ...

Trostloser Herbst. Verlorne weite Öde
Der kahlen, braunen Felder, die der Wald
Schwarz grenzt, wo an den niedern Himmeln kalt
Die tiefen Wolken jagen Winde schnöde.

Es dunkelt schon, das rote Heidekraut
Verschwimmt im Grau des Bodens, den ein Volk
Von Krähn verläßt, das zu dem schwarzen Kolk
Und krummen Weiden fliegt mit scharfem Laut.

Noch zeigt den Huf des Stiers das Ackerland,
Der durch die Schollen zog den harten Pflug,
Wo flattert vor der grauen Wolken Zug
Einsamer Birken grünes Trauerband.

OSKAR LOERKE

Die Einzelpappel

Karfreitag. Abend. Gelbes Dunkel. Stiemen.
Der Wind stürzt hin, springt auf in wüstem Irren.
Die Grenzen, Wege ziehn wie Peitschenstriemen.
Darüber stehn wie eiternde Geschwüre
Die Wolken.

Drin klafft, wie wenn er ewig bluten werde,
Ein wunder Spalt von roter Fieberfarbe,
Und einen schwarzen Finger reckt die Erde,
Der zitternd wühlt und umrührt in der Narbe.
Hilf mir, ich lasse dich nicht!

Fern heult es weh wie hohles Hundejammern.
Ein lila Dunkel wirbelt aus den Schollen.
Der Laut haust in der Erde Herzenskammern,
Darin die Wurzeln frieren und die Knollen.
Hilf mir! Hilf mir!

Schon Nacht. Nichts mehr als Sturm. Narr ich! Ich darbe
Nach Licht, nur ich! Ich bin der Schrei: Licht, werde!
Ich bin der Finger in der Feuernarbe
Und gebe meine Qual der ganzen Erde:
Hilf mir!

FERDINAND HARDEKOPF

Baum

Zerdachter Turm,
Runenfels,
Furchensäule,
Geriefltes Bewußtsein:
Wagst Weite und Wolken, wie du willst,
Dich splitternd in die Nuancen,
In die Scheine deiner Dunkelheit.

Welchem Geiste gelänge solche Verzweigung,
Welcher Weisheit solche Verästelung,
Welchem Raffinement solche Zerblätterung?
Baum!
In zitternde Strahlen zerlegst du
Deine Nervosität.
Aber deine Äste leimt zart
Sphärenblauer Eiter des Mittags, zerschichtet von den kupfer-
     goldnen Telegraphenhaaren der Spinne.
Sehr absichtlich trägst du
Epheu, modernes Moos und die auffallende Lyrik einiger Vögel.
... Doch, bitte,
Bäume dich,
Und wehre dem Einkleid,
Zu bedrohen
Deine
Différenciation.

WILHELM KLEMM

Philosophie

Wir wissen nicht was das Licht ist
Noch was der Äther und seine Schwingungen –
Wir verstehen das Wachstum nicht
Und die Wahlverwandtschaften der Stoffe.

Fremd ist uns, was die Sterne bedeuten
Und der Feiergang der Zeit.
Die Untiefen der Seele begreifen wir nicht
Noch die Fratzen, unter denen sich die Völker vernichten.

Unbekannt bleibt uns das Gehen und Kommen.
Wir wissen nicht, was Gott ist!
O Pflanzenwesen im Dickicht der Rätsel
Deiner Wunder größtes ist die Hoffnung!

Die Welt

Aus eins ward zwei, dann strichen wir die zwei
und schrieben: wahrlich! es ist eine Welt,
die in sich Stoff und Geist zusammenhält,
und auch kein Pfaffe bricht sie mehr entzwei.

Dann aber: es ist alles Bilderei,
was sich so bunt vor unsre Sinne stellt,
ein X, von dem niemals der Schleier fällt,
ja unsre Sinne selbst sind Malerei,

die Welt, das Ding, die Folge, Zeit und Raum
alles ein schwerer, rätselwirrer Traum.
Und heute schreit man laut auf allen Gassen:

nein, sie ist da, ist harte Wirklichkeit – –
fortrollt die Welt im wilden Strom der Zeit,
wir rollen mit und können sie nicht fassen.

GUSTAV SACK

Die Drossel

Wie sich das Pack zusammenballt!
Indes die Trambahn schrillt und gellt,
die Musik lärmt, die Peitsche knallt,
und wie ein Hund das Auto bellt,

hört keiner sie, die unentwegt
von einem Dach ihr Flötenlied
volltönend in die Lüfte trägt. –
Wie sich das schwitzend, brüllend müht,

wie sich das stier und stumpf vermischt,
das strömt wie ein verschmutzter Bach,
Abwasserhub und Gassengischt,
indes von jenem Giebeldach

hoch über Kehricht, Staub und Wust
des kleinen Glücks Melancholie
harmlos und selig unbewußt
ausströmt aus diesem kleinen Vieh,

das heiß und frech und elegant
sein schwarzes Konterfei poussiert –
wie ich dich hasse, feiner Fant,
der nichts verlor, der nichts verliert,

der nur ein Ding ist, das man spielt,
das nur der Frühling musiziert,
das sich nicht kennt, das sich nicht fühlt,
das nichts verlor und nichts verliert.

FRANZ WERFEL

Das andere Dasein
für Frau Elisabeth Wolff

Ein dicker Spatz im Nordwind saß auf meinem Fensterbaum.
(O kleiner Atemrauch, silbern, zu sehen kaum!)
Auf einem Ast saß er, den Schnabel himmelwärts gewandt.
Ich im geheizten Zimmer hab' ihn friedevoll genannt.
Ich im geheizten Zimmer sagte laut:
Wie wohlig ist dir selbst die Winterwelt und traut!
Du schwingst dich auf und ab durch dieses Tages grauen Schein.
Weltunbewußt fällt dir, was jetzt mich schauern macht, der Tod
                                                              nicht ein.
Da ließ der Vogel plötzlich
Sein Köpfchen los.
Auf schlaffem Halse taumelt
Und tanzt es bloß.
Ringsum die Feder stäubten, die schmerzlich aufgesträubten.
Und nieder sank
Ein runder Ball
(Draußen knackt's leis –)
Langsam und feierlich aufs unbegrenzte Weiß.

ERNST STADLER

Vorfrühling

In dieser Märznacht trat ich spät aus meinem Haus.
Die Straßen waren aufgewühlt von Lenzgeruch und grünem
  Saatregen.
Winde schlugen an. Durch die verstörte Häusersenkung ging ich
  weit hinaus
Bis zu dem unbedeckten Wall und spürte: meinem Herzen
  schwoll ein neuer Takt entgegen.

In jedem Lufthauch war ein junges Werden ausgespannt.
Ich lauschte, wie die starken Wirbel mir im Blute rollten.
Schon dehnte sich bereitet Acker. In den Horizonten eingebrannt
War schon die Bläue hoher Morgenstunden, die ins Weite führen
  sollten.

Die Schleusen knirschten. Abenteuer brach aus allen Fernen.
Überm Kanal, den junge Ausfahrtwinde wellten, wuchsen helle
  Bahnen,
In deren Licht ich trieb. Schicksal stand wartend in umwehten
  Sternen.
In meinem Herzen lag ein Stürmen wie von aufgerollten Fahnen.

AUGUST STRAMM

Vorfrühling

Pralle Wolken jagen sich in Pfützen
aus frischen Leibesbrüchen schreien Halme Ströme
die Schatten stehn erschöpft
auf kreischt die Luft
im Kreisen, weht und heult und wälzt sich
und Risse schlitzen jählings sich
und narben
am grauen Leib
das Schweigen tappet schwer herab
und lastet!

Da rollt das Licht sich auf
jäh gelb und springt
und Flecken spritzen –
verbleicht
und
pralle Wolken tummeln sich in Pfützen

GEORG TRAKL

Der Herbst des Einsamen

Der dunkle Herbst kehrt ein voll Frucht und Fülle,
Vergilbter Glanz von schönen Sommertagen.
Ein reines Blau tritt aus verfallener Hülle;
Der Flug der Vögel tönt von alten Sagen.
Gekeltert ist der Wein, die milde Stille
Erfüllt von leiser Antwort dunkler Fragen.

Und hier und dort ein Kreuz auf ödem Hügel;
Im roten Wald verliert sich eine Herde.
Die Wolke wandert übern Weiherspiegel;
Es ruht des Landmanns ruhige Geberde.
Sehr leise rührt des Abends blauer Flügel
Ein Dach von dürrem Stroh, die schwarze Erde.

Bald nisten Sterne in des Müden Brauen;
In kühle Stuben kehrt ein still Bescheiden
Und Engel treten leise aus den blauen
Augen der Liebenden, die sanfter leiden.
Es rauscht das Rohr; anfällt ein knöchern Grauen,
Wenn schwarz der Tau tropft von den kahlen Weiden.

GEORG TRAKL

Abendlied

Am Abend, wenn wir auf dunklen Pfaden gehn,
Erscheinen unsere bleichen Gestalten vor uns.

Wenn uns dürstet,
Trinken wir die weißen Wasser des Teichs,
Die Süße unserer traurigen Kindheit.

Erstorbene ruhen wir unterm Hollundergebüsch,
Schaun den grauen Möven zu.

Frühlingsgewölke steigen über die finstere Stadt,
Die der Mönche edlere Zeiten schweigt.

Da ich deine schmalen Hände nahm
Schlugst du leise die runden Augen auf,
Dieses ist lange her.

Doch wenn dunkler Wohllaut die Seele heimsucht,
Erscheinst du Weiße in des Freundes herbstlicher Landschaft.

ALBERT EHRENSTEIN

Abendsee

Wir kämmten Wolken; Faun und Fee
Im Liebesspiel über Stern und See.
Nun hat uns Dämmer verschneit,
Nebel gezweit,
Vor Leid vergilbt die Lilienzeit.

Neidwolken, herzschnappende weiße Wölfe,
Warum verscheuchtet ihr mir
Die verspielte Tanzelfe?
Mein Abendlied ertrinkt im See.

Die wilde Nacht bespringt mein Reh,
Die Sterne haben sich abgedreht,
Ödvogel weht sein: »Spät, zu spät!«
Ich fühle weh, wie ich im Schnee
Untergeh.

ERNST BLASS

Sommernacht

Das Sternbild vor mir heißt »Der große Bär«.
Und von den Menschen seh ich nur die Schatten
Und hör sie trällern nur die dummen, platten
Kupletchen, die da schwärmen vom Begatten
Und daß das das allein Reelle wär.

Durch stille Hauche keucht ein Katerschrei.
Doch Wolken wölben sich monumental
Da vorne, urhaft, wie ein Grönlandswal.
Und ohne Schicksal sitzt ganz groß und kahl
Der Mond vor seiner Riesenstaffelei.

KLABUND

Ironische Landschaft

Gleich einem Zug grau zerlumpter Strolche,
Bedrohlich schwankend wie betrunkne Särge,
Gehn Abendwolken über jene Berge,
In ihren Lumpen blitzen rote Sonnendolche.

Da wächst, ein schwarzer Bauch, aus dem Gelände
Der Landgendarm, daß er der Ordnung sich beflisse,
Und scheucht mit einem bösen Schütteln seiner Hände
Die Abendwolkenstrolche fort ins Ungewisse.

ALFRED LICHTENSTEIN

Der Ausflug
(Kurt Lubasch gewidmet zum 15. 7. 1912)

Du, ich halte diese festen
Stuben und die dürren Straßen
Und die rote Häusersonne,
Die verruchte Unlust aller
Längst schon abgeblickten Bücher
Nicht mehr aus.

Komm, wir müssen von der Stadt
Weit hinweg.
Wollen uns in eine sanfte
Wiese legen.
Werden drohend und so hilflos
Gegen den unsinnig großen,
Tödlich blauen, blanken Himmel
Die entfleischten, dumpfen Augen,
Die verwunschnen,
Und verheulte Hände heben.

ALFRED LICHTENSTEIN

Landschaft

Wie alte Knochen liegen in dem Topf
Des Mittags die verfluchten Straßen da.
Schon lange ist es her, daß ich dich sah.
Ein Junge zupft ein Mädchen an dem Zopf.

Und ein paar Hunde sielen sich im Dreck.
Ich ginge gerne Arm in Arm mit dir.
Der Himmel ist ein graues Packpapier,
Auf dem die Sonne klebt – ein Butterfleck.

ALFRED LICHTENSTEIN

Die Dämmerung

Ein dicker Junge spielt mit einem Teich.
Der Wind hat sich in einem Baum gefangen.
Der Himmel sieht verbummelt aus und bleich,
Als wäre ihm die Schminke ausgegangen.

Auf lange Krücken schief herabgebückt
Und schwatzend kriechen auf dem Feld zwei Lahme.
Ein blonder Dichter wird vielleicht verrückt.
Ein Pferdchen stolpert über eine Dame.

An einem Fenster klebt ein fetter Mann.
Ein Jüngling will ein weiches Weib besuchen.
Ein grauer Clown zieht sich die Stiefel an.
Ein Kinderwagen schreit und Hunde fluchen.

ALFRED LICHTENSTEIN

Nebel

Ein Nebel hat die Welt so weich zerstört.
Blutlose Bäume lösen sich in Rauch.
Und Schatten schweben, wo man Schreie hört.
Brennende Biester schwinden hin wie Hauch.

Gefangne Fliegen sind die Gaslaternen.
Und jede flackert, daß sie noch entrinne.
Doch seitlich lauert glimmend hoch in Fernen
Der giftge Mond, die fette Nebelspinne.

Wir aber, die, verrucht, zum Tode taugen,
Zerschreiten knirschend diese wüste Pracht.
Und stechen stumm die weißen Elendsaugen
Wie Spieße in die aufgeschwollne Nacht.

GOTTFRIED BENN

Strand

Mit jeder Welle schmetternd dich in Staub,
in Dorn des Ich, in alle Dünen
fruchtloser Schwemme, nicht zu sühnen
durch keinen Raum, durch keinen Raub –

immer um Feuerturm und Kattegatt
und Finisterre der letzten Ländlichkeiten,
die Bojen taumeln, hinter sich das Watt,
einäugig tote Unaufhörlichkeiten –

oh, ihrer Dialektik süßer Ton
des Möwentons gesammelt und zerrüttet –
Identität, astrales Monoton,
das nie verfließt und immer sich verschüttet –

du, durch die Nacht, die Türme wehn wie Schaum,
du, durch des Mittags felsernes Gehänge –
nur tauber Brand, nur leere Länge
aus jedem Raub, aus jedem Raum.

BERTOLT BRECHT

Vom Schwimmen in Seen und Flüssen

1

Im bleichen Sommer, wenn die Winde oben
Nur in dem Laub der großen Bäume sausen
Muß man in Flüssen liegen oder Teichen
Wie die Gewächse, worin Hechte hausen.
Der Leib wird leicht im Wasser. Wenn der Arm
Leicht aus dem Wasser in den Himmel fällt
Wiegt ihn der kleine Wind vergessen
Weil er ihn wohl für braunes Astwerk hält.

2

Der Himmel bietet mittags große Stille.
Man macht die Augen zu, wenn Schwalben kommen.
Der Schlamm ist warm. Wenn kühle Blasen quellen
Weiß man: ein Fisch ist jetzt durch uns geschwommen.
Mein Leib, die Schenkel und der stille Arm
Wir liegen still im Wasser, ganz geeint
Nur wenn die kühlen Fische durch uns schwimmen
Fühl ich, daß Sonne überm Tümpel scheint.

3

Wenn man am Abend von dem langen Liegen
Sehr faul wird, so, daß alle Glieder beißen
Muß man das alles, ohne Rücksicht, klatschend
In blaue Flüsse schmeißen, die sehr reißen.
Am besten ist's, man hält's bis Abend aus.
Weil dann der bleiche Haifischhimmel kommt
Bös und gefräßig über Fluß und Sträuchern
Und alle Dinge sind, wie's ihnen frommt.

4

Natürlich muß man auf dem Rücken liegen
So wie gewöhnlich. Und sich treiben lassen.
Man muß nicht schwimmen, nein, nur so tun, als
Gehöre man einfach zu Schottermassen.
Man soll den Himmel anschaun und so tun
Als ob einen ein Weib trägt, und es stimmt.
Ganz ohne großen Umtrieb, wie der liebe Gott tut
Wenn er am Abend noch in seinen Flüssen schwimmt.

OSKAR LOERKE

Strom

Du rinnst wie melodische Zeit, entrückst mich den Zeiten,
Fern schlafen mir Fuß und Hand, sie schlafen an meinem
                                                    Phantom.
Doch die Seele wächst hinab, beginnt schon zu gleiten,
Zu fahren, zu tragen, – und nun ist sie der Strom,
Beginnt schon im Grundsand, im grauen,
Zu tasten mit schwebend gedrängtem Gewicht,
Beginnt schon die Ufer, die auf sie schauen,
Spiegelnd zu haben und weiß es nicht.

In mir werden Eschen mit langen Haaren,
Voll mönchischer Windlitanei,
Und Felder mit Rindern, die sich paaren,
Und balzender Vögel Geschrei.
Und über Gehöft, Wiese, Baum
Ist viel hoher Raum;
Fische und Wasserratten und Lurche
Ziehn, seine Träume, durch ihn hin –.
So rausch ich in wärmender Erdenfurche,
Ich spüre schon fast, daß ich bin:

Wie messe ich, ohne zu messen, den Flug der Tauben,
So hoch und tief er blitzt, so tief und hoch mir ein!
Alles ist an ein Jenseits nur Glauben,
Und Du ist Ich, gewiß und rein.

Zuletzt steigen Nebel- und Wolkenzinnen
In mir auf wie die göttliche Kaiserpfalz.
Ich ahne, die Ewigkeit will beginnen
Mit einem Duft von Salz.

Oskar Loerke

Pansmusik

Ein Floß schwimmt aus dem fernen Himmelsrande,
Drauf tönt es dünn und blaß
Wie eine alte süße Sarabande.
Das Auge wird mir naß.

Es ist, wie wenn den weiten Horizonten
Die Seele übergeht,
Der Himmel auf den Ebnen, den besonnten,
Aufhorcht wie ein Prophet

Und eine arme Weise in die Ohren
Der höhern Himmel spricht:
Das Spielen wankt, im Spielen unverloren,
Das Licht wankt durch das Licht.

Heut fährt der Gott der Welt auf einem Floße,
Er sitzt auf Schilf und Rohr,
Und spielt die sanfte, abendliche, große,
Und spielt die Welt sich vor.

Er spielt das große Licht der Welt zur Neige,
Tief aus sich her den Strom
Durch Ebnen mit der Schwermut langer Steige
Und Ewigkeitsarom.

Er baut die Ebenen und ihre Städte
Mit weichen Mundes Ton
Und alles Werden bis in dieses späte
Verspieltsein und Verlohn:

213

Doch alles wie zu stillendem Genusse
Den Augen bloß, dem Ohr.
So fährt er selig auf dem großen Flusse
Und spielt die Welt sich vor.

So fährt sein Licht und ist bald bei den größern,
Orion, Schwan und Bär:
Sie alle scheinen Flöße schon mit Flößern
Der Welt ins leere Meer.

Bald wird die Grundharmonika verhallen,
Die Seele schläft mir ein,
Bald wird der Wind aus seiner Höhe fallen,
Die Tiefe nicht mehr sein.

ERNST STADLER

Pans Trauer

Die dunkle Trauer, die um aller Dinge Stirnen todessüchtig
    wittert,
Hebt sachte deiner Flöte Klingen auf, das mittäglich im braunen
    Haideröhricht zittert.
Die Schwermut aller Blumen, aller Gräser, Steine, Schilfe, Bäume
    stummes Klagen
Saugt es in sich und will sie demutsvoll in blaue Sommerhimmel
    tragen.
Die Müdigkeit der Stunden, wenn der Tag durch gelbe Dämmer-
    nebel raucht,
Heimströmend alles Licht im mütterlichen Schoß der Nacht sich
    untertaucht,
Verlorne Wehmut kleiner Lieder, die ein Mädchen tanzend sich
    auf Sommerwiesen singt,
Glockengeläut, das heimwehrauschend über sonnenrote Abend-
    hügel dringt,
Die große Traurigkeit des Meers, das sich an grauer Küsten
    Damm die Brust zerschlägt
Und auf gebeugtem Rücken endlos die Vergänglichkeit vom
    Sommer in den jungen Frühling trägt –

Sinkt in dein Spiel, schwermütig helle Blüte, die in dunkle Brun-
    nen glitt ...
Und alle stummen Dinge sprechen leise glühend ihrer Seelen
    wehste Litaneien mit.
Du aber lächelst, lächelst ... Deine Augen beugen sich vergessen,
    weltenweit entrückt
Über die Tiefen, draus dein Rohr die große Wunderblume pflückt.

THEODOR DÄUBLER

Aus: Prolog zu »Nordlicht«

Es sind die Sonnen und Planeten, alle,
Die hehren Lebensspender in der Welt,
Die Liebeslichter in der Tempelhalle
Der Gottheit, die sie aus dem Herzen schwellt.

Nur Liebe sind sie, tief zur Kraft gedichtet.
Ihr Lichtruf ist urmächtig angespannt.
Er ist als Lebensschwall ins All gerichtet,
Was er erreicht, ist an den Tag gebannt.

Ein Liebesband hält die Natur verkettet;
Die Ätherschwelle wie der Feuerstern,
Die ganze Welt, die sich ins Dunkel bettet,
Ersehnt in sich den gleichen Ruhekern.

Durch Sonnenliebe wird die Nacht gelichtet.
Durch Glut und Glück belebt sich der Planet.
Die Starre wird durch einen Brand vernichtet,
Vom Meer ein Liebeswind verweht.

Wo sich die Eigenkraft als Stern entzündet,
Wird Leben auch sofort entflammt;
Und wenn die Welt sich im Geschöpf ergründet,
So weiß das Leid, daß es dem Glück entstammt.

So muß die Erde uns mit Lust gebären:
Und wird auch unser Sein vom Tag geschweißt,
Die Sterne können uns zu Gott belehren,
Verheißen, daß kein Liebesband zerreißt.

Wir sehn das Leben uns die Jugend rauben:
Es ängstigt uns das Alter und der Tod,
Drum wollen wir an einen Anfang glauben
Und schwören auf ein erstes Urgebot.

Doch bleibt die Ruhe bloß ihr Ruheleben!
Nichts ist verschieden, was sich anders zeigt;
Und vollerfüllt geschieht der Geister Beben,
Auch in uns selbst Natur, die sprechend schweigt!

Beständigkeit wird der Gewinn der Starre,
Doch es ereilt, zermürbt sie Ätherwut;
Und bloß der Geist ist da, daß er beharre,
Da er als Licht auf seiner Schnelle ruht.

Zwar sucht der Weltwurf immerfort zu dauern,
Und er umrundet drum den eignen Kern;
Er kann zum Schutz sich selber rings umkauern,
Doch ist sein Wunsch nicht ewig, sondern fern.

Wohl mag die Welt das Weiteste verbinden,
Der Geist jedoch, der aus sich selber drängt,
Kann urhaft Riesenkreise um sich winden,
Daß überall sein Wirken sich verschenkt.

So sind die Welten immerfort entstanden.
Doch da sich Ewiges dem Ziel entreißt,
Entlösen Sterne sich aus Sternenbanden,
Was die Unendlichkeit im Sein beweist.

Ja Liebe, Liebe will sich Welten schaffen.
Bloß Liebe, ohne Zweck und ohne Ziel:
Stets gleich, will sie stets anders sich entraffen,
Und jung, zu jung, bleibt drum ihr letztes Spiel.

Denn glühte durch das All ein Schöpferwollen,
So hätte *Eine* Welt sich aufgebaut,
Und traumlos würden Geister heller Schollen,
Im klaren Sein, von ihrem Dunkelgrund durchgraut.

9. Der neue Mensch

Innerhalb dieses Themenkreises läßt sich noch einmal die Grundspannung der expressionistischen Epoche verfolgen: es ist die Spannung zwischen »Verfall und Triumpf« (Titel eines Gedichtbandes von Becher), »Tod und Auferstehung« (Titel eines Gedichtbandes von Hasenclever), zwischen »Weltende« und Aufbruch, Ichdissoziation und der Hoffnung auf Erneuerung des Menschen, Entfremdungserfahrung und der messianischen Lehre von der Verbrüderung aller Menschen. Die Pole sind wesentlich aufeinander bezogen. Je vernichtender die Erfahrung der modernen Zivilisation, des Krieges, des Nihilismus, um so emphatischer wird die Erneuerung des Menschen, wird eine neue Sinngebung des Daseins durch eine in Brüderlichkeit geeinte Menschheit beschworen. »Mensch stehe auf!« (Becher), bei Rubiner gar »Sprang der Mensch in die Höh« (»Der Mensch«) und dieser neue Mensch strahlt in »himmlischem Licht« (Titel eines Gedichtbandes von Rubiner).[1]

Die Gedichte von Werfel, Hasenclever, Rubiner, Becher, Toller, den wohl wichtigsten Vertretern dieses messianischen Expressionismus, spiegeln selbst die innere Polarität. Ihrer Erweckungstendenz entsprechend in hymnisch-dithyrambischem Ton gehalten, malen sie die Negativaspekte der Moderne apokalyptisch aus, um ihnen die positive Erneuerung des Menschen um so beschwörender entgegenzuhalten. Dabei beerben die messianischen Expressionisten unmittelbar Denkfiguren und Vokabular der traditionellen Metaphysik. Wenn Toller und Hasenclever das Ende der christlichen Religion beklagen und Toller im selben Atemzug das »Sakrament der Erde« verkündet (»Unser Weg«), dann wird hier der Zusammenhang sogar explizit hergestellt. Gegenüber dem christlichen würde – getreu der Lehre von Nietzsches Zarathustra »Brüder, bleibt der Erde treu«[2] – der expressionistische Grundsatz lauten: von dieser Welt das Reich.

---

[1] In seinem Aufsatz »Der Mensch vor Gott: Expressionismus und Theologie« erwähnt W. Rothe den Einfluß okkulter Lehren wie Astralmythen und Gnosis auf den Expressionismus. (In: W. Rothe (Hg.), Expressionismus als Literatur. Bern und München 1969. S. 48ff.) Die Tendenz zum Wiederaufleben von Mythen ist schon im Symbolismus und im Jugendstil als eine Reaktion gegen den materialistischen Positivismus des 19. Jahrhunderts und die Profanisierung der christlichen Religionen zu beobachten. Die genauen Vermittlungskanäle zum Expressionismus sind allerdings bisher noch wenig erforscht. Man kann jedoch sagen, daß die so häufig verwendeten christologischen und neomythischen Motive im messianischen Expressionismus einen neuen, aktivistischen Akzent erhalten, während sie im Symbolismus – hier ist das Werk Huysmans repräsentativ –, einer kultischen Selbststilisierung des Künstlers und der Kunst selbst dienten.

[2] Bei Nietzsche heißt es: »Der Übermensch ist der Sinn der Erde. Euer Wille sage: der Übermensch sei der Sinn der Erde! / Ich beschwöre euch, meine Brüder, bleibt der Erde treu und glaubt denen nicht, welche euch von überirdischen

Die expressionistische Erneuerungsvision ist wie ja auch andere nach-christliche Weltanschauungen eine säkularisierte Heilslehre, eine Art Er-satzreligion, die den Menschen selbst in die Aura des »himmlischen Lichts« rückt. Ideologisch knüpft diese Erneuerungsbewegung auch an Autonomie-vorstellungen des klassischen Bürgertums an. In dem Maße, in dem das Ich seine eigene Bedrohtheit, seine Hilflosigkeit angesichts einer übermäch-tigen und fremden Wirklichkeit registriert, will es sich als autonomes Ich zur Geltung bringen. Die Bedingungen für das Scheitern dieses Unterfan-gens können den kulturkritischen Einsichten des Expressionismus selbst entnommen werden.[3]

Bei der Kennzeichnung des messianischen Expressionismus muß man so-gleich betonen, daß keineswegs alle Expressionisten sich der messianischen Erneuerungsvision verschrieben. Zwar mag wohl bei allen eine Sehnsucht nach Erneuerung, nach Veränderung der Wirklichkeit wach gewesen sein, aber bei Autoren wie Benn, van Hoddis, Lichtenstein, Trakl, einem Dra-matiker wie Carl Sternheim, Prosaisten wie Franz Kafka und Carl Ein-stein war das kulturkritisch-skeptische Moment viel zu stark, um es in dem naiven Glauben an Weltalliebe und Weltverbrüderung ertränken zu kön-nen. Schließlich war es ein Expressionist, Gottfried Benn, der den ›neuen Menschen‹ »das letzte Lügenfieber aus dem vom Abgang schon geschwoll-nen Maul« nannte.[4] Dieses Vorherrschen einer kritisch-skeptischen Tendenz schließt ein gelegentliches Auftauchen messianischer Erneuerungsvorstellun-gen auch bei diesen Autoren allerdings nicht aus.

Zu Lebzeiten der Expressionisten und lange Zeit in der Expressionis-musforschung wurde die Epoche allerdings schwerpunktmäßig von Pathos und Ideenwelt des messianischen Expressionismus her verstanden. In der großen und populären Lyrikanthologie des Expressionismus, Kurt Pinthus' »Menschheitsdämmerung«, dominieren die Autoren des messianischen Ex-pressionismus; die programmatischen Zwischentitel lauten: »Sturz und Schrei«, »Erweckung des Herzens«, »Aufruf und Empörung«, »Liebe den Menschen«.

Hoffnungen reden! Giftmischer sind es, ob sie es wissen oder nicht.« (Siehe I, Text 6.) Es ist deutlich, daß bereits die Metaphysikkritik Nietzsches unmittel-bar in eine Diesseitslehre einmündet. Der »Übermensch« – gedacht als evolutio-näre Steigerungsform des Menschen und sicher nicht als jene Karikatur, die faschistisches Unverständnis daraus gemacht hat –, soll jenen Sinn ins Dasein bringen, den ehemals Metaphysik und Religion zu garantieren schienen.

[3] Gegenüber vielen Kritikern des Expressionismus insbesondere in der Expres-sionismusdebatte ist zu betonen, daß die Maßstäbe für die Kritik an den Uto-pien des messianischen Expressionismus im Expressionismus selbst liegen. Aus ihm, nicht von außen, sind die Ansätze zur Kritik zu gewinnen. Allerdings operieren viele Kritiker des Expressionismus nur mit einem auf seine messia-nischen Tendenzen verkürzten Expressionismusbild.

[4] Gottfried Benn, Gesammelte Werke in vier Bänden. Hg. v. D. Wellershoff. Bd. 2. Wiesbaden 1965[3]. S. 101.

Politisch drängte der messianische Expressionismus zu einer aktivistisch-pazifistischen Betätigung. Angesichts einer in Völkerhaßparolen und Krieg zerfleischten Menschheit war die in der Literatur propagierte Lehre von der Brüderlichkeit aller Menschen zwar nicht sehr wirksam, aber erfüllte zweifellos doch eine positive Korrektivfunktion. In der berühmten Expressionismusdebatte vertritt Ernst Bloch sogar die Ansicht, daß jene expressionistischen Parolen während des Weltkrieges als »objektiv-revolutionäre« zu bewerten seien.[5] Zudem – und das wird vor allem aus den Gedichten von Johannes R. Becher deutlich – tendiert die expressionistische Brüderlichkeitsideologie zu einem, allerdings sozial und politisch undifferenzierten Sozialismus. Damit und auch mit der Selbsteinschätzung des expressionistischen Dichters als Führer zu einer Gesellschaft in Freiheit und Brüderlichkeit rechnet der spätere Kommunist Becher selbst ab.

Erst die Nachkriegsphase und insbesondere das Scheitern der revolutionären Bewegung in Deutschland hat den Idealismus des messianischen Expressionismus gründlich abgekühlt. Das Schicksal Gustav Landauers und Ernst Tollers ist mit dem Scheitern der Münchener Novemberrevolution eng verbunden. Landauer hatte mit seinem »Aufruf zum Sozialismus« (siehe Teil I, Text 7) gegen Völkerhaß, aber auch gegen einen starren und dogmatischen Sozialismus den Geist der Gemeinschaft und Brüderlichkeit beschworen und mit seiner Kampfschrift auf die Zeit großen Einfluß gehabt. Mit Toller stand er in der Münchener Revolution an führender Stelle. Er mußte dies mit einem furchtbaren Tod bezahlen.[6]

Ernst Toller, der sogar erster Vorsitzender der Arbeiter- und Soldatenräte war und nach der Ermordung Eisners zum Vorsitzenden der USPD in München gewählt wurde, büßte dies, nach dem Sieg der Nosketruppen, mit fünf Jahren Festungshaft. Während noch sein Drama »Die Wandlung« (1919) die Erneuerung des Menschen feiert, sind die späteren Dramen »Masse Mensch« und »Der deutsche Hinkemann«, sowie die hier abgedruckten Gedichte »Spaziergang der Sträflinge« und »November« in der Gefangenschaft geschrieben; sie haben den ehemals hymnischen Ton des messianischen Expressionismus ganz abgelegt.

Das Zerbröckeln der messianischen Hoffnung auf eine Erneuerung des Menschen zu Beginn der Weimarer Republik – auch an Albert Ehrensteins »Urteil« abzulesen – markiert zugleich das Ende der expressionistischen Epoche. In der politischen Polarisierung zersetzt sich ihr Weltverbrüderungsidealismus. Die literarische Entwicklung leitet über in die Epoche der »neuen Sachlichkeit«, die jedoch, wie der überragende Dramatiker der nachexpressionistischen Ära, Bert Brecht, und eine andere literarische Epoche der Folgezeit, der Surrealismus, das Erbe des Expressionismus in vielem aufnahm und produktiv weiterentwickelte.

---

[5] Ernst Bloch, Diskussion über Expressionismus. In: F. Raddatz (Hg.), Marxismus und Literatur. Bd. 2. Hamburg 1969. S. 53.

[6] Siehe die Anmerkung 12 zur Einleitung von Teil I.

GEORG TRAKL

Abendländisches Lied

O der Seele nächtlicher Flügelschlag:
Hirten gingen wir einst an dämmernden Wäldern hin
Und es folgte das rote Wild, die grüne Blume und der lallende
Demutsvoll. O, der uralte Ton des Heimchens,   [Quell
Blut blühend am Opferstein
Und der Schrei des einsamen Vogels über der grünen Stille des
                                                           Teichs.

O, ihr Kreuzzüge und glühenden Martern
Des Fleisches, Fallen purpurner Früchte
Im Abendgarten, wo vor Zeiten die frommen Jünger gegangen,
Kriegsleute nun, erwachend aus Wunden und Sternenträumen.
O, das sanfte Zyanenbündel der Nacht.

O, ihr Zeiten der Stille und goldener Herbste,
Da wir friedliche Mönche die purpurne Traube gekeltert;
Und rings erglänzten Hügel und Wald.
O, ihr Jagden und Schlösser; Ruh des Abends,
Da in seiner Kammer der Mensch Gerechtes sann,
In stummem Gebet um Gottes lebendiges Haupt rang.

O, die bittere Stunde des Untergangs,
Da wir ein steinernes Antlitz in schwarzen Wassern beschaun.
Aber strahlend heben die silbernen Lider die Liebenden:
Ein Geschlecht. Weihrauch strömt von rosigen Kissen
Und der süße Gesang der Auferstandenen.

ERNST STADLER

Der Spruch

In einem alten Buche stieß ich auf ein Wort,
Das traf mich wie ein Schlag und brennt durch meine Tage fort:
Und wenn ich mich an trübe Lust vergebe,
Schein, Lug und Spiel zu mir anstatt des Wesens hebe,
Wenn ich gefällig mich mit raschem Sinn belüge,

Als wäre Dunkles klar, als wenn nicht Leben tausend wildver-
                                        schlossne Tore trüge,
Und Worte wiederspreche, deren Weite nie ich ausgefühlt,
Und Dinge fasse, deren Sein mich niemals aufgewühlt,
Wenn mich willkommner Traum mit Sammethänden streicht,
Und Tag und Wirklichkeit von mir entweicht,
Der Welt entfremdet, fremd dem tiefsten Ich,
Dann steht das Wort mir auf: Mensch, werde wesentlich!

ERNST TOLLER

Unser Weg

Die Klöster sind verdorrt und haben ihren Sinn verloren,
Sirenen der Fabriken überschrillten Vesperklang,
Und der Millionen trotziger Befreiungssang
Verstummt nicht mehr vor klösterlichen Toren.

Wo sind die Mönche, die den Pochenden zur Antwort geben:
»Erlösung ist Askese weltenferner Stille...« –
Ein Hungerschrei, *ein* diamantner Wille
Wird an die Tore branden: *»Gebt uns Leben!«*

Wir foltern nicht die Leiber auf gezähnten Schragen,
Wir haben andern Weg zur Welt gefunden,
Uns sind nicht stammelndes Gebet die Stunden,

Das Reich des Friedens wollen wir *zur Erde* tragen,
Den Unterdrückten aller Länder Freiheit bringen –
Wir müssen um das Sakrament der Erde ringen!

WALTER HASENCLEVER

Zuviele Christen sind gestorben

Zuviele Christen sind gestorben.
Kein Christus stieg von des Kreuzes Not,
Ging durch Felder, von Pestluft verdorben,
Lebte und siegte über den Tod.

Sie starben im Dunkel, das sie geboren
Aus dem verhaßten Schoße der Lust:
Entfesselte Brut der bewußtlosen Toren,
Rückwärts gebohrt in die eigene Brust.
Der rächende Engel von Sodoms Stätte
Zuckte auf ihrem Sündenfall
Dumpfes Geschütz in der Bürger Bette.
Sie fuhren nieder zur Hölle all.
Zweitausend Jahre nach seinem Namen:
Die Gemeinschaft der Heiligen ist verdammt.
Giftige Frucht aus der Feindschaft Samen
Hat die Mäuler der Irren entflammt.
In Mord und Hunger, Gewalt und Lüge,
Bekränzt mit dem Glorienschein des Rechts:
Kein Heiland, der die Augen aufschlüge,
Sohn Gottes, Erlöser des falschen Geschlechts.
Kein Heiland, der in der Schlacht als Seher,
Wo dreier Jahre Sonne noch scheint,
Ein Korn des Guten der Menschheit näher,
Eine Träne Schmerz und Hoffnung geweint.
Christus am Kreuz ist mit ihnen gefallen.
Sein Reich ist verloren. Sein Name entweiht.
Propheten Zions! Trompeten erschallen.
Sei, Mensch, zur Hilfe der Menschen bereit!

ALFRED WOLFENSTEIN

Das Herz

Vergessen lag das Herz in unsrer Brust,
Wie lang! ein Kiesel in des Willens Lust,
Nur mit den wasserkühlen spiegelnden Händen
Manchmal berührt, unbewußt.

Einsiedlerisch in sich geschweift so klein,
Nicht nötig für den lückenlosen Stein
Der großen Stadt und für den stählernen Geldthron
In spitzes Rad griff volles Herz nicht ein.

Doch einmal endet der entseelte Lauf,
Nie steigt aus Umwelt Licht herauf,
Was uns umscheint, ist Himmel nie! der Morgen
Bricht innen aus dem Menschen auf –

Das Herz – das schmal wie eine Sonne brennt.
Doch Sterne rings nach seinen Strahlen nennt,
Das kleine Herz blickt unermeßlich
Aus seiner Menschenseele Firmament!

O Stirn, das Zeichen dieses Herzens trag,
Gedanken, tiefer hallt von seinem Schlag,
Das Herz ist die gewaltige Einheit innen!
Im Weltall leuchtets als des Menschen Tag.

FRANZ WERFEL

Das Allerweichste auf Erden überwindet
das Allerhärteste auf Erden

Laotse

Lächeln Atmen Schreiten

Schöpfe du, trage du, halte
Tausend Gewässer des Lächelns in deiner Hand!
Lächeln, selige Feuchte ist ausgespannt
All übers Antlitz.
Lächeln ist keine Falte,
Lächeln ist Wesen vom Licht.
Durch die Räume bricht Licht, doch ist es noch nicht.
Nicht die Sonne ist Licht,
Erst im Menschengesicht
Wird das Licht als Lächeln geboren.
Aus den tönenden, leicht unsterblichen Toren,
Aus den Toren der Augen wallte
Frühling zum erstenmal, Himmelsgischt,
Lächelns nieglühender Brand.
Im Regenbrand des Lächelns spüle die alte Hand.
Schöpfe du, trage du, halte!

Lausche du, horche du, höre!
In der Nacht ist der Einklang des Atems los,
Der Atem, die Eintracht des Busens groß.
Atem schwebt
Über Feindschaft finsterer Chöre.
Atem ist Wesen vom höchsten Hauch.
Nicht der Wind, der sich taucht
In Weid, Wald und Strauch,
Nicht das Wehn, vor dem die Blätter sich drehn . . .
Gottes Hauch wird im Atem der Menschen geboren.
Aus den Lippen, den schweren,
Verhangen, dunkel, unsterblichen Toren
Fährt Gottes Hauch, die Welt zu bekehren.
Auf dem Windmeer des Atems hebt an
Die Segel zu brüsten im Rausche,
Der unendlichen Worte nächtlich beladener Kahn.
Horche du, höre du, lausche!

Sinke hin, kniee hin, weine!
Sieh der Geliebten erdenlos schwindenden Schritt!
Schwinge dich hin, schwinde ins Schreiten mit!
Schreiten entführt
Alles ins Reine, alles ins Allgemeine.
Schreiten ist mehr als Lauf und Gang,
Der sternenden Sphäre Hinauf und Entlang,
Mehr als des Raumes tanzender Überschwang.
Im Schreiten der Menschen wird die Bahn der Freiheit geboren.
Mit dem Schreiten der Menschen tritt
Gottes Anmut und Wandel aus allen Herzen und Toren.
Lächeln, Atem und Schritt
Sind mehr als des Lichtes, des Windes, der Sterne Bahn.
Die Welt fängt im Menschen an.
Im Lächeln, im Atem, im Schritt der Geliebten ertrinke!
Weine hin, kniee hin, sinke!

Abschwur

Ich schwöre ab:
Jegliche Gewalt,
Jedweden Zwang,
Und selbst den Zwang,
Zu andern gut zu sein.
Ich weiß:
ich zwänge nur den Zwang.
Ich weiß:
Das Schwert ist stärker,
Als das Herz,
Der Schlag dringt tiefer,
Als die Hand,
Gewalt regiert,
Was gut begann,
Zum Bösen.

Wie ich die Welt will,
Muß ich selber erst
Und ganz und ohne Schwere werden.
Ich muß ein Lichtstrahl werden,
Ein klares Wasser
Und die reinste Hand,
Zu Gruß und Hilfe dargeboten.

Stern am Abend prüft den Tag,
Nacht wiegt mütterlich den Tag.
Stern am Morgen dankt der Nacht.
Tag strahlt.
Tag um Tag
Sucht Strahl um Strahl,
Strahl an Strahl
Wird Licht,
Ein helles Wasser strebt zum andern,
Weithin verzweigte Hände
Schaffen still den Bund.

WILHELM KLEMM

Morgen

Des Morgens, wenn die Erde der Sonne
Entgegenatmet, rauschen die Ströme lauter,
Tiefer staunen die Wälder, die Türme erheben
Feierlicher die steilen Häupter.

Feurige Kinder ergreifen den Schlüssel des Morgensterns:
Tu dich auf, o Pforte! Wunder der Welt, empor!
Zu dir, ewiges Licht!
Deine Jupiterliebe und unsre Herzen!

FRANZ WERFEL

Revolutions-Aufruf

Komm, Sintflut der Seele, Schmerz, endloser Strahl!
Zertrümmre die Pfähle, den Damm und das Tal!
Brich aus Eisenkehle! Dröhne du Stimme von Stahl!

Blödes Verschweigen! Behaglicher Sinn,
Geh mir mit deinem toten Ich bin!
Ach, nur das Weinen reißt uns zum Reinen hin.

Laß nur die Mächte treten den Nacken dir,
Stemmt auch das Schlechte zahllose Zacken dir,
Sieh das Gerechte feurig fährt aus den Schlacken dir.

Wachsend erkenne das Vermaledeit!
Brüllend verbrenne im Wasser und Feuer-Leid!
Renne renne renne gegen die alte, die elende Zeit!!

YVAN GOLL

Rezitativ

Aber als ich euch sterben sah, Ihr Revolutionslosen, Ihr Unleben-
    digen, Ihr Zukunftsblinden, Ihr Enkel und nicht Väter!
Als ich eure strahlenden Körper im rauchenden Blut verwesen
    sah,

Da überkam mich Mitleid unermeßlich! Die milden Tauben des
Roten Kreuzes umschwebten euren Schmerz. Und da, o ihr
steifen Krieger, da endlich ergabt ihr euch!
Das war die große Hingabe. Hingabe an das All. Hingabe an
den Menschen. Das war eure Menschwerdung. Das euer
Auferstehn!
Ihr hörtet auf, Untertan unverstandenen Schicksals zu sein; ihr
schluchztet demütig mit den Leidenden!
Offenbarung und Neugeburt, da wolkiger Himmel in Feuer-
zeichen sich auslädt, da heldischer Stolz in Tränen sich aus-
strömt: Ihr Sterbenden auf dem Schlachtfeld waret die
Offenbarung des neuen Geschlechtes!
Und ob ihr auch mit alten Götterpuppen spieltet, ihr kindischen
Toten: der eine das kalte Kreuz an den zitternden Lippen,
und dieser den flatternden Himmel wie einen Turban ums
Haupt sich schlagend:
Ewiger Funke entsprühte eurem brechenden Aug', und zwischen
Phantomen sah ich den neuen, liebenden, liebesstarken Men-
schen wandeln.

JOHANNES R. BECHER

Mensch stehe auf!

Verfluchtes Jahrhundert! Chaotisch! Gesanglos! Ausgehängt du
Mensch, magerster der Köder, zwischen Qual Nebel-Wahn
Blitz.
Geblendet. Ein Knecht. Durchfurcht. Tobsüchtig. Aussatz und
Säure.
Mit entzündetem Aug. Tollwut im Eckzahn. Pfeifenden Fieber-
horns.
Aber
Über dem Kreuz im Genick wogt mild unendlicher Äther.
Heraus aus Gräben Betrieben Asylen Kloaken, der höllischen
Spelunke!
Sonnen-Chöre rufen hymnisch auf die Höhlen-Blinden.
Und
Über der blutigen Untiefe der Schlachten-Gewässer
Sprüht ewig unwandelbar Gottes magischer Stern.

Du Soldat!
Du Henker und Räuber! Und fürchterlichste der Geißeln Gottes!
Wann endlich
– frage ich bekümmert und voll rasender Ungeduld zugleich –
Wann endlich wirst du mein Bruder sein??
Wenn
Das mörderische Messer restlos von dir *in dir* abfällt.
Du vor Gräbern und Feinden waffenlos umkehrst:
Ein Deserteur! Ein Held! Bedankt! Gebenedeit!
Zornig du in tausend Stücke das verbrecherische Gewehr zer-
    schmeißt.
Rücksichtslos dich deiner »verdammten Pflicht und Schuldigkeit«
    entziehst
Und deinen billigen hundsföttischen Dienst höhnisch offen ver-
    weigerst allen Ausbeutern, Tyrannen und Lohnherrn.
Wenn
Dein zerstörerischer Schritt nicht mehr erbarmungslos stampft
    über die friedlichen Lichtgründe einer kreaturen-beseelten
    Erde.
Und du dich wütend selbst zermalmst vor deinen glorreichen
    Opfern am Kreuz.
... dann dann wirst du mein Bruder sein ...

Wirst mein Bruder sein:
Wenn du reumütig vor dem letzten und schlimmsten der erschos-
    senen Plünderer kniest.
Verzweifelt und gedemütigt
Stachelfäuste durch deine Panzerbrust hindurch
In das Innere deines eben erwachten Herzens herabpreßt –
Zerknirscht und Gelübde schmetternd es herausheulst:
»Siehe auch dieser da war mein Bruder!!
Oh welche, oh meine Schuld!!!«

Dann dann wirst du mein Bruder sein.
Dann dann wird gekommen sein jener endliche blendende para-
    diesische Tag unsrer menschlichen Erfüllung,
Der Alle mit Allen aussöhnt.
Da Alle sich in Allen erkennen:
Da tauen die peitschenden Gestürme machtlos hin vor unserem
    glaubensvollen Wort.

Euerer Hochmut eigensinniger Ararat setzt sich erlöst und gern
  unter die weichen Gezelte der Demut.
Verweht der Teuflischen schlimmer Anschlag, Bürde und Aufruhr.
Wie auch gewaltlos überwältigt der Bösen eroberische Gier,
  schranken- und maßlosester Verrat und Triumph.

Sage mir, o Bruder Mensch, wer bist du!?
Wüter. Würger. Schuft und Scherge.
Lauer-Blick am gilben Knochen deines Nächsten.
König Kaiser General.
Gold-Fraß. Babels Hure und Verfall.
Haßgröhlender Rachen. Praller Beutel und Diplomat.
Oder oder
Gottes Kind!!??

Sage mir o Mensch mein Bruder *wer* du bist! Glücklich
Umgurgelt von den ruhlosen Gespenstern der unschuldig und
  wehrlos Abgeschlachteten!?
Der Verdammten Evakuierten explodierenden Sklaven und
  Lohnknechte!?
Trostlose Pyramide rings Wüstenei Gräber Skalp und Leiche.
Der Hungerigen und Verdursteten ausgedörrte Zunge euch Würze
  des Mahls!?
Jammer-Röcheln, Todeshauch, der Erbitterten Wut-Orkan euch
  wohlgefällige Fern-Musik?
Oder aber
Reicht dies brüllendste Elend alles nicht an euch
Ihr Satten Trägen Lauen ihr herzlos Erhabenen?
Euerer Härte Feste, vom Zyklon der Zeit umdonnert, wirklich
  unberührt!?
Bröckelt euerer stolzen Türme Stein um Stein nicht ab, daß die
  schwangeren Eselinnen endlich rasten.
Euere Früchte modern: Völker seellos und vertiert.
Herrscher dieser Welt, die euch nur euch belasten!!!

Sage mir o Bruder mein Mensch wer bist du!?
...makelloses Sterngebild am Himmelswunsch der Ärmsten oben.
Krasser Feuer-Wunde kühler Balsam-Freund –
Zaubrisch süßer Tau auf Tiger wildes Dorn-Gestrüpp –
Mildes Jerusalem fanatischer Kreuzzüge –

Nie je verlöschende Hoffnung –
Nie trügerischer Kompaß. Gottes Zeichen –
Öl bitterer Zwiebel starrer Zweifel –
Du tropische Hafenstadt ausgewanderter, der verlorenen Söhne –
Keiner dir fremd,
Ein jeder dir nah und Bruder.

Verirrte Bienenschwärme nistend in dir.
Im südlichen Zephir-Schlaf deiner Mulden rastet, verstrickt in
    des Raums labyrinthische Öde
Ekstatisch singend ein Bettler der besitzlose Dichter, Ahasver,
    der weltfremde weltnahe melancholische Pilger.
In die Schlummerlaube und Oase deiner Füße niedertaucht der
    Ohnefrieden.
Aber an den Ural-Schläfen deines Haupts aufwärts steigt der
    lichtvoll Nimmermüde:
Deiner Reinheit Quellen
Kämpfen sich durch Fluch und Steppen.
In verrammte Zitadellen
Geußt du Würze Lamm und Frühlingshügel.
Engel sinkst du wo sich Ärmste schleppen.
Noch in Höllen wirkst du Helfer gut.
Doch den Bösen klirrt – Gericht – dein Jünglingsflügel:
Aus der Felsen Schlucht und Brodem
Reißt du glühend Frucht und Odem.
Schöpfest himmlisch Blut.

. . . Grimmer Moloch oder Edens Küste.
Giftgas-Speier oder Saat des Heils.
Scheusal der Hyäne oder Palmen Zone.
Christi Seiten-Wunde oder Essigschwamm.
Sage mir o mein Bruder mein Mensch: *wer* wer von den beiden
    bist du?!
Denn
Brennende Gezeit brüllt fordernd dich auf:
Entscheide dich! Antworte dir!
Rechenschaft will ich und
Die zerrissene Erde aus der gewaltigen Schleuder deines Gehirns:
    Wille Fülle und Schicksal.

Einer heiligen glückhaften Zukunft kindlicher sorgloser Schlaf
    befrägt andämmernd schon dringend dich.
Schütte dich aus! Bekenne erkenne dich!

Erhöre dich! Werde deutlich!
Sei kühn und denke!
Mensch: du menschenabgewandter, einsamer Brodler, Sünder
    Zöllner Bruder und Verräter: wer bist du!!
Drehe im Grabe dich! Dehne dich sehne dich!
Atme! Entscheide dich endlich! Wende dich!
Limonen-Farm oder Distel-Exil.
Auserwählte Insel oder Pfuhl der Schächer.
Ruinen-Keller. Strahl-Prophet und Flammen-Sinai.
Lokomotiven Tempo Bremse kläffend.
Mensch Mensch mein Bruder wer bist du!?

Schwefel-Gewitter stopfen ruchlos azurenen Raum.
Deiner Sehnsucht Horizont vergittert sich.
(... nieder ins Blut! Brust auf! Kopf ab! Zerrissen! Gequetscht.
    Im Rüssel der Schleusen ...)
Noch noch ists Zeit!
Zur Sammlung! Zum Aufbruch! Zum Marsch!
Zum Schritt zum Flug zum Sprung aus kananitischer Nacht!!!
Noch ists Zeit –
Mensch Mensch Mensch stehe auf stehe auf!!!

Ludwig Rubiner

Der Mensch

Im heißen Rotsommer, über dem staubschäumenden Drehen der
rollenden Erde, unter hockenden Bauern, stumpfen Soldaten,
beim rasselnden Drängen der runden Städte
    Sprang der Mensch in die Höh.
    O schwebende Säule, helle Säulen der Beine und Arme, feste
strahlende Säule des Leibs, leuchtende Kugel des Kopfes!

    Er schwebte still, sein Atemzug bestrahlte die treibende Erde.
    Aus seinem runden Auge ging die Sonne heraus und herein.

Er schloß die gebogenen Lider, der Mond zog auf und unter. Der leise Schwung seiner Hände warf wie eine blitzende Peitschenschnur den Kreis der Sterne.

Um die kleine Erde floß der Lärm so still wie die Nässe an Veilchenbünden unter der Glasglocke.

Die törichte Erde zitterte in ihrem blinden Lauf.

Der Mensch lächelte wie feurige gläserne Höhlen durch die Welt,
Der Himmel schoß in Kometenstreif durch ihn, Mensch, feurig durchscheinender!
In ihm siedete auf und nieder das Denken, glühende Kugeln.
Das Denken floß in brennendem Schaum um ihn,
Das lohende Denken zuckt durch ihn,
Schimmernder Puls des Himmels, Mensch!
O Blut Gottes, flammendes getriebnes Riesenmeer im hellen Kristall.
Mensch, blankes Rohr: Weltkugeln, brennende Riesenaugen schwimmen wie kleine hitzende Spiegel durch ihn,

Mensch, seine Öffnungen sind schlürfende Münder, er schluckt und speit die blauen, herüberschlagenden Wellen des heißen Himmels.

Der Mensch liegt auf dem strahlenden Boden des Himmels,
Sein Atemzug stößt die Erde sanft wie eine kleine Glaskugel auf dem schimmernden Springbrunnen
O weiß scheinende Säulen, durch die das Denken im Blutfunkeln auf und nieder rinnt.

Er hebt die lichten Säulen des Leibs: er wirft um sich wildes Ausschwirren von runden Horizonten hell wie die Kreise von Schneeflocken

Blitzende Dreiecke schießen aus seinem Kopf um die Sterne des Himmels,

Er schleudert die mächtigen verschlungenen göttlichen Kurven umher in der Welt, sie kehren zu ihm zurück, wie dem dunklen Krieger, der den Bumerang schnellt.

In fliegenden Leuchtnetzen aufglühend und löschend wie Puls-
    schlag schwebt der Mensch,
Er löscht und zündet, wenn das Denken durch ihn rinnt,
Er wiegt auf seinem strahlenden Leib den Schwung, der wieder-
    kehrt,

Er dreht den flammenden Kopf und malt um sich die abge-
sandten, die sinkend hinglühenden Linien auf schwarze Nacht:
Kugeln dunstleuchtend brechen gekrümmt auf wie Blumen-
blätter, zackige Ebenen im Feuerschein rollen zu schrägen Kegeln
schimmernd ein, spitze Pyramidennadeln steigen aus gelben Funken wie Sonnenlichter.

Der Mensch in Strahlenglorie hebt aus der Nacht seine Fackel-
glieder und gießt seine Hände weiß über die Erde aus,

Die hellen Zahlen, o sprühende Streifen wie geschmolznes Metall.

Aber wenn es die heiße Erde beströmt (sie wölbt sich gebäumt),
Schwirrt es nicht später zurück? dünn und verstreut hinauf, be-
    schwert mit Erdraum:

Tiergeblöke. Duft von den grünen Bäumen, bunt auftanzender
Blumenstaub, Sonnenfarben im Regenfall. Lange Töne Musik.

Johannes R. Becher

Der Dichter meidet strahlende Akkorde

Der Dichter meidet strahlende Akkorde.
Er stößt durch Tuben, peitscht die Trommel schrill.
Er reißt das Volk auf mit gehackten Sätzen.

*

Ich lerne. Ich bereite vor. Ich übe mich.
Wie arbeite ich – hah leidenschaftlich! –
Gegen mein noch unplastisches Gesicht –:
Falten spanne ich.

Die Neue Welt
(– eine solche: die alte, die mystische, die Welt der Qual aus
tilgend –)
Zeichne ich, möglichst korrekt, darin ein.
Eine besonnte, eine äußerst gegliederte, eine *geschliffene* Land-
schaft schwebt mir vor,
Eine Insel glückseliger Menschheit.
Dazu bedarf es viel. (Das weiß er auch längst sehr wohl.)

O Trinität des Werks: Erlebnis, Formulierung, Tat.

Ich lerne. Bereite vor. Ich übe mich.

... bald werden sich die Sturzwellen meiner Sätze zu einer
unerhörten Figur verfügen.
Reden. Manifeste. Parlament. Der Experimentalroman.
Gesänge von Tribünen herab vorzutragen.

Der neue, der heilige Staat
Sei gepredigt, dem Blut der Völker, Blut von ihrem Blut, ein-
geimpft.
Restlos sei er gestaltet.
Paradies setzt ein.
– Laßt uns die Schlagwetter-Atmosphäre verbreiten! –
Lernt! Vorbereitet! Übt euch!

JOHANNES R. BECHER

Aus: Der Sozialist

Ob allen Ländern mußt enorm du schreiten.
Du saugest sie aus fernsten Kellern her.
Wachst Brüder auf zu euerem letzten Hügel!
Setzt ein Attacken! Schmelzt Phalangen jäh.

Mein Sozialist! voll wird die Welt dir tönen,
Das Tal dich feiern, tiefster Stadt vereint.
Wirr schwemmt dahin verrosteter Staaten Brei.
Es schleiert auf von neuem Horizont.

Terrassen Brudervölker steigen psalmend:
Posaunenchöre ob verworfener Zeit.
Mai schwillt. Der Ärmsten Viertel züngeln brennend.
Mein Sozialist, von Feuern rings girlandet.

Du schüre sie. Dein Haupt kann nicht versinken,
Kadavertürmen wehend aufgehißt.
Wir treffen uns, Signale winken:
Mein Sozialist!

RUDOLF LEONHARD

Der tote Liebknecht

Seine Leiche liegt in der ganzen Stadt,
in allen Höfen, in allen Straßen.
Alle Zimmer
sind vom Ausfließen seines Blutes matt.

Da beginnen Fabriksirenen
unendlich lange
dröhnend aufzugähnen,
hohl über die ganze Stadt zu gellen.

Und mit einem Schimmer
auf hellen
starren Zähnen
beginnt seine Leiche
zu lächeln.

KLABUND

Vater ist auch dabei

Und als sie zogen in den Krieg –
Vater war Maikäfer – Maikäfer flieg –
Da standen am Fenster die zwei,
Vergrämt, verhungert, Mutter und Kind,
Tränen wuschen die Augen blind:
Vater ist auch dabei –

Der Krieg war zu Ende. Er kam nach Haus.
Er zog die zerlumpte Montur sich aus.
Am Fenster standen die zwei:
»Geh nicht auf die Straße!« – »Ich muß, ich muß
Und Schuß auf Schuß! Hie Spartakus!
Vater ist auch dabei!

Vorbei der Traum der Revolution;
Wenn früh die Kolonnen ziehn zur Fron,
Stehen am Fenster die zwei:
Es zieht ein Zug von Hunger und Leid
In Ewigkeit – in die Ewigkeit –
Vater ist auch dabei.

ALBERT EHRENSTEIN

Urteil

Und ewig
Von der Krippe bis zum Krupp
Fällt die Menschheit
Trupp für Trupp.

Und ewig
Bleibt ein Söldner der Soldat,
Und ewig
Klebt an Sozialdemokraten Verrat,
Matronen sind die Revolutionsmatrosen,
Krokodilstränen weint die Regierung.

Heerwürger, Blutberichter, Mordmarschälle –
Nicht Wilhelm und nicht Ludendorff –
Keiner fiel dem Richterschwert!
Aber der Befreier Seele
Hat euch mörderisch verstört.

Wild lecken die Bluthunde ihre Blutsuppe.
Über Liebknecht und Luxemburg

Großer Sieg der Regierungstruppe,
Großer Sieg der Bürgerbäuche.
Sie füllen Menschenblut in ihre Schläuche.

Dies ist nicht Volk, ist Pöbel.
Dem Kehrricht sing ich lieber meine Litanei.
Und wenn ich euch mit tausend Donnern riefe,
Es schliefe doch,
Das arme deutsche Volk verschliefe,
Mordend noch im Traum,
Seine Zeit.

ERNST TOLLER

Spaziergang der Sträflinge

(Dem Andenken des erschoßnen Kameraden Wohlmuth, München)

Sie schleppen ihre Zellen mit in stumpfen Blicken
Und stolpern, lichtentwöhnte Pilger, im Quadrat,
Proleten, die im Steinverließ ersticken,
Proleten, die ein Paragraph zertrat.

Im Eck die Wärter träg und tückisch lauern.
Von Sträuchern, halb verkümmert, rinnt ein trübes Licht
Und kriecht empor am Panzer starrer Mauern,
Betastet schlaffe Körper und zerbricht.

Vorm Tore starb der Stadt Gewimmel.
»Am Unrathaufen wird im Frühling Grünes sprießen . . .«
Denkt Einer, endet mühsam die gewohnte Runde,

Verweilt und blinzelt matt zum Himmel:
Er öffnet sich wie bläulich rote Wunde,
Die brennt und brennt und will sich nimmer schließen.

Ernst Toller

November

Wie tote ausgebrannte Augen sind die schwarzen Fensterhöhlen
Im Dämmerabend der verhangenen Novembertage,
Wie Flüche wider Gott, hilflose Klage
Wider die Zwingherrn der verruchten Höhlen.

Die Städte sind sehr fern, darin die Menschen leben.
Ein Knäuel würgt die Kehle dir, ein Grauen
Betastet deine Glieder. Wer wird Freiheit schauen?
Wenn endlich wird sich dieses müde Sklavenvolk erheben?

Oh, niemand löscht die Stunden der Gefängnishöfe, die in wirren
Träumen uns gleich Fieberlarven schrecken, antlitzlosen,
Wir sind verdammt von Anbeginn, wir müssen wie Leprosen,

Unstete, durch die Jahre unsrer Jugend irren.
Was ist das Leben uns? Ein formlos farbenleer Verfließen. . . .
Und gnädig sind *die* Nächte, die wie Särge uns umschließen.

10. Grotesken

Zu den interessantesten, aber bisher wenig erforschten Stiltendenzen des Expressionismus gehört eine epochenspezifische Form der literarischen Groteske. Sie entspringt einer ins Absurde umschlagenden Logik. »Wir müssen einsehen, daß das Phantastischste die Logik ist«, schreibt Carl Einstein in seinem Roman »Bebuquin«.[1] Im Sinne der von Horkheimer und Adorno aufgewiesenen »Dialektik der Aufklärung« artikuliert sich hier in der expressionistischen Epoche die Kritik nicht an der Konsequenz, wohl aber an der Sinnhaftigkeit der Konsequenz der neuzeitlichen Logik.[2]

Aber auch die neu entdeckte ›surreale‹ Traumlogik ist Quelle des Grotesken.[3] In seiner Anthologie »Expressionismus – grotesk« schreibt Karl Otten: »Dem Gegensatz zwischen dem Ich und dem Andern, der Spaltung des Wissens in Gewissen, Nicht-Wissen, Bewußtsein und Unterbewußtsein, der Zerrissenheit des Dichters, den wir hier als den Menschen an sich betrachten müssen, solchen Dilemmas entspringen Sinn und Wesen des Grotesken.«[4] Zu ergänzen ist, daß das »Wesen des Grotesken« einer spezifisch neuzeitlichen Konstellation entspringt, die wir in Einleitungen zu den vorigen Kapiteln bereits umrissen haben. Bilden ja doch der Normverlust, die in ihrer Rapidität gar nicht zu verarbeitende Umschichtung des Lebensraumes, die politischen und sozialpsychologischen Zeitbedingungen eine spezifische Erfahrungskonstellation, die zu grotesken Ausdrucksformen führt. Insofern ist die Groteske eine Grunddimension des ideologiekritischen Expressionismus überhaupt und prägt eine Vielzahl von Gedichten von Autoren wie Jakob van Hoddis, Alfred Lichtenstein u. a.

Auch die expressionistische Freude am épater le bourgeois fördert den Hang zu skurril-grotesken Einfällen, deren polemische Spitze sich unter anderem gegen die bürgerlichen Kunstnormen richtet. Literarisch lehnen sich die antibürgerlichen Darstellungsformen vielfach an Elemente des Bänkelsangs an, der schon vor dem Expressionismus durch Autoren wie Julius Otto Bierbaum und Frank Wedekind zu einem Mittel der Kunst- und Kulturkritik entwickelt worden war. Vor allem der Dadaismus sollte die Form der gesellschaftskritischen Groteske ausbauen, wie überhaupt der Dadaismus und Surrealismus zu den wichtigsten Erben gerade dieser Stiltendenzen des Expressionismus gehören. Mit Huelsenbeck und Schwitters sind bereits zwei wichtige Autoren, die expressionisti-

---

[1] Carl Einstein, Gesammelte Werke. Hg. v. E. Nef. Wiesbaden 1962. S. 196.
[2] Max Horkheimer und Theodor W. Adorno, Dialektik der Aufklärung. Amsterdam 1947.
[3] Ein Zeitgenosse des Expressionismus, Albert Soergel, schreibt in seiner Literaturgeschichte »Dichtung und Dichter der Zeit. Neue Folge. Im Banne des Expressionismus«. Leipzig 1925, S. 395: »... eine Lehre – Sigmund Freuds Psychoanalyse – gewinnt eine unheimliche Macht über die künstlerische Jugend ...«.
[4] Karl Otten, Expressionismus – grotesk. Zürich 1962. S. 10.

sche Stiltendenzen dadaistisch zuspitzen, auch in dieser Gruppe vertreten. Die abgründigen Schichten der expressionistischen und auch dadaistischen Groteske liegen in der erwähnten Erfahrung von Wert- und Normverlusten, die, in radikaler Konsequenz, zu einer vollkommenen Orientierungslosigkeit führen und zum Identitätsverlust. Man kann hier durchaus an Kafkas Erzählungen erinnern. Die groteske Wirkung der Erzählungen Kafkas entspringt einer radikalen, begrifflich nicht mehr aufzuhebenden und auch ironisch nicht auf Distanz zu setzenden Verfremdung als Ausdruck der Entfremdung. Die konsequente Beschreibung einer total entfremdeten Welt, wozu auch die »Verwandlung« des eigenen Ich gehört, erzeugt hier die Groteske.

Brechts Marie Farrar hat etwas von jener grotesken Existenz, insofern sie ihre eigene Situation so wenig durchschaut, so hilflos in ihr agiert wie Kafkas Käfer in der »Verwandlung«. Brecht fühlt sich in diese blinde und hilflose Innenperspektive ein und vermittelt so das Bedrohliche einer undurchdringlichen Welt, in der die Kreaturen »mit letzter Kraft«, ohne die Welt und sich zu verstehen, nurmehr reagieren.[5] Der überlegene Gestus des Autors, der diesen Fall vorführt und um Verständnis bittet, transzendiert aber, zwischen jener Blindheit und dem Leser vermittelnd, die entfremdete Perspektive und damit den Spielraum der expressionistischen Groteske überhaupt. Der einfühlende Nachvollzug und die Bitte um Verständnis löst gerade die irreduzible Verstörtheit expressionistischer Grotesken auf. Handlungsanweisungen können gegeben werden. Aber – nach dem messianischen Expressionismus – keine planen Utopien mehr. Bei Nietzsche hieß es: »Der Nihilismus steht vor der Tür: woher kommt uns dieser unheimlichste aller Gäste?«[6] Bei Brecht heißt es: »Wenn die Irrtümer verbraucht sind / Sitzt als letzter Gesellschafter / Uns das Nichts gegenüber.« Jener Nihilismus, der zu Bewußtsein kam, als die Aufklärung nicht nur die überkommene Metaphysik, sondern ihre eigenen tragenden Fundamente, den Begriff der »Vernunft«, des »Subjekts«, der »Logik« als kategoriale »Herrschafts-Gebilde« (Nietzsche) entlarvte, eröffnete die Tiefendimension der modernen Groteske. Und sie ist noch nicht aus der Welt.

---

[5] Ein neuerer Aufsatz über Brechts »Marie Farrar« bestätigt diesen Befund: »Die verlassene und gequälte Marie schlägt ihr Kind, weil sein Schreien sie ›verdrossen‹ hat; ihre Verzweiflungstat ist blind, reaktiv und beinahe zufällig.« (Carl Pietzcker, Von der Kindesmörderin Marie Farrar. In: Brechtdiskussion. Kronberg 1974. S. 187.) Im Zusammenhang mit dem Begriff der »Kreatürlichkeit« als Darstellung einer »Reduktionsform des Menschlichen« führt Pietzcker ebenfalls die Kategorie der Groteske zur Interpretation der Ballade ein: »Nicht das Fehlen einer klar artikulierten Lehre läßt die Verfremdung hier im Grotesken verharren, sondern die suggestive Darstellungsweise und das Bild des kreatürlichen Menschen in einer im einzelnen zwar exakt erfaßten, jedoch nicht als sich bewegendes System begriffenen Gesellschaft.« (Ebd., S. 193.)

[6] Friedrich Nietzsche, Werke in drei Bänden. Hg. v. K. Schlechta. München 1966. Bd. 3. S. 881.

JAKOB VAN HODDIS

Der Visionarr

Lampe blöck nicht.
Aus der Wand fuhr ein dünner Frauenarm.
Er war bleich und blau geädert.
Die Finger waren mit kostbaren Ringen bepatzt.
Als ich die Hand küßte, erschrak ich:
Sie war lebendig und warm.
Das Gesicht wurde mir zerkratzt.
Ich nahm ein Küchenmesser und zerschnitt ein paar Adern.
Eine große Katze leckte zierlich das Blut vom Boden auf.
Ein Mann indes kroch mit gesträubten Haaren
Einen schräg an die Wand gelegten Besenstiel hinauf.

FERDINAND HARDEKOPF

Spleen

Ein Bündel Mond erreichte mein Gesicht
Um 3 Uhr nachts, ein Quantum Butterlicht,
Und mahnte [3 Uhr 2]: »Ein Spuk-Gedicht,
Nervös-geziert, ist Literatenpflicht!«

Die Kammer dehnte sich verbrecher-hell.
Der Mond, ein Dotterball, schien kriminell.
Da stieg die Dame Angst [-Berlin] reell
Auf ihr imaginäres Caroussel.

Ein Schneiderkleid umpreßte mit Radau
Die Dame Angst: die Gift- und Gnadenfrau.
Doch das Citronen-Ei [um 3 Uhr 5 genau]
Versank in Bar-Fauteuils aus Dämmerblau. –

Nachhüstelnd, matt-dosiert: »Macabre-Bar!
Ihr lila Blicke! Schweflig Tulpenhaar!
Aus Puderkrusten Tollkirsch-Kommentar!
Ein Gruß: du noctambules Seminar!«

... So. 3 Uhr 10. Wie süß verwirrt ich war!

PAUL SCHEERBART

Der Frack-Komet

Ich lebte vor langer langer Zeit
In einem Raume,
Der ganz voll Licht war;
Es leuchteten wohl sämtliche Atome.
Und da kam plötzlich
Eine schwarze Sonne an,
Die schwarze Strahlen
Durch das Lichtreich sandte.
Die schwarzen Strahlen waren kühl
Und kühlten auch meinen heißen Leib,
Der selbstverständlich nicht
Aus dicken Stoffen sich zusammensetzte.
Nun brach sich jenes schwarze Licht,
Das ganz besondre Qualitäten zeigte,
In meinem heißen Leibe so,
Daß ich einen –
Schwarzen Schweif bekam;
Und spalten tat sich dieser Schweif
Und sah beinah so aus
Wie jene langen Streifen,
Die sich an Menschenfräcken
Unter den Händen
Fleißiger Schneider bilden.
Ich ward in jener alten alten Zeit
Ein Frack-Komet.
Ob sich für unsre Erde
Noch mal Kometen
Sichtbar machen könnten –
In Frackform?

Phantasie

Der dicke Kopf blüht auf in Regenbogenfarben –
von Negern schrillt es wütend durch die Nächte;
es fahren Wagen schreiend mit den Flammengarben
auf sanften Brücken und zergleiten dampfend.

Das Hochgericht speit seinen Aasduft wilder,
so Trommeln quiken über Land und Stadt.
Aus unseren Ohren johlen die verruchten Bilder
als Schemen tanzend, schöngewellt und matt.

Im Schlafrock gröhlt der alte Oberpriester
und zeigt der Schenkel volle Tostatur.
Aus Menagerien knattern scheugewordene Biester.
Der Zeylonlöwe hebt die Hand zum Schwur.

So hingeschlagen auf den fetten Tischen,
wo Ölstrom läuft, rührt uns der tote Mann.
Sein Hirn ist Glas, sein Bein zischt aus den Nischen –
ein Papagei zieht sich die schönen Hosen an.

Er träumt vom Strand, wo in Mangrovebäumen
der Affe purzelt und die Seekuh bellt.
Ein Stern hat glotzend unsere Nacht erhellt
aus der die Meere wie Champagner schäumen.

Es riß der Strick am Leib der Äquatoren!
Ein Heer von Professoren wankend brach
wie tausend Häuser einem Weibe nach,
der Schweiß steht kichernd auf entseelten Poren.

An Anna Blume

O, du Geliebte meiner siebenundzwanzig Sinne, ich liebe dir! –
Du deiner dich dir, ich dir, du mir. – Wir?
Das gehört (beiläufig) nicht hierher.

Wer bist du, ungezähltes Frauenzimmer? Du bist – bist du?

Die Leute sagen, du wärest – laß sie sagen, sie sie wissen nicht, wie der Kirchturm steht.

Du trägst den Hut auf deinen Füßen und wanderst auf die Hände, auf den Händen wanderst du.

Hallo deine roten Kleider, in weiße Falten zersägt. Rot liebe ich Anna Blume, rot liebe ich dir! – Du deiner dich dir, ich dir, du mir. – Wir?

Das gehört (beiläufig) in die kalte Glut.

Rote Blume, rote Anna Blume, wie sagen die Leute?

Preisfrage: 1. Anna Blume hat ein Vogel
            2. Anna Blume ist rot.
            3. Welche Farbe hat der Vogel?

Blau ist die Farbe deines gelben Haares.

Rot ist das Girren deines grünen Vogels.

Du schlichtes Mädchen im Alltagskleid, du liebes grünes Tier, ich liebe dir! – Du deiner dich dir, ich dir, du mir. – Wir?

Das gehört (beiläufig) in die Glutenkiste.

Anna Blume! Anna, a-n-n-a ich träufle deinen Namen. Dein Name tropft wie weiches Rindertalg.

Weißt du es Anna, weißt du es schon?

Man kann dich auch von hinten lesen, und du, du Herrlichste von allen, du bist von hinten wie von vorne: »a-n-n-a«.

Rindertalg träufelt streicheln über meinen Rücken.

Anna Blume, du tropfes Tier, ich liebe dir!

GEORG HEYM

Das Lettehaus
Oder: Die Ballade vom zerbrochenen Herzen

Das Lettehaus, ein stolzer Sandsteinbau,
In der Bayreuther Straße, rot und grau.
Balkone viel, die vor den Fenstern ziehn.
Sieh dort die Mädchen, jung und wunderschin.

Das Ö entsprang. Ein helles I vibriert
Vor euch, die ihr Balkon und Fenster ziert.

Ich schwang den Hut, ein armer Troubadour,
Da ich mein Herz im Blauen hoch verlur.

Das O verschwand. Das dumpfe U entfuhr.
Mein sanfter Geist war ganz aus seiner Tour.
Du Blaue dort, mit deinem goldnen Haar,
Du Rote, ach, ich liebte euch zu sahr.

Hinaus das E. Das A der Qual erschallt,
Da, ach, vor Kummer wild mein Herz gelallt.
Ich warf euch eine letzte Kußhand nach,
Da Mittwoch abend rucks mein Herze brach.

Wie morscher Zunder riß es mitten durch.
Schreit mir doch einmal nach Charlottenburg,
Königsweg einunddreißig. Heilt geschwind,
Der baumelt sonst im dustern Abendwind.

FERDINAND HARDEKOPF

Herr Salzmann-Zwei, in Alexandrinern

Bei Tische wird ein Fisch: Herr Salzmann-Zwei, verspeist.
Er stellt es sich kaum vor. Dann sagt er, wie er heißt.
Das heißt: er stellt sich vor. Zwar sind die Fische stumm,
Doch kümmert dieser Snob von Fisch sich nicht darum.
Bequemten sich denn je die Allerweltsverhöhner
Gesetzen der Natur? Das wäre ja noch schöner!
Visitenkarten sind Herrn Salzmann nicht zur Hand:
So macht er mündlich sich der, der ihn ißt, bekannt.
Es nennt die, die ihn ißt, sich: Fräulein Grete Chlor.
Das heißt: sie nennt sich nicht! Wer stellt sich Fischen vor?
Und eine Gräte ist im Munde dieser Dame.
Jedoch in Gretes Mund nennt sich des Fisches Name.
Der Fisch sagt: »Salzmann-Zwei!« War je ein Fisch correcter?
Und doch: wie incorrect! In Gretes Munde steckt er!
Wie denn? Er ganz? O nein! Von ihm ein kleiner Teil!
Fast eine Gräte nur! Selbst die ist kaum noch heil.

Anstatt der Vorstellung: »Salzmann, durch Hundertdrei«,
Behauptet dies Gerät, daß es noch »Salzmann« sei!
Der Fisch ist stumm. Und dies, ein Fisches-Hundertdrittel,
In Grete Gräte nur, weist mit dem letzten Mittel
Auf sein Gewesensein! Muß Grete sich verschlucken?
Ach, kaum gelingt es ihr, die Gräte auszuspucken! –
Der Dame blieb seither, wie sehr sie auch von Welt,
Die Vorstellung von Fisch doch irgendwie vergällt.

KLABUND

Die Jungfrau

Hier ruht die Jungfrau Lisa Gütersloh,
Mein Gott, sie tat nur immer so.
In der letzten Nacht noch haben sie gesehn,
Einen Schlächtergesellen auf ihr Zimmer gehn.
Doch auf dem Fuße folgte die Strafe diesem Graus:
Es war des Morgens um halb vier,
Da blies derselbe Schlächter ihr
Mit seinem Schlächtermesser
Das Lebenslämpchen aus.

BERTOLT BRECHT

Von der Kindesmörderin Marie Farrar

1

Marie Farrar, geboren im April
Unmündig, merkmallos, rachitisch, Waise
Bislang angeblich unbescholten, will
Ein Kind ermodet haben in der Weise:
Sie sagt, sie habe schon im zweiten Monat
Bei einer Frau in einem Kellerhaus
Versucht, es abzutreiben mit zwei Spritzen
Angeblich schmerzhaft, doch ging's nicht heraus.
    Doch ihr, ich bitte euch, wollt nicht in Zorn verfallen
    Denn alle Kreatur braucht Hilf von allen.

2

Sie habe dennoch, sagt sie, gleich bezahlt
Was ausgemacht war, sich fortan geschnürt
Auch Sprit getrunken, Pfeffer drin vermahlt
Doch habe sie das nur stark abgeführt.
Ihr Leib sei zusehends geschwollen, habe
Auch stark geschmerzt, beim Tellerwaschen oft.
Sie selbst sei, sagt sie, damals noch gewachsen.
Sie habe zu Marie gebetet, viel erhofft.
    Auch ihr, ich bitte euch, wollt nicht in Zorn verfallen
    Denn alle Kreatur braucht Hilf von allen.

3

Doch die Gebete hätten, scheinbar, nichts genützt.
Es war auch viel verlangt. Als sie dann dicker war
Hab ihr in Frühmetten geschwindelt. Oft hab sie geschwitzt
Auch Angstschweiß, häufig unter dem Altar.
Doch hab den Zustand sie geheimgehalten
Bis die Geburt sie nachher überfiel.
Es sei gegangen, da wohl niemand glaubte
Daß sie, sehr reizlos, in Versuchung fiel.
    Und ihr, ich bitte euch, wollt nicht in Zorn verfallen
    Denn alle Kreatur braucht Hilf von allen.

4

An diesem Tag, sagt sie, in aller Früh
Ist ihr beim Stiegenwischen so, als krallten
Ihr Nägel in den Bauch. Es schüttelt sie.
Jedoch gelingt es ihr, den Schmerz geheimzuhalten.
Den ganzen Tag, es ist beim Wäschehängen
Zerbricht sie sich den Kopf; dann kommt sie drauf
Daß sie gebären sollte, und es wird ihr
Gleich schwer ums Herz. Erst spät geht sie hinauf.
    Doch ihr, ich bitte euch, wollt nicht in Zorn verfallen
    Denn alle Kreatur braucht Hilf von allen.

5

Man holte sie noch einmal, als sie lag:
Schnee war gefallen, und sie mußte kehren.

Das ging bis elf. Es war ein langer Tag.
Erst in der Nacht konnt sie in Ruhe gebären.
Und sie gebar, so sagt sie, einen Sohn.
Der Sohn war ebenso wie andere Söhne.
Doch sie war nicht, wie andre Mütter sind, obschon –
Es liegt kein Grund vor, daß ich sie verhöhne.
    Auch ihr, ich bitte euch, wollt nicht in Zorn verfallen
    Denn alle Kreatur braucht Hilf von allen.

6

So laßt sie also weiter denn erzählen
Wie es mit diesem Sohn geworden ist
(Sie wolle davon, sagt sie, nichts verhehlen)
Damit man sieht, wie ich bin und du bist.
Sie sagt, sie sei, nur kurz im Bett, von Übel-
keit stark befallen worden, und allein
Hab sie, nicht wissend, was geschehen sollte
Mit Mühe sich bezwungen, nicht zu schrein.
    Und ihr, ich bitte euch, wollt nicht in Zorn verfallen
    Denn alle Kreatur braucht Hilf von allen.

7

Mit letzter Kraft hab sie, so sagt sie, dann
Da ihre Kammer auch eiskalt gewesen
Sich zum Abort geschleppt und dort auch (wann
Weiß sie nicht mehr) geborn ohn Federlesen
So gegen Morgen zu. Sie sei, sagt sie
Jetzt ganz verwirrt gewesen, habe dann
Halb schon erstarrt, das Kind kaum halten können
Weil es in den Gesindabort hereinschnein kann.
    Und ihr, ich bitte euch, wollt nicht in Zorn verfallen
    Denn alle Kreatur braucht Hilf von allen.

8

Dann zwischen Kammer und Abort – vorher, sagt sie
Sei noch gar nichts gewesen – fing das Kind
Zu schreien an, das hab sie so verdrossen, sagt sie
Daß sie's mit beiden Fäusen, ohne Aufhörn, blind
So lang geschlagen habe, bis es still war, sagt sie.

Hierauf hab sie das Tote noch durchaus
Zu sich ins Bett genommen für den Rest der Nacht
Und es versteckt am Morgen in dem Wäschehaus.
    Doch ihr, ich bitte euch, wollt nicht in Zorn verfallen
    Denn alle Kreatur braucht Hilf vor allem.

9

Marie Farrar, geboren im April
Gestorben im Gefängnishaus zu Meißen
Ledige Kindesmutter, abgeurteilt, will
Euch die Gebrechen aller Kreatur erweisen.
Ihr, die ihr gut gebärt in saubern Wochenbetten
Und nennt »gesegnet« euren schwangeren Schoß
Wollt nicht verdammen die verworfnen Schwachen
Denn ihre Sünd war schwer, doch ihr Leid groß.
    Darum, ich bitte euch, wollt nicht in Zorn verfallen
    Denn alle Kreatur braucht Hilf von allen.

BERTOLT BRECHT

Der Nachgeborene

Ich gestehe es: ich
Habe keine Hoffnung.
Die Blinden reden von einem Ausweg. Ich
Sehe.

Wenn die Irrtümer verbraucht sind
Sitzt als letzter Gesellschafter
Uns das Nichts gegenüber.

III. Bio-bibliographisches Autorenverzeichnis

Das Verzeichnis der Gedichtautoren gliedert sich für jeden Autor in drei Teile: eine *Kurzbiographie,* eine numerierte *Aufstellung der abgedruckten Gedichte* mit *Erstdrucknachweisen* und eine *Bibliographie.*

Die Nachweise der *Erstdrucke* in expressionistischen Zeitschriften, Almanachen, Jahrbüchern u. ä. sind den Gedichttiteln in Klammern beigefügt und dienen vor allem der genaueren zeitlichen Datierung. Wichtigste Quelle für die Nachweise war der 1972 von Paul Raabe herausgegebene umfangreiche »Index Expressionismus. Bibliographie der Beiträge in den Zeitschriften und Jahrbüchern des literarischen Expressionismus. 1910–1925.«

Die *Bibliographie* verzeichnet die *Lyrikpublikationen* der Autoren in *Buchform,* soweit sie, einschließlich einer Phase des Vor- und Nachexpressionismus, in den Zeitraum des Expressionismus fallen. Die beigegebenen Ziffern zeigen an, in welchem der Gedichtbände ein hier abgedrucktes Gedicht erstmalig erschienen ist. Gedichte, die numerisch in der Bibliographie nicht nachgewiesen werden, waren bis zu ihrem Abdruck in späteren Gesamtausgaben entweder unpubliziert oder nur in Zeitschriften, Almanachen u. ä. veröffentlicht worden (siehe Erstdrucknachweise).

Unter den vorliegenden Gesamtausgaben wurden die jeweils verläßlichsten – soweit vorhandenen, historisch-kritische Ausgaben – als *Quellen* benutzt. Die jeweils letzte Ausgabe im bibliographischen Teil eines Autors bezeichnet die als Quelle herangezogene Gesamtausgabe, sofern eine Gesamtausgabe vorliegt.

JOHANNES R. BECHER

Wurde am 22. 5. 1891 in München als Sohn eines Amtsrichters und späteren Oberlandesgerichtspräsidenten geboren. Seit 1911 Studium der Medizin und Philosophie in Berlin und München, 1918/19 in Jena. Becher gehört zu den Autoren, an denen die Polarisierung des politisch engagierten Expressionismus besonders deutlich wird. Kriegsgegner während des Krieges trat Becher dem Spartakusbund bei und wurde schließlich Mitglied der kommunistischen Partei. In der Nacht des Reichstagsbrandes konnte er vor der Verhaftung nach Prag entfliehen, 1935 in die Sowjetunion. 1945 kehrte er in die sowjetisch besetzte Zone zurück. Seit 1954 war er Minister für Kultur in der DDR. Becher starb am 11. 10. 1958.

1. Die Stadt der Qual I (Die Neue Kunst I, 1913/14) [41]; 2. Frauen im Café [54]; 3. De profundis III [65]; 4. Verfall (Die Neue Kunst I, 1913/

14) [79]; 5. Der Idiot (Die Aktion 3, 1913) [84]; 6. Päan gegen die Zeit [114]; 7. An den General (die Weißen Blätter 4,II, 1917) [137]; 8. An Gott [174]; 9. Auswahl aus dem Zyklus »Mädchen« (Dorka, Mary) [181]; 10. Mensch stehe auf! (Der Weg 1, 1919) [227]; 11. Der Dichter meidet strahlende Akkorde (Die Flöte 3, 1920/21) [233]; 12. Aus: Der Sozialist (Die Weißen Blätter 3,IV, 1916) [234].

Der Ringende. Kleist-Hymne. 1911. *Die Gnade eines Frühlings.* 1912. *De profundis Domine.* 1913. *Verfall und Triumph.* 2 Bde. 1914 (1, 3 Erstfassung des Gedichts »De profundis (III)« als Teilabschnitt eines sehr viel längeren Gedichts bereits in »De profundis Domine« von 1913. 4, 5). *An Europa. Neue Gedichte.* 1916 (11 unter dem Titel »Eingang« in »An Europa«). *Verbrüderung.* 1916 (Der jüngste Tag, Bd. 25) (7 Es handelt sich um das Gedicht IV in dem Zyklus »Getötetem Freund. Vermächtnis des Sterbenden Soldaten.«, 9). *Päan gegen die Zeit.* 1918 (2, 6). *Die heilige Schar.* 1918. *Das neue Gedicht.* 1918 (Der Band enthält eine Auswahl aus den Gedichtbänden Bechers und neue im Krieg entstandene Gedichte (8, 12). *Gedichte um Lotte.* 1919. *Gedichte für ein Volk.* 1918. *An alle! Neue Gedichte.* 1919. *Ewig in Aufruhr.* 1920 (10). *Zion.* 1920. *Der Gestorbene.* 1921. *Um Gott.* 1921. *Verklärung.* 1922. *Vernichtung. Drei Hymnen.* 1923. *Am Grabe Lenins.* 1924. *Hymnen.* 1924. *Roter Marsch. Der Leichnam auf dem Thron.* 1925. *Maschinenrhythmen.* 1926. – *Gesammelte Werke.* Hg. v. Joh. R. Becher Archiv der Deutschen Akademie der Künste. Bisher erschienen 14 Bde. Ost-Berlin 1966–69. Der Bd. 1 enthält »Ausgewählte Gedichte 1911–1918«, Bd. 2 »Ausgewählte Gedichte 1919–1925«.

GOTTFRIED BENN

Am 2. 5. 1886 als Sohn eines protestantischen Pfarrers in Mannsfeld/Westpriegnitz geboren, wuchs Benn in Sellin in der Neumark auf und besuchte das Gymnasium in Frankfurt/Oder. Benn studierte zunächst auf Wunsch des Vaters Theologie und Philosophie in Marburg, dann auf eigenen Wunsch Medizin in Berlin. 1905–10 Ausbildung an der Kaiser-Wilhelm-Akademie für Militärärzte in Berlin, 1912 Abschluß des Medizinstudiums mit der Promotion und Approbation als Arzt in Berlin. In diese Zeit fällt auch der Beginn der Freundschaft mit Else Lasker-Schüler und die Bekanntschaft mit anderen expressionistischen Autoren. Ein wichtiger Treffpunkt für die literarische Avantgarde war damals das »Café des Westens« in Berlin. Während des ersten Weltkrieges diente Benn als Militärarzt, zunächst an der Westfront, dann in einem Hospital in Brüssel. 1918 ließ er sich als Facharzt für Haut- und Geschlechtskrankheiten in Berlin nieder und unterhielt dort seine Praxis bis 1935. In der Frühphase des Nationalsozialismus suchte er zunächst Identifikationsmöglichkeiten mit dieser Bewegung, erkannte aber bald seinen Irrtum und wurde nun auch heftig von den Nazis angegriffen. 1935 erschienen Angriffe gegen ihn in »Das Schwarze Korps« und im »Völkischen Beobachter«, 1938 wurde Benn aus der Reichsschrifttumskammer ausgeschlossen und erhielt Schreibverbot. Während des 2. Weltkrieges wiederum Dienst als Militärarzt. 1945 ließ Benn sich erneut als Facharzt in Berlin nieder, 1948 erschienen mit den »Statischen Gedichten« nach der Interimszeit des Faschismus wieder literarische Arbeiten Benns, zugleich der Beginn eines umfangreichen Spätwerks. Am 7. 7. 1956 verstarb Benn in Berlin.

1. Nachtcafé [56]; 2. Untergrundbahn (Der Sturm 4, 1913/14) [62]; 3. Mann und Frau gehn durch die Krebsbaracke (Die Bücherei Maiandros 4/5, 1913) [73]; 4. Der Arzt I und II [74]; 5. Requiem (Die neue Kunst I, 1913/14) [75]; 6. Schöne Jugend [77]; 7. Kokain [88]; 8. D-Zug (Pan 2, 1911/12) [194]; 9. Karyatide (Die Weißen Blätter 3,I, 1916) [195]; 10. Über Gräber (Die neue Kunst I, 1913/14) [195]; 11. Strand [210].

Morgue und andere Gedichte. 1912 (Lyrisches Flugblatt) (3, 5, 6). *Söhne. Neue Gedichte.* 1913 (2, 8). *Fleisch.* 1917 (Die Aktionslyrik, Bd. 3) (1, 4, 9, 7). *Die Gesammelten Schriften.* 1922 (11). *Schutt.* 1924. *Betäubung.* 1925. *Spaltung.* 1925. *Gesammelte Gedichte (I).* 1927 (10). – *Gesammelte Werke.* Hg. v. Dieter Wellershoff. Bd. 3: Gedichte. Wiesbaden 1960.

ERNST BLASS

Geboren am 17. 10. 1890 in Berlin. 1908–13 Studium der Jurisprudenz in Berlin und Heidelberg. Blass gehörte mit Kurt Hiller und Jakob van Hoddis zu den Gründungsmitgliedern des im »Neuen Club« versammelten Literatenkreises, aus dem das spätere »Neopathetische Cabaret« hervorging. 1914–15 Herausgeber der Monatszeitschrift »Die Argonauten«, zu deren Mitarbeitern u. a. W. Benjamin, E. Bloch, F. Blei, R. Musil, C. Sternheim, F. Werfel zählten. Als Blass 1913 nach Heidelberg ging, begann er sich jedoch stärker an neuromantischen Vorbildern zu orientieren. Seit 1924 Lektor am Paul Cassirer Verlag, seit 1928 schwer augenleidend, gehörte Blass ab 1933 zu den geächteten Autoren. Er starb am 23. 1. 1939 in Berlin an Tuberkulose.

1. Der Nervenschwache (Der Sturm 1, 1910/11) [48]; 2. Abendstimmung [49]; 3. Kreuzberg II [50]; 4. Autofahrt (Die Aktion 1, 1911) [61]; 5. Sommernacht [208].

Die Straßen komme ich entlanggeweht. 1912. (1–5). *Die Gedichte von Trennung und Licht.* 1915. *Die Gedichte von Sommer und Tod.* 1918. *Der offene Strom.* 1921.

PAUL BOLDT

Über die Biographie ist wenig bekannt. Boldt wurde 1886 in Ostpreußen geboren, lebte offenbar längere Zeit in Berlin und starb vermutlich 1918/19. Boldt gehört zu den rätselhaftesten Figuren des Frühexpressionismus. Er zählte zu den engsten Mitarbeitern Pfemferts: der von Paul Raabe herausgegebene Index Expressionismus verzeichnet 74 Gedichtpublikationen in der »Aktion«. Obwohl ihm einige gute Gedichte in dem für die ideologiekritischen Tendenzen der expressionistischen Lyrik typischen, ironisch gebrochenen Reihungsstil gelangen, ist Boldt auch in der Forschung bisher wenig beachtet worden.

1. Berliner Abend (Die Aktion 3, 1913) [53]; 2. Auf der Terrasse des Café Josty (Die Aktion 2, 1912) [53]; 3. In der Welt (Die Aktion 3, 1913) [85]; 4. Die Liebesfrau (Die Aktion 2, 1912) [183]; 5. Sinnlichkeit [184].

Junge Pferde! Junge Pferde! 1914 (Der jüngste Tag, Bd. 11).

BERTOLT BRECHT

Als »Sohn wohlhabender Leute« am 10. 2. 1898 in Augsburg geboren. Studium der Naturwissenschaften und Medizin in München. 1920 Dramaturg der Münchener Kammerspiele. 1924 Übersiedlung nach Berlin. Übernahme einer Dramaturgenstelle bei Max Reinhardt in Berlin. Ende der zwanziger Jahre intensives Studium des Marxismus. 1933 Flucht über Prag nach Wien, über die Schweiz, Frankreich, nach Dänemark. 1940 Flucht über Schweden nach Finnland, 1941 über Moskau, Wladiwostok nach Kalifornien. 1947 Rückkehr nach Zürich, 1948 nach Ost-Berlin, wo Brecht das berühmte Berliner Ensemble leitete. Brecht starb am 14. 8. 1956 in Berlin. Brechts Hauptwerk gehört schon von der Entstehungszeit her nicht mehr in den Expressionismus. Dennoch enthält vor allem das Frühwerk – hier sei auch an die Dramen »Baal« 1922, »Trommeln in der Nacht« 1922, »Im Dickicht der Städte« 1924 erinnert –, thematische und stilistische Elemente, die in der expressionistischen Epoche wurzeln.

1. Der Fähnrich (Beil. zu »Augsburger Neueste Nachrichten« 1915) [138]; 2. Hymne an Gott [179]; 3. Vom Schwimmen in Seen und Flüssen [211]; 4. Von der Kindsmörderin Marie Farrar [246]; 5. Der Nachgeborene [249].

Hauspostille. 1927 (3, 4. Entstehungszeiten: 1919 und 1922). – *Gesammelte Werke.* 20 Bde. Bände 8–10: Gedichte. Frankfurt 1967. Bd. 8. Darin: Gedichte 1913–26.

Theodor Däubler

Am 17. 8. 1876 als Sohn eines Großkaufmanns in Triest geboren, wuchs Däubler zweisprachig erzogen in Triest und Venedig auf. Abitur als Externer in Fiume. 1898 Übersiedlung der Familie nach Wien, wo Däubler mit der Musik Gustav Mahlers und der modernen Malerei in enge Berührung kam. Die Faszination für den mediterranen Raum führte Däubler in den folgenden Jahren immer wieder in den Süden, so nach Neapel, Venedig, Rom. 1903 siedelte er sich zeitweilig in Paris an; Bekanntschaft mit Braque, Picasso, Chagall. 1910 beendete er sein Früh- und Hauptwerk, das 1898 angefangene lyrische Epos »Das Nordlicht«, eine bildwuchtige, aus romantischer Natur- und Lebensphilosophie gespeiste kosmologische Mythologie. Das Pathos dieser Dichtung und die Wucht der persönlichen Erscheinung Däublers haben auf eine Reihe von messianischen Expressionisten nachhaltig gewirkt. Zwischen 1916–18 lebte Däubler vor allem in Berlin, ab 1921 in Griechenland. Reisen nach Kleinasien, Palästina, Ägypten. 1926 kehrte Däubler schwer erkrankt nach Deutschland zurück. Erneut Reisen: nach Skandinavien, England, Frankreich. Däubler war Ehrendoktor der Universität Berlin und Vizepräsident des PEN-Clubs. 1932 erkrankte er an Tuberkulose und starb am 13. 6. 1934 in St. Blasien im Schwarzwald.

1. Einfall [199]; 2. Landschaft (Der Anbruch 1, 1918) [199]; 3. Aus: Prolog zu »Nordlicht« [215].

Das Nordlicht. 1910 (1–3). *Ode und Gesänge.* 1913. *Hesperien.* 1915. *Der sternhelle Weg.* 1915. *Hymne an Venedig.* 1916. *Hymne an Italien.* 1916. *Das Sternenkind.* (Gedichtauswahl). 1916. *Die Treppe zum Nordlicht.* 1920. *Perlen von Venedig.* 1921. *Attische Sonette.* 1924. – *Dichtungen und Schriften.* Hg. v. Friedhelm Kemp. München 1956.

Albert Ehrenstein

Am 23. 12. 1886 in Wien als Sohn ungarisch-jüdischer Eltern geboren. Studierte Geschichte und Philologie. 1910 Promotion. Literarische Versuche schon während der Schulzeit. Erstveröffentlichungen von Gedichten in Karl Kraus' »Die Fackel«. Freier Schriftsteller und Literaturkritiker in Berlin, wo sich Ehrenstein dem »Sturm«-Kreis um Herwarth Walden anschloß. Große Reisen durch Europa, Afrika, Asien. Ende 1932 Emigration nach Zürich, 1941 nach New York, wo er im Armenhospital am 8. 4. 1950 starb.

1. Der Selbstmörder [83]; 2. Ausgesetzt [109]; 3. Verzweiflung [109]; 4. Leid (Der Brenner 4, 1914) [110]; 5. Der Kriegsgott (Neue Blätter für

Kunst und Dichtung 1, 1918/19 [121]; 6. Stimme über Barbaropa (Der Friede 1, 1918) [132]; 7. Christus spricht [159]; 8. Ethel [182]; 9. Entwandlung (Die Weißen Blätter 2, 1915) [191]; 10. Abendsee (Die Weißen Blätter 4,I, 1917) [207]; 11. Urteil (Die Aktion 9, 1919) [236].

Die weiße Zeit. 1914 (4). *Der Mensch schreit.* 1916 (9). *Die rote Zeit.* 1917 (1, 3, 5, 10). *Den ermordeten Brüdern.* 1919 (Prosa und Lyrik). *Die Gedichte* (1900–1919) (6, 8, 11). 1920. *Die Nacht wird.* 1920 (Gedichte und Prosa). *Wien.* 1921. *Dem ewigen Olymp.* 1921 (Gedichte und Prosa). *Herbst.* 1923. – *Gedichte und Prosa.* Hg. v. Karl Otten. Neuwied 1961. Diese Ausgabe folgt im großen und ganzen der Ausgabe letzter Hand »Mein Lied« von 1931 und diente als Textgrundlage. Zu bemerken ist, daß Ehrenstein seine Gedichte immer wieder überarbeitet und dabei stark verändert hat. Das gilt insbesondere für die Gedichte 6, 9, 11. Auch die Gedichtgruppen »Die weiße Zeit«, »die rote Zeit« und »Der Mensch schreit« in »Mein Lied« und so auch in der Ausgabe von Otten sind nicht identisch mit den Gedichtbänden gleichen Titels.

GERRIT ENGELKE

Geboren am 21. 10. 1890. Als Arbeitersohn und Malergeselle erwarb Engelke seine Kunstkenntnisse weitgehend autodidaktisch. Richard Dehmel, dem er 1913 seine Gedichte geschickt hatte, förderte ihn. Engelkes hymnischer Sprachstil und sein messianisches Menschheitsversöhnungsethos stehen auch deutlich unter dem Einfluß der Hymnen Dehmels und der dithyrambischen Sprache Walt Whitmans. Freundschaft mit Heinrich Lersch. 1914–18 Soldat an der Westfront, wo er in den letzten Kriegstagen fiel (am 13. 10. 1918 bei Cambrai).

1. Auf der Straßenbahn [60]; 2. Mensch zu Mensch [178].

Schulter an Schulter. 1916 (m. H. Lersch u. K. Zielke). *Rhythmus des neuen Europa.* 1921 (1, 2). – *Das Gesamtwerk.* Hg. v. Hermann Blome. München 1960.

YVAN GOLL

Als Sohn eines Elsässers und einer Lothringerin am 29. 3. 1891 in Saint-Dié geboren, wuchs Goll zweisprachig auf. Er besuchte das Gymnasium in Metz, studierte in Straßburg und Paris und promovierte 1912 zum Dr.phil. Durch »Schicksal Jude, durch Zufall in Frankreich geboren, durch ein Stempelpapier als Deutscher bezeichnet« lebte Goll 1914–18 in der Schweiz, ab 1919 in Paris. 1939 Emigration nach New York, 1947 Rückkehr nach

Paris, wo er am 14. 3. 1950 an Leukämie starb. Golls dithyrambische bild-plastische Phantasie, seine Mehrsprachigkeit, seine Freundschaft zu J. Joyce, S. Zweig, H. Arp, P. Eluard, P. Picasso, M. Chagall machten ihn zu einem der interessantesten Vermittler zwischen dem literarischen Expressionis-mus, zu dessen Abnabelung er selbst durch seine Parodien auf messianisch-expressionistisches Gedankengut beitrug, und anderen Kunstströmungen des 20. Jahrhunderts. Insbesondere lassen sich an seiner Bildsprache die Übergänge vom Expressionismus zum Surrealismus verfolgen. Mit dem von ihm propagierten »Überrealismus« und seinem »Manifest des Surrea-lismus« von 1924 gehört Goll zu den Gründern dieser Bewegung.

1. Der Torso (Die Aktion 8, 1918) [116]; 2. Der Panamakanal (Die Wei-ßen Blätter 2, 1915) [145]; 3. Rezitativ [227].

Lothringische Volkslieder. 1912. *Films. Gedichte.* 1914. *Der Panamakanal.* 1914 (die zweite erheblich kürzere Fassung erschien 1918 in »Der Torso«, die dritte in »Dithyramben«, die vierte in »Der Eiffelturm« 1924. Hier Abdruck der 1. Fassung, veröffentlicht unter dem Pseudonym Iwan Las-sang.) *Requiem. Für die Gefallenen von Europa.* 1917 (3). *Der neue Or-pheus. Eine Dithyrambe.* 1918 (Der rote Hahn, Bd. 5). *Der Torso. Stanzen und Dithyramben.* 1918 (1. Es handelt sich um das vierte Gedicht eines Dithyramben-Zyklus mit dem Titel »Der Torso«. In dem von Claire Goll hg. Sammelband erscheint das Gedicht versehen mit dem Hinweis: »Aus-zug, Erste Fassung, Dithyrambe«.). *Dithyramben.* 1918 (Der jüngste Tag, Bd. 54). *Die Unterwelt.* 1919. *Astral. Ein Gesang.* 1920. *Der Eiffelturm. Gesammelte Dichtungen.* 1924. – *Dichtungen. Lyrik, Prosa, Drama.* Hg. v. Claire Goll. Darmstadt u. a. 1960.

FERDINAND HARDEKOPF

Geboren am 15. 12. 1876 in Varel/Oldenburg. Lebte 1910–16 in Berlin und gehörte hier zum engen Mitarbeiterkreis von Franz Pfemferts »Ak-tion«, obwohl Hardekopf selbst wenig veröffentlicht hat. Tätigkeit als Parlamentsstenograph und Journalist. Ab 1916 in der Schweiz mit Be-ziehung zu den Dadaisten, 1921/22 noch einmal in Berlin. Dann in Frankreich und in der Schweiz ansässig. Mitarbeiter der Neuen Schweizer Rundschau, rege Übersetzertätigkeit. Hardekopf starb am 24. 3. 1954 in Zürich.

1. Wir Gespenster (Die Aktion 4, 1914) [59]; 2. Spät (Die Weißen Blätter 3,I, 1916) [112]; 3. Besessenheit [190]; 4. Baum [201]; 5. Spleen [241]; 6. Herr Salzmann-Zwei, in Alexandrinern [245].

Lesestücke. 1916 (Aktionsbücher der Aeternisten, Bd. 1.) (1–3, 5). *Privat-*

gedichte. 1921 (Der jüngste Tag, Bd. 85.) (4, 6). – *Gesammelte Dichtungen.*
Hg. v. Emmy Moor-Wittenbach. Zürich 1963. Das Gedicht 3 erscheint
hier unter dem Titel »Besessen«.

WALTER HASENCLEVER

Geboren am 8. 7. 1890 in Aachen. 1908 Abitur, danach Studium in Oxford, Lausanne, ab Herbst 1909 in Leipzig. Im Leipziger Freundeskreis um
K. Pinthus, F. Werfel, K. Wolff muß Hasenclever die Befreiung von dem
drückenden Einfluß des Vaters und den durch ihn repräsentierten gesellschaftlichen Zwängen gelungen sein. Hasenclevers Stück »Der Sohn« – der
erste große Bühnenerfolg des Expressionismus (fertiggestellt 1914, 1916 in
Dresden uraufgeführt) – beschreibt die Emanzipation »des Sohnes« aus
einer kerkerähnlichen sozialpsychologischen Situation durch Überwindung
(Tod) des »Vaters«. Die Dynamik der messianisch-expressionistischen Aufbruchstimmung und die ihr folgende Enttäuschung ist beispielhaft an der
Biographie Hasenclevers nachzuzeichnen: die im Frühwerk sich nieder-
schlagende Begeisterung des »Jünglings« (Gedichtsammlung von 1913)
führte im Krieg, in den Hasenclever zunächst als Kriegsfreiwilliger ein-
gerückt war, zur Haltung eines militanten Pazifismus. Und ähnlich wie
bei anderen politischen Aktivisten des Expressionismus, beispielsweise
Ernst Toller, ließ der blutige Verlauf der revolutionären Unruhen am
Ende des Krieges in Deutschland das aktive politische Engagement erkal-
ten. 1924–30 lebte Hasenclever als Korrespondent in Paris, Hollywood
und Berlin, 1933, ausgebürgert, emigrierte er nach Frankreich. In Cagnes-
sur-Mer in Südfrankreich wurde er zweimal interniert. Bei Annäherung
der deutschen Truppen nahm er sich am 23. 6. 1940 das Leben.

1. Die Lagerfeuer an der Küste rauchen [125]; 2. Sterbender Unteroffizier
im galizischen Lazarett (Der Bildermann 1, 1916) [131]; 3. 1915 [136];
4. Jaurès' Tod (Der Bildermann 1, 1916) [137]; 5. Zuviele Christen sind
gestorben [221].

Städte, Nächte und Menschen. Erlebnisse. 1910. *Der Jüngling.* 1913. *Tod
und Auferstehung. Neue Gedichte.* 1917 (1–5). *Der politische Dichter.*
1919. *Gedichte an Frauen.* 1922. – *Gedichte, Dramen, Prosa.* Hg. v. Kurt
Pinthus. Reinbek 1962.

GEORG HECHT

Am 12. 1. 1885 in Schwersenz bei Posen geboren. Studierte in Breslau und
Leipzig Medizin. Ließ sich 1910 in Dachau bei München nieder. Hecht gab
zionistische Schriften heraus, übersetzte Lustspiele aus dem Lateinischen,

veröffentlichte 1912 den Briefwechsel zwischen Goethe und Carlyle mit einem Nachwort. 1914 rückte er als Kriegsfreiwilliger ein und fiel am 14. 5. 1915 an der Westfront.

1. Leichnam (Die Aktion 5, 1915) [139].

Das Gedicht wurde entnommen: *1914–1916. Eine Anthologie*. Hg. v. Franz Pfemfert im Verlag »Die Aktion«. Das Buch trägt im Nachwort den Verweis: »Verse vom Schlachtfeld« und enthält Antikriegsgedichte von O. Kanehl, W. Klemm, A. Lichtenstein, E. Piscator, O. Pick, F. Werfel und anderen.

MAX HERRMANN-NEISSE

Am 23. 5. 1886 in Neiße geboren. Studium der Literatur und Kunstwissenschaft in München und Breslau. Seit 1909 freier Schriftsteller und Journalist in Neiße. 1917 Übersiedlung nach Berlin. Tätigkeit als freier Schriftsteller, Theater- und Kabarettkritiker. Mitarbeit an den express. Zeitschriften »Aktion«, »Die weißen Blätter«, »Pan«. 1924 erhielt Herrmann den Eichendorff-Preis, 1927 den Gerhart-Hauptmann-Preis. 1933 Emigration in die Schweiz, über Holland, Frankreich nach London. Dort starb Herrmann am 8. 4. 1941. Formal lehnte sich Herrman zeitweilig stark an den von Lichtenstein und van Hoddis entwickelten express. Reihungsstil an.

1. Nacht im Stadtpark [51]; 2. Das Wunder (Pan 3, 1912/13) [52]; 3. Und lande an dem schattenhaften Tor [175].

Das Buch Franziskus. 1911. *Porträte des Provinztheaters*. 1913. *Sie und die Stadt*. 1914 (1–2). *Empörung, Andacht, Ewigkeit*. 1917 (Der jüngste Tag, Bd. 49). *Verbannung*. 1919 (3). *Die Preisgabe*. 1919. *Im Stern des Schmerzes*. 1924.

GEORG HEYM

Am 30. 10. 1887 in Hirschberg/Schlesien als Sohn eines Militäranwalts geboren. Mit 13 Jahren Übersiedlung nach Berlin, 1905–07 freudlose Gymnasialzeit in Neuruppin. Extreme Spannungen mit dem eng bürgerlichen und bürokratischen Vater, der für die künstlerischen Intentionen des Sohnes keinerlei Verständnis aufbrachte. 1907–10 studierte Heym Jura in Würzburg und Berlin, als Korpsstudent; 1911 legte er das juristische Examen ab, danach Referendarzeit in Berlin, Promotion in Rostock. In den von Kurt Hiller, Jakob van Hoddis u. a. gegründeten »Neuen Club«, das spätere »Neopathetische Cabaret«, wurde Heym durch W. S. Ghuttmann eingeführt. Er las dort zum ersten Male am 6. Juli 1910. Am 16. Jan. 1912 ertrank Heym beim Schlittschuhlaufen in der Havel.

1. Die Städte [37]; 2. Der Gott der Stadt [38]; 3. Die Dämonen der Städte (Die Aktion 1, 1911) [39]; 4. Berlin II [45]; 5. Vorortbahnhof [61]; 6. Ophelia [77]; 7. Robespierre (Pan 1, 1910/11) [79]; 8. Nachtgesang [100]; 9. Die Menschen stehen vorwärts in den Straßen [101]; 10. Auf einmal aber kommt ein großes Sterben [102]; 11. Mitte des Winters [111]; 12. Der Krieg I (Das Neue Pathos. Jahrbuch, 1914/15) [120]; 13. Das infernalische Abendmahl [161]; 14. Abends [189]; 15. Träumerei in Hellblau [198]; 16. Trostloser Herbst. Verlorne weite Öde ... [200]; 17. Das Lettehaus (Die Aktion 1, 1911) [244].

Der ewige Tag. 1911 (2–4, 6–7). *Umbra vitae.* 1912 (1, 9, 12–13, 15). *Dichtungen.* Hg. v. K. Pinthus. 1922 (10, 11). Die übrigen Gedichte (5, 8, 14, 16) stammen aus den Jahren 1910/11 und wurden, außer »Vorortbahnhof« (5), erstmalig abgedruckt in: *Dichtungen und Schriften.* Gesamtausgabe. Hg. v. Karl Ludwig Schneider. Bd. 1: Lyrik. Hamburg und München 1964.

Kurt Heynicke

Geboren am 20. 9. 1891 in Liegnitz/Schlesien. Büroangestellter in einer Versicherungsgesellschaft, 1914–18 Soldat. 1926–28 Dramaturg und Spielleiter am Düsseldorfer Schauspielhaus, ab 1932 als Mitarbeiter der Ufa in Berlin. Danach als freier Schriftsteller in Merzhausen bei Freiburg ansässig. Die ersten Veröffentlichungen seiner von kosmischer Weltfrömmigkeit durchdrungenen Gedichte erschienen in Herwarth Waldens »Der Sturm«. Für die Neuauflage der »Menschheitsdämmerung« schrieb Heynicke: »Ich bin, die menschlichen Entwicklungen meines Lebens einbegriffen, gläubig geblieben, wie in der ersten Zeit meines lyrischen Schaffens.«

1. Das namenlose Angesicht [173].

Rings fallen Sterne. 1917. *Gottes Geigen.* 1918. *Das namenlose Angesicht. Rhythmen aus Zeit und Ewigkeit.* 1919 (1). *Die Hohe Ebene.* 1921.

Jakob van Hoddis (Pseudonym für Hans Davidson)

Geb. am 16. 5. 1887 in Berlin. 1906 Studium der Architektur in München, von 1907 an Studium der klass. Philologie und Philosophie in Jena und Berlin. Van Hoddis gehörte 1909 zu den Mitbegründern des »Neuen Clubs«, des späteren »Neopathetischen Cabarets«, einer der Keimzellen des Berliner Expressionismus, wo er mit Kurt Hiller, Georg Heym, Ernst Blass, Erwin Loewenson u. a. zu Lesungen und Diskussionen zusammentraf. Seit 1912 zunehmend bedroht und umnachtet von Schizophrenieschüben. Freundschaften mit Lotte Pritzel und Emmy Hennings scheiterten, ebenso der Versuch, durch Übertritt zum Katholizismus Halt zu finden. Von 1914 an lebte van Hoddis in dauernder Heilbehandlung, seit 1933 in der jüdischen Heilanstalt Bendorf-Sayn bei Koblenz. 1942 wurde er von dort durch die Nationalsozialisten abtransportiert und an unbekanntem Ort umgebracht.

1. Morgens (Die Aktion 4, 1914) [34]; 2. Mittag [34]; 3. Stadt [44]; 4. Kinematograph [58]; 5. Aurora (Die Aktion 3, 1913) [68]; 6. Weltende (Der Demokrat III,2, 1911) [93]; 7. Italien (Der Sturm 2, 1911/12) [96]; 8. Wunderlegende [99]; 9. He! [99]; 10. Klage (Revolution 1, 1913) [160]; 11. Die Wolken winden sich [161]; 12. Und zu mir kam der Gott zum zweiten Male [170]; 13. Weh mir, dem Gott die nackten Sonnen wies [171]; 14. Nachtgesang [171]; 15. Der Visionarr (Die Aktion 4, 1914) [241].

Weltende. 1918 (Eine Sammlung von 16 in der »Aktion« erschienenen Gedichten. »Der rote Hahn«, Bd. 19 im Verlag der »Aktion«.) (1, 6, 15). – *Weltende.* Gesammelte Dichtungen. Hg. v. Paul Pörtner. Verlag »Die Arche«, Peter Schifferli. Zürich 1958.

RICHARD HUELSENBECK

Geboren am 23. 4. 1892 als Sohn eines Apothekers in Frankenau/Hessen. Studium der Medizin, Philosophie und Kunstgeschichte. Huelsenbeck ging 1916 nach Zürich und begründete dort mit H. Ball, H. Arp, T. Tzara und M. Janco das »Cabaret Voltaire«, das Zentrum des frühen Dadaismus. Im Frühjahr 1917 Übersiedlung nach Berlin und Gründung der deutschen Dada-Bewegung. Zum Berliner Kreis gehörten George Grosz, Raoul Hausmann, Walter Mehring, John Heartfield u. a. Nach 1936 Emigration nach New York.

1. Phantasie (Neue Jugend 1, 1916/17) [243].

Schalaben, Schalomai, Schalomezomai. 1916. *Phantastische Gebete.* 1916.

OSKAR KANEHL

Geboren am 5. 10. 1888 in Berlin. Studium der Literaturwissenschaft. 1912 Promotion in Greifswald über »Der junge Goethe im Urteil des jungen Deutschland«. 1913/14 Herausgeber der frühexpressionistischen Zeitschrift

»Wiecker Bote«, die im Juli 1914 verboten wurde. Kanehl nahm sich am 28. 5. 1929 in Berlin das Leben.

1. Schlachtfeld [128]; 2. Auf dem Marsch (Die Aktion 5, 1915) [133].

Die Schande. Gedichte eines dienstpflichtigen Soldaten aus der Mordsaison 1914–1918. 1922. (Verlag »Die Aktion) (1, 2). Steh auf Prolet! 1920. Straße frei! Neue Gedichte. 1928.

KLABUND (Pseudonym für Alfred Henschke)

Geboren am 4. 11. 1890 in Crossen an der Oder. Seit dem 16. Lebensjahr lungenkrank und daher häufig in Schweizer Sanatorien. Gymnasialzeit in Frankfurt/Oder, Studium der Lit.wiss. und Phil. in München und Lausanne. Kein Studienabschluß. Freier Schriftsteller in München, Berlin und der Schweiz. Freundschaft mit G. Benn. Klabund war in moralische und politische öffentliche Auseinandersetzungen und auch einen Prozeß wegen Gotteslästerung verwickelt. In einem 1917 geschriebenen Brief an Wilhelm II. bekannte er sich zum radikalen Pazifismus. Klabund starb am 14. 8. 1928 nach einem von Rast- und Ruhelosigkeit erfüllten Leben in Davos. Literarisch gehört seine Lyrik nicht der hymnisch ekstatischen Stilrichtung des Expressionismus an, sondern nimmt eher, in Anlehnung an Heine und Wedekind, die parodistischen, ironisch-grotesken Elemente der Zeit auf.

1. Gewitternacht [125]; 2. Proleten [153]; 3. Die Kette [190]; 4. Ironische Landschaft [208]; 5. Vater ist auch dabei [235]; 6. Die Jungfrau [246].

Morgenrot! Klabund! Die Tage dämmern!. 1913 (4). Klabunds Soldatenlieder. 1914. Die Himmelsleiter. Neue Gedichte. 1916 (1–3). Der Leierkastenmann. Volkslieder der Gegenwart. 1917. (6). Das Sinngedicht des Persischen Zeltmachers. 1917. Die Geisha O-sen. 1918. Irene oder Die Gesinnung. 1918. Der himmlische Vagant. Ein lyrisches Porträt des Françoise Villon. 1919. Dreiklang. Ein Gedichtwerk. 1919. Hört! Hört!. 1919. Die Harfenjule. Neue Zeit-, Streit- und Leidgedichte. 1927 (5). – Gesammelte Werke. 6 Bde. Wien 1930.

WILHELM KLEMM

Am 15. 5. 1881 als Sohn eines Buchhändlers geboren. Studium der Medizin in München, Erlangen, Leipzig, Kiel. 1905 Staatsexamen, Assistent in Leipzig. Während des ersten Weltkrieges als Oberarzt im Felde (Westfront). Leitete ab 1919 die Buchhandlung C. F. Fleischer in Leipzig. 1921–37 geschäftsführender Gesellschafter des Alfred Kröner Verlages, 1927–55 Leiter der Dieterichschen Verlagsbuchhandlung. Seit 1922 keine literarischen Veröffentlichungen mehr. Während der Nazizeit politisch verfolgt. Nach dem Kriege lebte Klemm in Wiesbaden und starb dort am 23. 1. 1968.

1. Meine Zeit [108]; 2. Verzweiflung (Die Aktion 4, 1914) [108]; 3. An der Front [127]; 4. Schlacht an der Marne (Die Aktion 4, 1914) [127]; 5. Lazarett (Die Aktion 4, 1914) [130]; 6. Hölle (Die Aktion 5, 1915) [158]; 7. Philosophie [202]; 8. Morgen [226].

Gloria. Kriegsgedichte aus dem Feld. 1915 (3–5). *Verse und Bilder.* 1916. *Aufforderung. Gesammelte Verse.* 1917 (Die Aktionslyrik, Bd. 4) Neuauflage mit Nachwort von K. Pinthus. 1961 (1, 2, 6–8). *Ergriffenheit.* 1919. *Entfaltung. Gedichtfolge.* 1919. *Traumschutt.* 1920. *Verzauberte Ziele. Gedichtfolge.* 1921. *Die Satanspuppe.* 1922.

KARL KRAUS

Geboren am 28. 4. 1874 in Jicin/Böhmen als Sohn eines jüdischen Papierfabrikanten. Konvertierte zur katholischen Kirche, die er aber 1918 wieder verließ. Lebte ab 1877 in Wien, wo er ab 1899 die satirische Zeitschrift »Die Fackel« herausgab. Kraus starb am 12. 6. 1936. Literarisch gehört Kraus dem Expressionismus nur am Rande an. Zwar steht auch im Zentrum des Werkes von Karl Kraus das für den Expressionismus so wichtige »Weltende«-Thema (siehe beispielsweise das Drama »Die letzten Tage der Menschheit« 1919), aber die für Kraus kennzeichnende Form der polemischen Sprach- und Literatursatire ist für den Expressionismus nicht repräsentativ.

1. Mein Weltuntergang [113]

Worte in Versen. 1916ff. – Neuausgabe: Bd. 7 der *Werke,* hg. v. Heinrich Fischer. Kösel Verlag. München 1959. Mit freundlicher Genehmigung von Ben Fischer, London.

ELSE LASKER-SCHÜLER

Am 11. 2. 1869 als Tochter eines jüdischen Bankiers in Elberfeld geboren. 1894 heiratete sie den Arzt B. Lasker, von dem sie sich jedoch nach einigen Jahren wieder trennte. 1901–11 war sie mit Herwarth Walden verheiratet. Freundschaft mit P. Hille, T. Däubler, F. Marc, G. Benn, F. Werfel, R. Schickele u. a. Kurt Pinthus schrieb über sie: »Sie lebte in der Erinnerung an ihre Heimat und viel mehr noch in der Welt eines phantastischen Orients, der allmählich ihre wirkliche Welt wurde.« Kafka verspürte in ihrer Prosa »das wahllos zuckende Gehirn einer sich überspannenden Großstädterin...«. In der Tat lebte Lasker-Schüler in einer unstet bohèmehaften Großstadtatmosphäre mit der für die Zeit typischen ambivalenten Einstellung: einerseits die stimulierenden Einflüsse der Großstadt genießend – so die Kommunikation mit der künstlerischen Avantgarde in den Literatencafés –, wurden andererseits großstädtische Einsamkeit und der Überdruß an einer als sinnentleert erfahrenen Alltagswelt durch Wachträume und Phantasien kompensiert. Während Lasker-Schülers sozialkritisches Stück »Die Wupper« (1909) noch dem naturalistischen Milieustück verpflichtet ist, artikuliert sich in ihrer Lyrik Einsamkeit, Angst und Liebesbedürfnis in einer von der Neuromantik inspirierten Bildschönheit und in einer vielfach phantasmagorischen, aus ihrer jüdischen Kulturtradition gespeisten Vorstellungswelt. 1933 emigrierte sie in die Schweiz, reiste 1934 nach Ägypten und Palästina. Am 22. 1. 1945 starb sie verarmt in Jerusalem.

1. Weltende [103]; 2. Gott hör... (Die Weißen Blätter 7, 1920) [169]; 3. Hinter Bäumen berg ich mich [187]; 4. Die Stimme Edens (Der Sturm 1, 1910/11) [188].

Styx. 1902. *Der siebente Tag.* 1905 (1). *Die Nächte der Tino von Bagdad.* 1907. *Meine Wunder.* 1911 (4). *Hebräische Balladen.* 1913. *Die gesammelten Gedichte.* 1917. 1920² (3). Das Gedicht »Gott hör...« ist das Eingangsgedicht zur Erzählung *Der Wunderrabbiner von Barcelona.* Berlin 1921. – *Sämtliche Gedichte.* Hg. v. Friedhelm Kemp. München 1966.

RUDOLF LEONHARD

Geboren am 27. 10. 1889 in Lissa in Posen. Studierte Germanistik und Jura, in Göttingen und Berlin. Ähnlich wie Toller und andere Expressionisten rückte Leonhard zunächst als Freiwilliger in den ersten Weltkrieg ein, wurde aber im Verlaufe des Krieges zum militanten Pazifisten. Dieser Gesinnung wegen wurde er vor ein Kriegsgericht gestellt. 1918/19 nahm er aktiv an den revolutionären Unruhen in Deutschland teil. Danach lebte er als freier Schriftsteller in Berlin, einige Jahre war er Lektor des Verlages »Die Schmiede«. 1927 Übersiedlung nach Frankreich. 1939 interniert und als Widerstandskämpfer in das Lager von Castres eingeliefert. Kurz vor der Auslieferung an die Gestapo gelang Leonhard die Flucht nach Marseille, wo er illegal lebte und in der französischen Untergrundbewegung tätig war. Leonhard starb am 19. 12. 1953 in Berlin.

1. Der tote Liebknecht [235].

Angelische Strophen. 1913. *Der Weg durch den Wald.* 1913. *Barbaren. Balladen.* 1914. *Über den Schlachten.* 1914. *Polnische Gedichte.* 1918 (Der jüngste Tag, Bd. 37). *Katilinarische Pilgerschaft.* 1919. *Das Chaos.* 1919 (1). *Briefe an Margit.* 1919. *Mutter. Gedichte über ein Thema.* 1920. *Spartakus-Sonette.* 1921. *Die Prophezeiung.* 1922. *Die Insel.* 1923. – *Ausgewählte Werke in Einzelausgaben.* Bd. 3. Ein Leben im Gedicht. Verlag der Nation. Ost-Berlin 1964. (Diese Auswahl stützt sich für den Zeitraum des Expressionismus auf folgende Gedichtbände: »Der Weg durch den Wald«, »Das Chaos«, »Mutter«, »Polnische Gedichte«, »Spartakussonette«, »Die Insel«, »Briefe an Margit«).

ALFRED LICHTENSTEIN

Geb. am 23. 8. 1889 in Berlin als Sohn eines Fabrikanten. Lichtenstein besuchte das Luisenstädtische Gymnasium in Berlin und begann 1909 in Berlin auch sein Studium der Jurisprudenz, das er 1913 mit einer Dissertation über Theaterrecht in Erlangen abschloß. Am 24. Nov. 1910 veröffentlichte Lichtenstein erstmalig Lyrik in der von H. Walden redigierten expressionistischen Zeitschrift »Der Sturm«, von 1912 an gehörte er zu den Autoren um Pfemferts »Die Aktion«, die ihm im Oktober 1913 eine Sondernummer widmete. Für die Herauskristallisierung seines eigenen ironisch gebrochenen »Reihungs«-Stils war van Hoddis' 1911 erschienenes Gedicht »Weltende« stilbestimmend. Im Oktober 1913 trat Lichtenstein als Einjähriger in das 2. Bayerische Infanterieregiment ein und mußte am 8. August 1914 an die Front, wo er am 25. September bei Vermandovillers (Somme) fiel.

1. Punkt (Die Aktion 4, 1914) [35]; 2. Die Nacht (Die Aktion 2, 1912) [35]; 3. Trüber Abend (Die Aktion 2, 1912) [36]; 4. Regennacht (Die Aktion 4, 1914) [50]; 5. Nächtliches Abenteuer [55]; 6. Kientoppbildchen [59]; 7. Gesänge an Berlin [64]; 8. Nachmittag, Felder und Fabrik (Die Aktion 4, 1914) [73]; 9. Die Operation [76]; 10. Die Siechenden [76]; 11. Die Welt (Die Aktion 3, 1913) [93]; 12. Sonntagnachmittag (Die Aktion 2, 1912) [94]; 13. Prophezeiung (Pan 3, 1912/13) [122]; 14. Sommerfrische (Die Aktion 3, 1913) [123]; 15. Montag auf dem Kasernenhof [123]; 16. Doch kommt ein Krieg [124]; 17. Abschied [124]; 18. Die Granate [129]; 19. Die fünf Marienlieder des Kuno Kohn (Die Aktion 3, 1913) [164]; 20. Die Fahrt nach der Irrenanstalt I (Die Aktion 2, 1912) [166]; 21. Der Ausflug (Die Aktion 2, 1912) [208]; 22. Landschaft (Die Aktion 3, 1913) [209]; 23. Die Dämmerung (Der Sturm 1, 1910/11) [209]; 24. Nebel (Die Aktion 5, 1915) [210].

Die Dämmerung. 1913 (Lyrisches Flugblatt). (Enthält 3, 12, 20, 21, 23). *Gedichte.* Hg. v. Kurt Lubasch. 1919. – *Gesammelte Gedichte.* Hg. v. Klaus Kanzog. Verlag »Die Arche«, Peter Schifferli. Zürich 1962.

OSKAR LOERKE

Wurde am 13. 3. 1884 als Sohn eines westpreußischen Bauern in Jungen an der Weichsel geboren. Besuchte das Gymnasium in Graudenz und begann, nach abgebrochener Forst- und Landwirtschaftslehre, 1903 das Studium der Germanistik, Geschichte, Musik und Philosophie in Berlin. Freier Schriftsteller und Dramaturg beim Bühnenvertrieb F. Bloch. 1913 erhielt Loerke den Kleist-Preis. Seit 1917 bis zu seinem Tode am 24. 2. 1941 war Loerke Lektor beim S. Fischer Verlag in Berlin, seit 1927 Mitglied und Senator der Preußischen Akademie der Künste. Von seinen sieben Gedichtbänden enthalten vor allem die Bände »Wanderschaft« (1911) und »Pansmusik« (1916) expressionistische Elemente, wiewohl bereits in diesen Bänden jene Tendenz, die Dinge selbst metaphernfrei zur Sprache zu bringen, spürbar ist, die Loerke eher vom Expressionismus abgrenzt.

1. Blauer Abend in Berlin [45]; 2. Totenvögel [81]; 3. Kleinstadtsonntag [94]; 4. Unsere Göttin [95]; 5. Die Ebene (Der Orkan 1, 1917) [159]; 6. Die Einzelpappel [201]; 7. Strom (Die Flöte 1, 1918/19) [212]; 8. Pansmusik [213].

Wanderschaft. 1911 (1, 4, 6). *Pansmusik.* 1916 (2, 3, 5, 7, 8). *Die heimliche Stadt.* 1921. – *Gedichte und Prosa.* 2 Bde. Hg. v. Peter Suhrkamp. Bd. 1: Die Gedichte. Frankfurt 1958.

ERNST WILHELM LOTZ

1890 in Kulm an der Weichsel geboren. Lotz wurde mit 17 Jahren Fähnrich in einem Infanterieregiment zu Straßburg und nach dem Besuch der Kriegsschule in Kassel Leutnant. Wie viele seiner Generation zog Lotz zunächst begeistert in den ersten Weltkrieg; 1914 im September fiel er als Kompanieführer an der Westfront.

1. Die Nächte explodieren in den Städten [36].

Und schöne Raubtierflecken. 1913 (Lyrisches Flugblatt). *Wolkenüberflaggt.* (Der jüngste Tag, Bd. 36.) 1916 (1).

KARL OTTEN

Geboren am 29. 7. 1889 in Oberkrüchten bei Aachen. Studierte 1910–14 Soziologie und Kunstgeschichte in München, Bonn und Straßburg. Wie Otten in der »Menschheitsdämmerung« schreibt, war ihm die Freundschaft mit Erich Mühsam, Heinrich Mann, Carl Sternheim und Franz Blei »politisch und künstlerisch richtunggebend«. Weltanschaulich vertrat Otten einen messianischen Kommunismus im Geiste Tolstois. Als engagierter Pazifist wurde er während des ersten Weltkrieges in »Schutzhaft« genommen und als Arbeitssoldat eingesetzt. 1919 gab Otten in Wien die Zeitschrift »Der Friede« heraus, 1924–33 lebte er als freier Schriftsteller in Berlin. 1933 Emigration nach Spanien, wo ihn 1936 der Bürgerkrieg vertrieb. Im selben Jahr wurde er von den Nationalsozialisten ausgebürgert. Übersiedlung nach England, 1958 nach Locarno, wo Otten am 20. 3. 1963 starb. Otten hat sich trotz seiner Erblindung (1944) durch Herausgabe umfangreicher Anthologien sehr um die Rezeption des Expressionismus verdient gemacht.

1. Arbeiter [142]; 2. Gott [172].

Die Thronerhebung des Herzens. 1918 (1–2; Titel »Arbeiter!« nach der Anthologie »Menschheitsdämmerung«. Es handelt sich um einen Textausschnitt aus dem Gedicht »Die jungen Dichter«.) Textabdruck mit freundlicher Genehmigung von Ellen Otten, Locarno.

Ludwig Rubiner

Rubiner wünschte keine Biographie von sich, da er der Meinung war, »daß von Belang für die Gegenwart und die Zukunft nur die anonyme, schöpferische Zugehörigkeit zur Gemeinschaft ist«. So ist über sein Leben wenig bekannt: er wurde am 12. 7. 1881 in Berlin geboren, lebte zumeist in Berlin, während des ersten Weltkrieges in der Schweiz. Am 26. 2. 1920 starb er in Berlin. Rubiner gilt als einer der wichtigsten Vertreter des auch in die Politik ausgreifenden expressionistischen Aktivismus. In seinem lyrischen Werk verbinden sich die formalen und inhaltlichen Einflüsse Walt Whitmans (Langzeile, anthropozentrische Weltanschauung) mit säkularisiert-gnoseologischen Mythologemen, die schon im Jugendstil in die Dichtung Eingang gefunden hatten. Rubiners Kampfschrift »Der Mensch in der Mitte« (1917) ist eine der wichtigsten Programmschriften des messianischen Expressionismus.

1. Der Mensch (Die Weißen Blätter 3,II, 1916) [231].

Die indischen Opale. 1911. *Kriminalsonette.* 1913 (mit F. Eisenlohr u. L. Hahn). *Das himmliche Licht.* 1916. (Der jüngste Tag, Bd. 33) (1). *Kameraden der Menschheit. Dichtungen zur Weltrevolution.* (Hg. v. L. R.) 1919.

266

GUSTAV SACK

Wurde am 28. 10. 1885 in Schermbeck bei Wesel geboren. 1906–10 Studium der Germanistik und naturwissenschaftlicher Fächer in Greifswald, Münster, Halle. Sacks Roman »Ein verbummelter Student« (1917) ist ein autobiographisches Dokument dieser Zeit, ihres z. T. irrationalen Lebensgefühls und einer u. a. durch die Entwicklung der Philosophie und Naturwissenschaften bedingten, zeittypischen Erkenntniskrise. 1911 Militärdienst in Rostock. 1914 eingezogen und an der Westfront eingesetzt. Beförderung zum Offizier. 1916 nervenkrank im Militärlazarett. Am 15. 12. 1916 tödlich verwundet in der Nähe von Bukarest.

1. Der Schrei (Die Junge Kunst 1, 1919) [68]; 2. Der Tote (Das junge Deutschland 1, 1918) [83]; 3. Der Dichter [98]; 4. Die drei Reiter [110]; 5. Der Prolet [153]; 6. Gott [158]; 7. Die Welt (Romantik 3, 1920/21) [203]; 8. Die Drossel [203].

Die drei Reiter. Gedichte 1913–14. Hg. v. Paul Hühnerfeld. Hamburg und München 1958 (Diese Ausgabe diente als Textgrundlage). – *Gesammelte Werke.* 2 Bde. Hg. v. Paula Sack. 1920. *Prosa, Briefe, Verse.* Hg. v. Dieter Hoffmann. 1962.

PAUL SCHEERBART (Pseudonym für Bruno Küfer)

Wurde am 8. 1. 1863 in Danzig geboren. Seit 1887 als freier Literat in Berlin lebend, gründete Scheerbart 1889 im Gegenzug zum Naturalismus einen »Verlag deutscher Phantasten«, in dem auch seine ersten Bücher erschienen. Von seinem Jahrgang und den Veröffentlichungsdaten seiner Bücher her gehört Scheerbart eher zu den Vorläufern und Wegbereitern des Expressionismus, insbesondere jener phantastisch-grotesken Stilformen des Expressionismus, die später der Dadaismus und Surrealismus aufnehmen und weiterentwickeln sollten. Scheerbart starb am 15. 10. 1915 in Berlin.

1. Der Frack-Komet [242].

Kater-Poesie. 1909 (1). – *Dichterische Hauptwerke.* Hg. v. H. Draws-Tychsen u. E. Harke. Stuttgart 1962.

RENÉ SCHICKELE

Am 4. 8. 1883 als Sohn eines deutschen Weingutsbesitzers und einer französischen Mutter in Oberehnheim im Elsaß geboren. Nach dem Besuch des Gymnasiums in Zabern und Straßburg studierte Schickele Naturwissenschaften und Philosophie in Straßburg, München und Paris. 1901 gründete er mit O. Flake und E. Stadler zusammen die elsässische Kulturzeitschrift »Der Stürmer«, 1903 »Der Merker«. Zu den großen und wichtigen expressionistischen Zeitschriften gehören die von ihm 1915–19 herausgegebenen »Weißen Blätter«, die während und nach dem Krieg strikt dem Ideal der Gewaltlosigkeit verpflichtet blieben. Als Gegenprinzip zur Technisierung und Verdinglichung der modernen Gesellschaft propagierten Schickele und die »Weißen Blätter« eine geistige Erneuerung des Menschen. Dazu gehörte wesentlich der Abbau nationaler Vorurteile, um den sich Schickele unablässig bemühte. Insbesondere um die Versöhnung der Nachbarstaaten Deutschland und Frankreich hat er sich verdient gemacht. 1920 siedelte sich Schickele in Badenweiler im Schwarzwald an, 1932 an der französischen Riviera. Am 31. 1. 1940 starb er in Vence.

1. Abschwur (Die Weißen Blätter 6, 1919) [225].

Sommernächte. 1902. *Pan.* 1902. *Mon Repos.* 1905. *Der Ritt ins Leben.* 1906. *Weiß und Rot.* 1910. *Die Leibwache.* 1914. *Mein Herz, mein Land.* 1915. – *Werke in drei Bänden.* Hg. v. Hermann Kesten. Köln 1959. (Der dritte Band enthält eine Gedichtauswahl, jedoch nicht das Gedicht 1.).

KURT SCHWITTERS

Geboren am 20. 7. 1887 in Hannover. 1904–14 Studium an der Kunstakademie in Dresden. 1918 erste Ausstellung in Herwarth Waldens »Sturm«-Galerie. Seit 1919 lebte Schwitters in Hannover und begann in diesem Jahr mit der Produktion seiner »Merz-Bilder«, »bestehend aus wesensfremden Bestandteilen zum Kunstwerk vereinigt durch Kleister, Nagel, Hammer, Papier, Stoffetzen, Maschinenteile, Ölfarbe, Spitzen etc.«. Die Entwicklung dieser dadaistischen Collagen wurde in der folgenden Zeit durch plastische »Merz«-bauten vorangetrieben, durch eine »Merz«-Zeitschrift und Vortragsreisen theoretisch untermauert. 1922–23 nahm Schwitters am »Dada-Feldzug« in Holland teil. 1937 mußte er Deutschland verlassen, 1940 von Norwegen nach England fliehen. Dort starb er am 8. 1. 1948.

1. An Anna Blume (Der Sturm 17, 1926/27) [243].

Anna Blume. 1919 (1). *Die Kathedrale.* 1920. *Die Blume Anna.* 1923. – *Das literarische Werk.* Hg. v. Friedhelm Lach. Köln 1973. Bd. 1: Lyrik.

ERNST STADLER

Wurde am 11. 8. 1883 in Colmar im Elsaß als Sohn eines Staatsanwalts und späteren Kurators der Univ. Straßburg geboren. Gymnasialzeit in Straßburg, Studium der Germanistik, Romanistik und vergleichenden Sprachwissenschaft in Straßburg und München. Stadler promovierte 1906 in Straßburg mit einer Arbeit über Parzival, war 1906–08 Rhodes' Scholar in Oxford und habilitierte sich 1908 in Straßburg über Wielands Shakespeare-Übersetzungen. Seit 1910 Dozent in Straßburg, erhielt Stadler 1912 eine Professur an der Université Libre in Brüssel. Einem Ruf der Universität Toronto konnte Stadler nicht mehr folgen: er fiel bereits in den ersten Kriegswochen (am 30. 10. 1914) bei Ypern. Bereits 1902 hatte Stadler seine ersten, in neuromantischem Stil verfaßten Gedichte veröffentlicht (Publikationsorgane: »Die Gesellschaft«, »Das Reichsland« und die zusammen mit René Schickele und Otto Flake herausgegebene Halbmonatsschrift für elsässische Kultur »Der Stürmer«). Der Durchbruch zu der vom Impressionisten Max Dauthendey inspirierten, für Stadler charakteristischen gereimten Langzeilenform erfolgte jedoch erst 1911. Die unter dem Titel »Der Aufbruch« (1914) gesammelten, lebensphilosophisch-vitalistischen Zeittendenzen verpflichteten und von metaphysischer »Aufbruchs«-Sehnsucht durchdrungenen Gedichte kennzeichnet jedoch eine ganz eigenständige Sprache, deren Bedeutung in der Expressionismusforschung mit dem Werk von Heym und Trakl verglichen wird.

1. Judenviertel in London (Die Aktion 3, 1913) [44]; 2. Heimkehr [57]; 3. Bahnhöfe (Die Aktion 3, 1913) [62]; 4. Fahrt über die Kölner Rheinbrücke bei Nacht (Die Aktion 3, 1913) [63]; 5. Der Aufbruch [126]; 6. Zwiegespräch (Die Aktion 2, 1912) [167]; 7. Anrede [168]; 8. In diesen Nächten [183]; 9. Vorfrühling [205]; 10. Pans Trauer [214]; 11. Der Spruch [220].

Präludien. 1904. *Der Aufbruch.* 1914 (enthält alle Gedichte, außer 10). – *Dichtungen.* Eingel. u. hg. v. Karl Ludwig Schneider. Erster Band. Hamburg 1954. *Der Aufbruch und andere Gedichte.* Eingel. u. hg. v. Heinz Rölleke. Stuttgart 1967.

AUGUST STRAMM

Wurde am 29. 7. 1874 in Münster geboren. Beamter im höheren Postdienst, zuletzt Postdirektor im Reichspostministerium. Daneben studierte Stramm als Gasthörer in Berlin und Halle und promovierte zum Dr. phil. In den ersten Weltkrieg rückte er als Hauptmann der Reserve ein und fiel am 1. 9. 1915 an der Ostfront bei Horodec in Rußland. Stramm gehörte zum engen Freundeskreis um Herwarth Walden und seine Zeitschrift »Der

Sturm«. Seine Technik der Sprachballung und des experimentellen Umgangs mit der Syntax wurde zweifellos angeregt durch den von Walden in Berlin propagierten Futurismus und Marinettis Manifeste zur Literatur. (Alle in den Gedichtbänden »Du« und »Tropfblut« abgedruckten Gedichte sind nach einer Begegnung mit Marinetti im November 1913 entstanden, bei der Marinetti u. a. das »Technische Manifest der Futuristischen Literatur« vorgetragen hatte. Diese Begegnung muß auf Stramm so nachdrücklich gewirkt haben, daß er seine frühere Lyrikproduktion selbst vernichtete.) Im Gegensatz zu der an der modernen Technologie und dem von ihr verursachten Lebensgefühl orientierten Ästhetik des Futurismus kreisen Stramms sprachinnovative Gedichte jedoch vielfach um Themen, die zum traditionellen Themenkanon der Lyrik gehören.

1. Freudenhaus (Der Sturm 5, 1914/15) [55]; 2. Patrouille (Der Sturm 6, 1915/16) [129]; 3. Sturmangriff (Der Sturm 5, 1914/15) [129]; 4. Abendgang (Der Sturm 5, 1914/15) [185]; 5. Dämmerung (Der Sturm 5, 1914/15) [185]; 6. Verhalten (Der Sturm 5, 1914/15) [186]; 7. Vorfrühling (Der Sturm 5, 1914/15) [205].

Rudimentär. 1914. *Du. Liebesgedichte.* 1915 (1, 4–7). *Tropfblut.* Nachgelassene Gedichte. 1919 (2, 3). – *Das Werk.* Hg. v. René Radrizzani. 1963 (»Vorfrühling« unter den nachgelassenen Gedichten).

Ernst Toller

Geboren am 1. 12. 1893 in Samotschin an der polnischen Grenze als Sohn einer deutsch-jüdischen Kaufmannsfamilie. Die Jugend im deutsch-jüdischen Grenzgebiet und zwischen den Rassen hat, wie Tollers autobiographische Schrift »Eine Jugend in Deutschland« deutlich macht, zu schweren Identitätskonflikten geführt. Bei Kriegsausbruch als Jurastudent in Grenoble, suchte Toller sich zunächst in den Enthusiasmus der allgemeinen Kriegsbegeisterung zu integrieren. Durch die Erfahrung des Krieges selbst wurde er zum militanten Pazifisten. Seine Dramen »Die Wandlung« (1919) und »Masse Mensch« (1921) stehen ein für die messianische Utopie einer wandlungsfähigen, in Liebe geeinten Menschheit. Die Erfahrung bei der Novemberrevolution 1918, deren Verlauf er selbst an führender Stelle mit zu verantworten hatte, haben Tollers Glauben an die Möglichkeit einer gewaltlosen und aggressionsfreien Gesellschaft tief erschüttert. Er mußte nach dem Sieg der Noske-Truppen seine Tätigkeit als Vorsitzender im Zentralrat der bayerischen Arbeiter-, Bauern- und Soldatenräte mit fünf Jahren Festungshaft abbüßen. Die literarischen Dokumente aus dieser Zeit sind von Resignation vor der Wandlungsfähigkeit des Menschen geprägt. 1933 emigrierte Toller über die Schweiz, Frankreich, England in

die USA. Dort lebte er unter schweren Verhältnissen und nahm sich am
22. 5. 1939 das Leben.

1. Geschützwache [134]; 2. Gang zum Schützengraben [135]; 3. Leichen
im Priesterwald [135]; 4. Unser Weg [221]; 5. Spaziergang der Sträflinge
(Die Weißen Blätter 6, 1919) [237]; 6. November [237].

Gedichte der Gefangenen. 1921 (4–6). *Vormorgen.* 1924 (1–3). *Das Schwal-
benbuch.* 1924. – *Prosa, Briefe, Dramen, Gedichte.* Mit einem Vorwort von
Kurt Hiller. Reinbek 1961.

GEORG TRAKL

Am 3. 2. 1887 in Salzburg als Sohn eines Eisenhändlers geboren. 1897 Ein-
schulung in das humanistische Staatsgymnasium in Salzburg, das Trakl
jedoch wegen ungenügender Leistungen in den Fächern Latein, Griechisch,
Mathematik 1905 verlassen mußte. Trakls erste, unter dem Einfluß Baude-
laires, Verlaines, Hofmannsthals und Georges stehenden Dichtungsversuche
fielen noch in die Schulzeit. Nach dem Abbruch der Gymnasialzeit begann
Trakl eine Apothekerlehre und studierte, nach einer dreijährigen Prak-
tikantenzeit, 1908–10 Pharmazie in Wien. Im Herbst 1910 trat er als Einjähriger in die k.u.k. Sanitätsabteilung ein und diente 1912 im Garnisonsspital in Innsbruck, wo er Ludwig von Ficker, den Herausgeber der Zeitschrift »Der Brenner« kennen lernte, seinen wohl wichtigsten Förderer.
Zu den für die Entwicklung Trakls entscheidenden literarischen Einfluß-
quellen gehört die Lektüre der Rimbaudübersetzung von K. L. Ammer
– sie fällt schon in das Jahr 1908 –, und die Auseinandersetzung mit Höl-
derlin in der Innsbrucker Zeit. – Schon seit seinem Pharmaziestudium war
Trakl an den Drogengenuß gewöhnt gewesen und geriet nun, unfähig
einen bürgerlich geregelten Lebensstil zu finden und häufig von Depres-
sionen heimgesucht, in zunehmende Abhängigkeit von Alkohol und Dro-
gen. Bei Kriegsausbruch rückte Trakl mit einer Sanitätskolonne nach Gali-
zien ein. Nach der Schlacht von Grodek mußte er, ohne nennenswerte
Hilfe leisten zu können, neunzig Schwerverwundete in einer Scheune be-
treuen. Sein Selbstmordversuch wurde zunächst vereitelt. Zur Überprü-
fung seines Geisteszustandes in das Garnisonsspital von Krakau eingeliefert, starb Trakl an einer Überdosis Kokain.

1. An die Verstummten (Der Brenner 4, 1913/14) [67]; 2. Vorstadt im
Föhn (Der Brenner 2, 1911/12) [67]; 3. An einen Frühverstorbenen (Der
Brenner 4, 1913/14) [86]; 4. Ruh und Schweigen (Der Brenner 4, 1913/
14) [87]; 5. Abendland (Der Brenner 4, 1914) [104]; 6. Siebengesang des
Todes (Der Brenner 4, 1914) [105]; 7. Vorhölle (Der Brenner 4, 1914) [106];

8. Klage (Der Brenner 5, 1915) [107]; 9. Untergang (Der Brenner 3, 1912/13) [112]; 10. Grodek (Der Brenner 5, 1915) [130]; 11. De profundis (Der Brenner 3, 1912/13) [160]; 12. Herbstseele (Das Hohe Ufer 1, 1919) [178]; 13. In den Nachmittag geflüstert (Der Brenner 3, 1912/13) [198]; 14. Der Herbst der Einsamen [206]; 15. Abendlied (Der Brenner 3, 1912/13) [206]; 16. Abendländisches Lied (Der Brenner 4, 1913/14) [220].

Gedichte. 1913 (2, 11, 13, 15). *Sebastian im Traum.* 1915 (1, 3–7, 9, 12, 14, 16). Die Gedichte 8,10 wurden erstveröffentlicht im »Brenner« 1914/15. – *Dichtungen und Briefe.* Historisch-kritische Ausgabe. Hg. v. Walther Killy und Hans Szklenar. 2 Bde. Salzburg 1969.

ARMIN WEGNER

Am 16. 10. 1886 in Elberfeld geboren. Studium der Jurisprudenz in Breslau, Zürich, Paris und Berlin. 1913 Studienabschluß mit der Promotion zum Dr. jur. Wegner hatte vielfältige Interessengebiete. Reisen führten ihn durch Europa, nach Afrika und Asien. Zeitweilig war er Schauspielschüler bei Reinhardt. Während des Krieges verrichtete er Sanitätsdienst an der Ostfront. Wegner war ein militanter Pazifist und wurde 1933 wegen eines Protestschreibens gegen die Judenverfolgung verhaftet. Nach siebenjährigem Gefängnis und KZ-Aufenthalt Emigration nach England und Palästina. 1941–43 lehrte er als Dozent für deutsche Sprache und Literatur in Padua. Nach dem Krieg in Italien ansässig.

1. Die tote Stadt [37]; 2. Häuser [47]; 3. Die Maske [48]; 4. Montmartre [57].

Das Antlitz der Städte. 1917. (Der Band trägt den Vermerk: »Geschrieben in den Jahren 1909–13.«) (1–4). *Zwischen zwei Städten.* 1909. *Gedichte in Prosa. Ein Skizzenbuch aus Heimat und Wanderschaft.* 1910. *Die Straße mit den tausend Zielen.* 1924.

FRANZ WERFEL

Am 10. 9. 1890 als Sohn eines Handschuhfabrikanten in Prag geboren. Besuch des Gymnasiums in Prag; in diese Zeit fielen auch die ersten dichterischen Versuche. Kaufmännische Lehre in Hamburg 1910. Nach Veröffentlichung seines ersten Gedichtbandes (»Der Weltfreund« 1911) wurde Werfel in seiner Funktion als Lektor im Kurt-Wolff-Verlag in Prag zum Förderer und Wortführer einer Vielzahl junger Autoren. Das religiös

gestimmte Erlösungs- und Weltverbrüderungspathos, die sich im Frühwerk Werfels beispielhaft und für andere Autoren richtungweisend aus-
sprechende O-Mensch-Gebärde wurde in der Expressionismusforschung
zuweilen mit dem Expressionismus selbst identifiziert. Dies konnte nicht
zuletzt darum geschehen, weil die einflußreiche von Kurt Pinthus herausgegebene expressionistische Lyrikanthologie »Menschheitsdämmerung« jenen Autoren breiten Raum ließ, die zum Freundeskreis um Werfel und
Pinthus zählten oder den poetologischen und weltanschaulichen Vorstellungen dieses Kreises nahe standen. 1915–17 diente Werfel als österreichi-
scher Soldat und lebte anschließend als freier Schriftsteller in Wien, wo er
Alma Mahler, die Witwe des Komponisten, kennenlernte und heiratete.
1933 wurde Werfel aus der preußischen Dichterakademie ausgeschlossen.
1938 emigrierte er nach Frankreich und entzog sich auf abenteuerlicher
Flucht über die Pyrenäen dem Zugriff der deutschen Truppen. 1940 setzte
er von Portugal in die USA über. Werfel starb am 27. 8. 1945 in Beverly
Hills in Californien.

1. Die Morphinistin [87]; 2. Zweifel [167]; 3. De profundis [170]; 4. Jesus
und der Äser-Weg [175]; 5. Das andere Dasein [204]; 6. Lächeln Atmen
Schreiten [223]; 7. Revolutions-Aufruf [226].

Der Weltfreund. 1911. *Wir sind.* 1913 (1, 5). *Einander.* 1915 (3–4, 6–7).
Der Gerichtstag. 1919 (2). *Arien.* 1922. *Beschwörungen.* 1923. – *Das lyrische Werk.* Hg. v. Adolf D. Klarmann. Frankfurt 1967.

ALFRED WOLFENSTEIN

Wurde am 28. 12. 1883 in Halle an der Saale geboren. Verbrachte seine
Jugend in Berlin, wo er Jura studierte und das Studium mit der Promotion abschloß. Wolfenstein lebte als freier Schriftsteller in Berlin, 1916–22
in München. 1933 emigrierte er nach Prag, 1938 nach Paris. Bei Annäherung der deutschen Truppen erneute Flucht und dreimonatige Gefangenschaft. Unter falschem Namen stets auf der Flucht vor den deutschen
Truppen in Frankreich, nahm sich Wolfenstein schließlich herz- und nervenkrank in Paris das Leben (22. 1. 1945).

1. Städter [46]; 2. Das Herz [222].

Die gottlosen Jahre. 1914 (1). *Die Freundschaft.* 1917 (2). *Menschlicher
Kämpfer.* 1919 (ausgewählte Gedichte aus »Die gottlosen Jahre« und »Die
Freundschaft«). Dieser Gedichtband diente als Textgrundlage. Die zweite
und dritte Strophe des Gedichts »Das Herz« lauten in »Die Freundschaft«
abweichend: »Einsiedlerisch in sich geschweift, so klein / Und überflüssig

dem verzerrten Stein / Der Bauten und des Geldes stählernem Throne, /
Nie greifend in die spitzen Räder ein. // Doch seht, wie leiser die Maschine
raucht, / Und endlich ist das Schneegebirg verbraucht, / Der kalte Strom
wütet vorüber –/ Denn glühend blüht das Land, das nun auftaucht . . .«.

PAUL ZECH

Wurde am 19. 2. 1881 in Briesen/Westpreußen geboren. Zech war Sohn
eines Lehrers und wuchs bei bäuerlichen Verwandten im Sauerland auf.
Ging in Wuppertal-Elberfeld zur Schule. Studium in Bonn, Heidelberg
und Zürich, dann aus »sozialem Idealismus als Hauer und Steiger in
Kohlenzechen des Ruhrgebiets und dann in den Eisenhütten von Belgien
und Nordfrankreich« tätig. An dieser Erfahrungswelt entzündete sich
auch das sozialrevolutionäre Pathos seiner Arbeitergedichte, deren natur-
mythische, metaphysische Komponenten jedoch über diesen Rahmen hin-
ausweisen. Seit 1910 lebte Zech in Berlin, 1913–23 Mitherausgeber der
Zeitschrift »Das neue Pathos«. Daneben Tätigkeit als Dramaturg, Lektor,
Bibliothekar, Übersetzer in Berlin. 1933 wurde Zech in Spandau inhaf-
tiert; nach seiner Entlassung emigrierte er über Prag und Paris nach Süd-
amerika. Seit 1937 lebte Zech in Buenos Aires, wo er am 7. 9. 1946 starb.

1. Der Idiot [85]; 2. Schlaf-schlaffe Stadt [111]; 3. Fabrikstraße tags [150];
4. Kohlenhütte [150]; 5. Der Hauer (Der Sturm 2, 1911/12) [151]; 6. Die
Seilfahrt [152]; 7. Kleine Katastrophe [152].

*Waldpastelle. 1910. Schollenbruch. 1912. Das schwarze Revier. 1913 (Ly-
risches Flugblatt). (Als Textgrundlage für 1–7 diente die neue, gänzlich
umgestaltete und erweiterte Ausgabe dieser Lyriksammlung von 1922.)
Schwarz sind die Wasser der Ruhr. Gesammelte Gedichte aus den Jahren
1902–1910. 1913. Die Sonette aus dem Exil. 1913. Die eiserne Brücke.
Neue Gedichte. 1914. Der feurige Busch. Neue Gedichte (1912–17). 1919.
Vor Cressy an der Marne. Balladen und auch Nachtchoräle eines armen
Feldsoldaten Michel Michael. 1918. Helden und Heilige. Balladen aus der
Zeit. 1917. Golgatha. 1920. Das Terzett der Sterne. 1920. Die ewige Drei-
einigkeit. 1924.*

Trotz ausdauernder Bemühungen war es dem Verlag nicht möglich, bei allen
Abdrucken die Inhaber des Urheberrechts zu ermitteln. Diese bzw. deren Erben
sind gegebenenfalls freundlich gebeten, sich mit dem Verlag in Verbindung zu setzen.